U0680578

／主编

酒店会计

原理、案例、实操

第3版

人民邮电出版社

北　京

图书在版编目（CIP）数据

酒店会计基础、案例、实操 / 蔡凤乔主编. -- 3版
. -- 北京：人民邮电出版社，2016.5（2021.12重印）
ISBN 978-7-115-41955-2

Ⅰ. ①酒… Ⅱ. ①蔡… Ⅲ. ①饭店－财务会计 Ⅳ.
①F719.2

中国版本图书馆CIP数据核字(2016)第047482号

内 容 提 要

本书主要介绍专业性、针对性很强的酒店会计实务，全书共分为 9 章，内容包括酒店会计核算的主要特点、酒店常用会计科目和费用明细项目、客房的管理和核算、餐饮的管理和核算、其他经营部门的管理和核算、行政管理职能及其他经济业务核算、会计报表、会计分析和查账、会计账务的一些技巧。

本书案例丰富、通俗易懂，具有很强的可操作性，满足广大酒店会计从业人员的工作需要，可以作为高等院校、职业院校的会计专业教材。

◆ 主　编　蔡凤乔
责任编辑　刘　琦
责任印制　焦志炜

◆ 人民邮电出版社出版发行　　北京市丰台区成寿寺路 11 号
邮编　100164　电子邮件　315@ptpress.com.cn
网址　http://www.ptpress.com.cn
北京七彩京通数码快印有限公司印刷

◆ 开本：787×1092　1/16
印张：16.5　　　　　　　　2016 年 5 月第 3 版
字数：376 千字　　　　　　2021 年 12 月北京第 9 次印刷

定价：39.80 元

读者服务热线：(010)81055256　印装质量热线：(010)81055316
反盗版热线：(010)81055315

前言

在我国旅游市场中，虽然酒店、宾馆、饭店的名称各异，但经营项目基本相同，主营业务为客房、餐饮、蒸汽浴、娱乐、商场等；会计核算一般都是从1993年7月1日起执行国家财政部颁布的《旅游饮食服务业会计制度》中的相关规定，从2001年11月1日起执行《小企业会计制度》或《企业会计制度》，自2007年1月1日起，改为执行财政部于2006年11月6日颁发的新会计准则和新会计科目，其他企业鼓励执行。本书便是根据有关新规定编写的。

本书除了具有内容翔实具体、知识全面、通俗易懂、可操作性强等特点外，还有许多独创的酒店会计专业知识填补了同类书籍的空白。例如，对客房宾客续住的核算，列举了连续两天的营业日记台账、营业日报表和有关例题，以及相关的操作程序，这与其他同类书籍中普遍只介绍宾客住宿一天便离店而无法照用的简单内容有很大不同和优势；在客房"应收账款"账户下设"应收"和"预收"的两个二级账户的账务处理方法，以往同类书籍未采用这种方法，一般是两者混在一个账户核算，不利于企业对这项大额往来资金的考察和监控，本书对这两个二级账户的应用方法做了详细介绍，参照使用，能有效提高会计核算质量；介绍了小规模酒店的客房营业收入采用"收付实现制"的核算方法；设计了酒店洗衣坊的成本核算方法和自有车队的核算方法；在测算客房保本点时，应用"高低点法"或"回归直线法"数学模型，将大额电费、燃料费等混合成本较精确地划分为固定费用和变动费用；创立了测算餐饮保本点的代数公式；完善了资产负债表的编制方法；简化了利润表的编制方法；现金流量表的编制方法较为复杂、技术含量高，本书对酒店会计的详细介绍能有效地指导具体操作；设计了一套向酒店领导层提供会计信息的内部会计报表；将一般用在工业企业的管理会计知识成功地应用于酒店对经济业务的预测分析和决策分析等。

本书第五章中有关商场的管理和核算以及第六章～第九章的许多内容，可供商业零售企业会计从业人员参考。本书第八章中"查账"一节介绍了许多科学实用的审计知识，以及如何查错揭弊、遏制假账等行之有效的具体方法，既有助会计人员行使会计监督职能，也可供税务稽查人员参考。同时，本书也适合大专院校会计专业选作教材。

本书作者是高级会计师、副教授，具有长期会计实践和大专院校讲学经历。特别是在最近十多年里先后在几家星级酒店从事财务工作，积累了不少酒店管理知识和会计核算经验，因此对会计知识的阐述，既有实用性，也含学术性，并有不少独到见解。会计既是一项专业技术，也是一门高深的学术，学无止境。古人云："三人行必有我师"，由于编者水平有限，本书难免有错误不妥之处，恳请读者批评指正。

编　者

2015 年 12 月

目录 CONTENTS

第四章

餐饮的管理和核算

第五章

其他经营部门的管理和核算

第六章
行政管理职能及其他经济业务核算

第九章

会计账务的一些技巧

附录

小议红字冲账法

▶▶▶ 酒店会计核算的主要特点

　　酒店的经营方式较为特殊，其会计核算与其他行业相比存在很多不同之处。例如，酒店客房是向顾客出租房间及设施，并伴以劳动性服务而取得收入，没有成本，只有费用；餐饮是以手工操作方式制作菜肴食品，生产过程较短；加工、销售和服务几乎在同一时间段，既有费用，也有成本，但成本的具体内容和核算方法又与工业企业不同。

1.1　收入核算的特点

酒店营业收入内容较为复杂，不像工业企业和商业企业销售产品或商品那样纯粹。酒店客房营业日报表反映的收入项目较多，一般有房金、加床、洗衣、电话、食品、饮料、餐费、赔偿等。入账时，必须分清这些收入的性质，不能笼统地全部列作客房营业收入。例如，电话是收回原已垫支的一部分，洗衣是收回已垫付的洗涤费，赔偿是收取被损坏物品必须换新的价值，都不属营业收入，而应冲减有关费用，否则既虚大了收入，又增加了税负。餐费是餐厅转来应计入寓客消费账户的欠款，餐厅已列作营业收入，客房只能作收回内部往来账款处理。

如今很多的酒店为了促销，客房部门每天都会发给入住旅客一定面额的免费早餐券。餐厅回收的早餐券用于抵消当天应上交的营业款。在账务处理上，对回收的早餐券金额应冲减客房的营业收入，因为免费早餐券其实质是房价折让。这样处理，既没有重复计算营业收入，又能够合理避税。

长期以来，给酒店送货的供应商为了对高档酒类促销，付给餐厅服务员按销售量一定比例的"开瓶费"。这种不正当的竞争手段本属非法，但目前尚无明令禁止，所以非常普遍。酒店对开瓶费的处理各不相同，有的全部分配给餐厅服务员；有的按开瓶费总额 30%左右留存酒店列作营业外收入，其余分给服务员。这种开瓶费从表面看，是供应商自掏腰包，实际上，精明的供应商已将这笔开支计入售价，羊毛出在羊身上，到头来还是酒店负担。也就是说，酒店收到上交的开瓶费，实质是收回被抬高酒价的一部分补偿，故应冲减销售成本，不应列作收入。如此处理，既拧掉了销售成本一些"水分"，又合理避税。

酒店退回供应商的空啤酒瓶所收回的价款，由于啤酒进价已含酒瓶价值，也应冲减啤酒销售成本，不能列作营业外收入。

有些酒店的美容美发、保健、茶艺等经营项目均不自营，而是向外出租经营场所。收取的房租列作营业外收入，并交纳营业税费和房产税。

酒店的客房、餐厅、舞厅、蒸汽浴等经营部门，都分别设有吧台，向顾客供应酒水、香烟、食品等消费品。吧台的营业收入按部门设项，月末分别结转销售成本。

1.2　成本核算的特点

酒店饮食制品和吧台都要核算营业成本。饮食制品成本核算与工业企业不大相同。工业企业的成本要素是直接材料，直接工资和制造费用；成本计算方法视产品工艺流程繁简，分别采用品种法、分批法、分步法等多种计算方法，有的还要计算期末在产品的约当产量，成本核算较为复杂。而饮食制品成本核算较为简单，成本要素仅为构成饮食制品实体的原材料、辅料、调料等购进价值，不计入工资等其他一切费用；成本计算方法一般是月末对厨房未用完的原材料、辅料、调料进行实地盘点，然后倒轧，计算出当月的营业成本。餐饮制品的单项成本，是计算合理销售价格的依据。

餐厅吧台酒水、香烟、食品等的成本核算与零售商业相似。如果采用售价核算，月末按售价结转销售成本的同时调整进销差价。

1.3 费用核算的特点

酒店的费用有销售费用、管理费用和财务费用 3 种。销售费用要分经营部门设立明细分类账核算。管理费用月末按一定的分配率，分配各经营部门，以便计算各自的盈亏。

酒店几项主要费用的核算如下所示。

营业部门从经理到服务员的工资分别列入各个部门的销售费用；行政后勤部门从总经理到工作人员的工资列入管理费用。

电费、燃料费如无分部门计量的仪表，一般按各自占用经营场地面积大小进行分配。

酒店固定资产巨额投资的折旧费，可按各部门实际占用量分配，如果无法分清占用量则列入管理费用核算。

酒店装修费用不但数额巨大，而且翻新间隔期较短，一般在 3 年左右便要大范围地重新装修。装修费用可分月预提，如果没有预提，大额装修费用发生时，可列入"长期待摊费用"账户分期摊销。

客房的布草（即床上用品等布件），由于存量应达实际用量的 2～3 倍，因此数额很大，而且洗涤频繁，容易损耗，3 年左右便要大量更新。大批量购进时，可列入"长期待摊费用"账户分期摊销。

餐厅的小餐具用量多，损耗大。批量购进时，列入"待摊费用"账户，1 年内摊销。

服装费是酒店一项较大的开支，由于购进时便能分清领用部门和着装对象，而分别列入有关部门的费用。大批量购进时，列入"长期待摊费用"，在 2～3 年内分月摊销。

绿化费是酒店必不可少的支出。规模大的酒店拥有大面积的树木、花草场地，配有专门人员养护，费用较大；较小的酒店也要购买或租用一定数量的花卉盆景，开支略小。绿化费按实际支出列入管理费用核算。

酒店财务费用核算与其他行业相同，无贷款利息支出的企业，发生的存款利息收入在"财务费用"账户贷方反映，月末结转至"本年利润"账户。

1.4 税金核算的特点

工业企业和商业企业销售产品或商品是要交纳增值税的。增值税属于价外税，进项税可以抵扣销项税款，纳税操作和核算比较复杂。酒店主营业务是交营业税，纳税操作和核算都比较简单，但涉及的税种和税率较多。例如，客房、餐饮、蒸汽浴、娱乐交营业税，商场要按小规模纳税人增值税的征收率纳税，娱乐的税率在 5%～20% 范围内核定。

酒店出租营业场地的房租收入，除交纳营业税费外，尚要交纳 12% 房产税。

酒店从事大规模装修工程，如未取得发票要按装修费用总额补交营业税和所得税各 3%。如果购入建筑材料和支付装修工资，能取得发票，可抵扣应交税款。

酒店的所得税，有的经批准查账征收，分月预缴，年终按查账核实的税额多退少补；有的则不论盈亏按核定的所得税额逐月交纳。

1.5　应收账款核算的特点

任何工商企业的"应收账款"账户都是用来核算挂账经济业务的，这个账户不反映已实现的全部销售收入。

凡客房采用应收应付制核算的酒店，宾客入住时，无论先付款后住店（即预收房金方式）还是先住店后付款（即挂账方式），每天发生的各项收入均通过"应收账款"账户核算。客房的"应收账款"下设"应收"和"预收"两个二级账户，分别记录应收和已收金额。"应收户"二级账户的累计发生额反映已实现的全部收入；"预收户"二级账户的累计发生额反映已收到的货币资金。这两个二级账户在年度内一直分别累计，年终相互冲转，冲转后的借方或贷方余额保留在"应收户"和"预收户"二级账户，并结转至下一年。

酒店的客房收入一般占总收入的60%以上，此项巨额结算资金，可以根据"应收户"和"预收户"两个二级账户的动态进行考察和监控。

1.6　多种核算方法的特点

酒店要针对不同的经营项目，采用不同的核算方法。例如，客房、舞厅、蒸汽浴、吧台采用类似商业企业的核算方法；饮食制品采用类似工业企业的核算方法；商场和小卖部采用商业零售企业售价核算方法。

第二章

CHAPTER

▶▶▶ **酒店常用会计科目和费用明细项目**

　　财政部于 2006 年 11 月 6 日以财会〔2006〕18 号文件，制定和印发《企业会计准则——应用指南》，规定自 2007 年 1 月 1 日起在上市公司范围内施行，并鼓励其他企业执行。执行新《企业会计准则》的企业，不再执行原有的会计准则和《企业会计制度》。现在全国各地的酒店企业都已执行新《企业会计准则》，使用新会计科目。

◈ 2.1 酒店常用的一级会计科目

新《企业会计准则》的应用指南附录"会计科目和主要账务处理"列有会计科目 156 个，分别适用上市公司和其他企业，有关酒店常用的会计科目约 57 个，如表 2-1 所示。

表 2-1　　　　　　　　　　　　　　　酒店常用会计科目表

编号	会计科目名称	编号	会计科目名称	编号	会计科目名称
	一、资产类	1605	工程物资	4101	盈余公积
1001	库存现金	1606	固定资产清理	4103	本年利润
1002	银行存款	1701	无形资产	4104	利润分配
1012	其他货币资金	1702	累计摊销		四、成本类
1122	应收账款	1703	无形资产减值准备	5301	研发支出
1123	预付账款	1711	商誉		五、损益类
1131	应收股利	1801	长期待摊费用	6001	主营业务收入
1132	应收利息	1901	待处理财产损溢	6051	其他业务收入
1221	其他应收款		二、负债类	6061	汇兑损益
1231	坏账准备	2001	短期借款	6111	投资收益
1403	原材料	2202	应付账款	6301	营业外收入
1405	库存商品	2203	预收账款	6401	主营业务成本
1407	商品进销差价	2211	应付职工薪酬	6402	其他业务成本
1471	存货跌价准备	2221	应交税费	6403	营业税金及附加
1503	可供出售金融资产	2231	应付利息	6601	销售费用
1504	可供出售金融资产减值准备	2241	其他应付款	6602	管理费用
1511	长期股权投资	2701	长期应付款	6603	财务费用
1601	固定资产	2702	未确认融资费用	6701	资产减值损失
1602	累计折旧		三、所有者权益类	6711	营业外支出
1603	固定资产减值准备	4001	实收资本	6801	所得税费用
1604	在建工程	4002	资本公积	6901	以前年度损益调整

新《企业会计准则》的附录明确指出："企业在不违反会计准则中确认、计量和报告规定的前提下，可以根据本单位的实际情况，自行增设、分拆、合并会计科目。企业不存在的交易或事项，可不设置相关的会计科目。对于明细科目，企业可以比照本附录中的规定自行设置。会计科目编号供企业编制会计凭证、登记会计账簿、查阅会计账目、采用会计软件系统参考，企业可结合实际情况编订会计科目编号。"可见，执行新《企业会计准则》也有一定的灵活性。

新《企业会计准则》取消了"包装物"和"低值易耗品"科目，但又规定，包装物和低值易耗品既可在购入时一次性核销，也可实行"五五摊销法"。因此，如果企业采用"五五摊销法"，则应增设"包装物及低值易耗品"科目（或保留原"包装物"和"低值易耗品"科目），用以核算摊余的 50% 物品价值。编制资产负债表时，其余额并入存货项目。

新《企业会计准则》取消了"待摊费用"和"预提费用"科目。企业在权责发生制核算原则下，对发生应在 1 年内分期摊销的费用，可按以下两种方法处理。

（1）保留原有的"待摊费用"和"预提费用"科目。编制资产负债表时，其余额可并入合适的项目中。

（2）支付 1 年以内应摊销的费用时，在"预付账款"科目下设"待摊费用"二级科目。如预提费用为应付借款利息，则在"应付利息"科目核算。

本书凡涉及权责发生制经济业务，均按上述第（1）点方法，应用"待摊费用"和"预提费用"科目核算。

2.2 部分会计科目说明和主要账务处理

（1）1122 应收账款

本科目核算因商品销售、提供劳务等经营活动应收取的款项，按债务人进行明细核算。

企业发生应收账款，按应收金额借记本科目，按确认的营业收入贷记"主营业务收入"等科目。收回应收账款时，借记"银行存款"等科目，贷记本科目。

企业与债务人进行债务重组，应当分别债务重组的不同方式进行处理。

① 收到债务人清偿债务的款项小于该项应收账款账面价值的，应按实际收到的金额，借记"银行存款"等科目，按重组债权已计提的坏账准备，借记"坏账准备"科目，按重组债权的账面余额，贷记本科目，按其差额，借记"营业外支出——债务重组损失"科目。

收到债务人清偿债务的款项大于该项应收账款账面价值的，应按实际收到的金额，借记"银行存款"等科目，按重组债权已计提的坏账准备，借记"坏账准备"科目，按重组债权的账面余额，贷记本科目，按其差额，贷记"资产减值损失"科目。

以上债务重组涉及重组债权减值准备的，应当比照此规定进行处理。

② 接受债务人用以清偿债务的非现金资产，应该按该项非现金资产的公允价值，借记"原材料""库存商品""固定资产""无形资产"等科目，按重组债权账面余额，贷记本科目，按应支付相关税费和其他费用，贷记"银行存款""应交税费"等科目，按其差额，借记"营业外支出——债务重组损失"科目。

③ 将债权转为投资，应按享有股份的公允价值，借记"长期股权投资"科目，按重组债权的账面余额，贷记本科目，按应支付的相关税费和其他费用，贷记"银行存款""应交税费"等科目，按其差额，借记"营业外支出——债务重组损失"科目。

④ 以修改其他债务条件进行清偿的，应按修改其他债务条件后债权的公允价值，借记本科目，按重组债权的账面余额，贷记本科目，按其差额，借记"营业外支出——债务重组损失"科目。

（2）1123 预付账款

本科目核算企业按照合同规定预付的款项，可按供货单位进行明细核算。

预付款项情况不多的，也可不设置本科目，将预付的款项直接记入"应付账款"科目。

企业进行在建工程预付的工程价款，也可在本科目核算。

企业因购货而预付的款项，借记本科目，贷记"银行存款"等科目。收到所购物资，借记

"原材料"等科目，贷记本科目。

企业进行在建工程预付的工程价款，借记本科目，贷记"银行存款"等科目。按工程进度结算工程价款，借记"在建工程"科目，贷记"预付账款""银行存款"等科目。

（3）1131 应收股利

本科目核算企业应收取的现金股利和应收取其他单位分配的利润，可按被投资单位进行明细核算。

取得可供出售的金融资产，按支付的价款中所包含的已宣告但尚未发放的现金股利，借记本科目，按可供出售金融资产的公允价值与交易费用之和，借记"可供出售金融资产——成本"科目，按实际支付的金额，贷记"银行存款"等科目。实际收到现金股利或利润，借记"银行存款"等科目，贷记本科目。

（4）1132 应收利息

本科目核算可供出售金融资产等应收取的利息。

取得可供出售金融资产时，按其面值借记"可供出售金融资产——成本"科目，按支付价款中包含的已到付息期但尚未领取的利息，借记本科目。按实际支付的金额，贷记"银行存款"科目。

应收利息实际收到时，借记"银行存款"科目，贷记本科目。

（5）1231 坏账准备

本科目核算企业应收款项的坏账准备，可按应收款项的类别进行明细核算。

资产负债表日，应收款项发生减值的，按应减值的金额，借记"资产减值损失"科目，贷记本科目。本期应计提的坏账准备大于其账面余额的，应按其差额计提；应计提的坏账准备小于其账面余额的差额，作相反的会计分录。

对于确实无法收回的应收款项，按管理权限报经批准后作为坏账，转销应收款项，借记本科目，贷记"应收账款""预付账款""其他应收款"等科目。

已确认并转销的应收款项以后又收回的，应按实际收回的金额，借记"应收账款""预付账款""其他应收款"等科目，贷记本科目；同时，借记"银行存款"科目，贷记"应收账款""预付账款""其他应收款"等科目。

对于已确认并转销的应收款项以后又收回的，也可按照实际收回的金额，借记"银行存款"科目，贷记本科目。

（6）1471 存货跌价准备

本科目核算企业存货跌价准备，可按存货项目和类别进行明细核算。

资产负债表日，存货发生减值的，按存货可变现净值低于成本的差额，借记"资产减值损失"科目，贷记本科目。

已计提跌价准备的存货价值以后又得以恢复，应在原已计提的存货跌价准备金额内，按恢复增加的金额，借记本科目，贷记"资产减值损失"科目。

发生存货结转存货跌价准备的，借记本科目，贷记"主营业务成本"等科目。

（7）1503 可供出售金融资产

本科目核算企业持有可供出售金融资产的公允价值，包括可供出售的股票投资、债券投资等金融资产，按可供出售金融资产的类别和品种，分别"成本""利息调整""应计利息""公允价值变动"等进行明细核算。

可供出售金融资产发生减值的，可以单独设置"1504 可供出售金融资产减值准备"科目。

资产负债表日，可供出售金融资产的公允价值高于其账面余额的差额，借记本科目（公允价值变动），贷记"资本公积——其他资本公积"科目；公允价值低于其账面余额的差额，作相反的会计分录。

对已确认减值损失的可供出售金融资产，按应减值的金额，借记"资产减值损失"科目，按原计入资本公积的累计损失金额，贷记"资本公积——其他资本公积"科目，按其差额贷记或借记本科目（公允价值变动）。此项已作减值损失的可供出售金融资产，在随后的会计期间内其公允价值已上升，应按原确认的减值损失，借记本科目（公允价值变动），贷记"资产减值损失"科目。

出售可供出售金融资产，应按实际收到的金额，借记"银行存款"科目，按其账面余额，贷记本科目（成本、公允价值变动、利息调整、应计利息），按其差额，贷记或借记"投资收益"科目。

（8）1504 可供出售金融资产减值准备

本科目核算企业持有可供出售金融资产，其公允价值低于账面价值，而确认计提的减值准备。采用计提减值准备法，可供出售金融资产的账面价值不必调减。资产负债表日所反映的可供出售金融资产项目金额，可按账面价值减去减值准备后的金额便是现有价值。

资产负债表日，按可供出售金融资产公允价值被认定低于账面价值的差额，借记"资产减值损失"科目，贷记本科目。

可供出售金融资产销售实现时，收入与成本的实际差额，于冲转所提减值准备后的余额，列作"投资收益"或"资产减值损失"。

（9）1603 固定资产减值准备

本科目核算企业固定资产计提的减值准备。

资产负债表日，固定资产发生减值的，应按减值的金额，借记"资产减值损失"科目，贷记本科目。处置固定资产，还应同时结转减值准备。

（10）1701 无形资产

本科目核算企业持有无形资产成本，包括专利权、非专利技术、商标权、著作权、土地使用权等，可按无形资产项目进行明细核算。

企业外购的无形资产，按应计入无形资产成本的金额，借记本科目，贷记"银行存款"等科目。

自行开发的无形资产，按应予资本化的支出，借记本科目，贷记"研发支出"科目。

无形资产预期不能为企业带来经济利益的，应按已计提的累计摊销，借记"累计摊销"科目，按其账面余额，贷记本科目，按其差额，借记"营业外支出"科目。已计提减值准备的，还应同时结转减值准备。

处置无形资产，应按实际收到的金额，借记"银行存款"等科目，按已计提的累计摊销，借记"累计摊销"科目，按应支付的相关税费及其他费用，贷记"应交税费""银行存款"等科目，按其账面余额，贷记本科目，按其差额，贷记"营业外收入——处置非流动资产利得"科目，或借记"营业外支出——处置非流动资产损失"科目。已计提减值准备的，还应同时结转减值准备。

（11）1702 累计摊销

本科目核算企业对使用寿命有限的无形资产计提的累计摊销，可按无形资产项目进行明细核算。

企业按期（月）计提无形资产的摊销，借记"管理费用""其他业务成本"等科目，贷记本科目。处置无形资产还应同时结转累计摊销。

（12）1703 无形资产减值准备

本科目核算企业无形资产的减值准备，可按无形资产项目进行明细核算。

资产负债表日，无形资产发生减值的，按应减值的金额，借记"资产减值损失"科目，贷记本科目。处置无形资产还应同时结转减值准备。

（13）1711 商誉

本科目核算企业合并中形成的商誉价值。

商誉发生减值的，可以单独设置"商誉减值准备"科目，比照"无形资产减值准备"科目进行处理。

非同一控制下企业合并中确定的商誉价值，借记本科目，贷记有关科目。

（14）1801 长期待摊费用

本科目核算企业已经发生但应由本期和以后各期负担的分摊期限在1年以上的各项费用，如以经营租赁方式租入的固定资产发生改良支出等，可按费用项目进行明细核算。

企业发生长期待摊费用，借记本科目，贷记"银行存款""原材料"等科目。摊销长期待摊费用，借记"管理费用""销售费用"等科目，贷记本科目。

（15）2202 应付账款

本科目核算企业因购买原材料、商品和接受劳务等经营活动应支付的款项，可按债权人进行明细核算。

企业购入材料、商品等已验收入库，但货款尚未支付，根据有关凭证（发票账单、随货同行发票上记载的实际价款或暂估价值），借记有关物资等科目，按应付的款项，贷记本科目。

企业接受供应单位提供劳务而发生的应付未付款项，根据供应单位的发票账单，借记"主营业务成本""其他业务成本""销售费用""管理费用"等科目，贷记本科目。

企业与债权人进行债务重组，应分别债务重组的不同方式进行处理。

① 以低于重组债务账面价值的款项清偿债务的，应按应付账款的账面余额，借记本科目，按实际支付的金额，贷记"银行存款"科目，其差额，贷记"营业外收入——债务重组利得"科目。

② 以非现金资产清偿债务的，应按应付账款的账面余额，借记本科目，按用于清偿债务的非现金资产的公允价值，贷记"主营业务收入""其他业务收入""固定资产清理""无形资产"等科目，按应支付的相关税费和其他费用，贷记"应交税费""银行存款"等科目，按其差额，贷记"营业外收入——债务重组利得"科目。

抵债资产为存货的，还应结转成本，记入"主营业务成本""其他业务成本"等科目；抵债资产为固定资产、无形资产的，其公允价值和账面价值的差额，记入"营业外收入——处置非流动资产利得"或"营业外支出——处置非流动资产损失"科目。

③ 以债务转为资本，应按应付账款账面余额，借记本科目，按债权人因放弃债权而享有股权的公允价值，贷记"实收资本"或"股本""资本公积（资本溢价或股本溢价）"科目，按其差额，贷记"营业外收入——债务重组利得"科目。

④ 以修改其他债务条件进行清偿的，应将重组债务的账面余额与重组后债务的公允价值的差额，借记本科目，贷记"营业外收入——债务重组利得"科目。

（16）2203 预收账款

本科目核算企业按照合同规定预收的款项，可按购货单位进行明细核算。

预收账款情况不多的，也可以不设置此科目，将预收的款项直接记入"应收账款"科目的贷方。

企业向购货单位预收的款项，借记"银行存款"等科目，贷记本科目；销售实现时，按实现的收入，借记本科目，贷记"主营业务收入"科目。涉及增值税销项税额的，还应进行相应的处理。

（17）2211 应付职工薪酬

本科目核算企业根据有关规定应付给职工的各种薪酬，可按"工资""职工福利""社会保险费""住房公积金""工会经费""职工教育经费""非货币性福利""辞退福利"等进行明细核算。

企业发生应支付职工的薪酬，借记"销售费用""管理费用"等科目，贷记本科目。

企业发放职工薪酬，借记本科目，贷记"银行存款"科目。

企业向职工支付薪酬中扣还的各种款项（如个人所得税等），借记本科目，贷记"银行存款""库存现金""其他应收款""应交税费——应交个人所得税"等科目。

按照国家有关规定缴纳社会保险费和住房公积金，借记本科目，贷记"银行存款"等科目。

支付工会经费和职工教育经费、用于工会活动和职工培训，借记本科目，贷记"银行存款"等科目。

应由在建工程、研发支出负担的职工薪酬，借记"在建工程""研发支出"等科目，贷记本科目。

无偿向职工提供住房等固定资产使用的，按应计提的折旧额，借记"管理费用"等科目，贷记本科目；同时，借记本科目，贷记"累计折旧"科目。

租赁住房供职工无偿使用的，按每期支付的租金，借记"管理费用"等科目，贷记本科目。

因解除职工的劳动关系给予的补偿，借记"管理费用"科目，贷记本科目。

（18）2701 长期应付款

本科目核算企业除长期借款和应付债券以外的各种长期应付款项，包括应付融资租入固定资产的租赁费、以分期付款方式购入固定资产等发生的应付款项等，可按长期应付款的种类和债权人进行明细核算。

企业融资租入的固定资产，在租赁期开始日，应按计入固定资产成本的金额，借记"在建工程"或"固定资产"科目，按最低租赁付款额，贷记本科目，按发生的初始直接费用，贷记"银行存款"等科目，按其差额，借记"未确认融资费用"科目。

按期支付的租金，借记本科目，贷记"银行存款"科目。

（19）2702 未确认融资费用

本科目核算企业应当分期计入利息费用的未确认融资费用，可按债权人和长期应付款项目进行明细核算。

企业融资租入固定资产，在租赁期开始日，按应计入固定资产成本的金额，借记"在建工程"或"固定资产"科目，按最低租赁付款额，贷记"长期应付款"科目，按其差额，借记本科目。

购入有关资产超过正常信用条件延期支付价款，实质上具有融资性质的，应按购买价款的现值，借记"固定资产""在建工程"等科目，按应支付的金额，贷记"长期应付款"科目，按其差额，借记本科目。

采用实际利率法分期摊销未确认融资费用，借记"在建工程""财务费用"等科目，贷记本科目。

（20）5301 研发支出

本科目核算企业进行研究与开发无形资产过程中发生的各项支出，可按研究开发项目，分别"费用化支出""资本化支出"进行明细核算。

企业自行开发无形资产发生的研发支出，不满足资本化条件的，借记本科目（费用化支出），满足资本化条件的，借记本科目（资本化支出），贷记"原材料""银行存款""应付职工薪酬"等科目。

研究开发项目达到预定用途形成无形资产的，应按本科目（资本化支出）的余额，借记"无形资产"科目，贷记本科目（资本化支出）。

期（月）末，应将本科目归集的费用化支出金额转入管理费用，借记"管理费用"科目，贷记本科目（费用化支出）。

（21）6701 资产减值损失

本科目核算企业计提各项资产减值准备所形成的损失，可按资产减值损失的项目进行明细核算。

企业应收款项、存货、固定资产、无形资产等发生减值的，按应减值的金额，借记本科目，贷记"坏账准备""存货跌价准备""固定资产减值准备""无形资产减值准备"等科目。

在建工程、工程物资、商誉等发生减值的，应当设置相应的减值准备科目，比照上述规定进行处理。

企业计提坏账准备、存货跌价准备等相关资产的价值又得以恢复的，应在原已计提的减值准备金额内，按恢复增加的金额，借记"坏账准备""存货跌价准备"等科目，贷记本科目。

期末，应将本科目余额转入"本年利润"科目，结转后本科目无余额。

（22）6901 以前年度损益调整

本科目核算企业本年度发生的调整以前年度损益的事项，以及本年度发现前期的重要差错要更正而涉及调整以前年度损益的事项。

企业在资产负债日至财务报告批准报出日之间发生的需要调整报告年度损益的事项，也可以通过本科目核算。

企业调整增加以前年度利润或减少以前年度亏损，借记有关科目，贷记本科目；调整减少以前年度利润或增加以前年度亏损，作相反的会计分录。

由于以前年度损益调整增加的所得税费用，借记本科目，贷记"应交税费——应交所得税"等科目；由于以前年度损益调整减少的所得税费用，作相反的会计分录。

经上述调整后，应将本科目的余额转入"利润分配——未分配利润"科目。本科目如为贷方余额，借记本科目，贷记"利润分配——未分配利润"科目；如为借方余额，作相反的会计分录。

本科目如此结转后应无余额。

2.3 有关费用科目的明细项目和主要财务处理

新《企业会计准则》明确指出，对于明细科目（项目），企业可比照该准则附录中的规定自行设置。酒店的主要费用为"销售费用"和"管理费用"，现分别提出一些明细项目，供企业根据实际需要选用参考。

2.3.1 费用明细项目表

表 2-2 所示的销售费用和管理费用，凡是明细项目相同的两者编号也相同，可供采用会计软件系统使用参考。

表 2-2　　　　　　　　　　　　　　　费用明细项目表

销售费用				管理费用			
编号	项目	编号	项目	编号	项目	编号	项目
01	工资及福利费	20	聘请中介费	01	工资及福利费	20	聘请中介费
02	折旧费	21	诉讼费	02	折旧费	21	诉讼费
03	水电费	22	公证费	03	水电费	22	公证费
04	修理费	23	咨询费	04	修理费	23	咨询费
05	电子设备运转费	24	物业管理费	05	电子设备运转费	24	物业管理费
06	招待费	25	住房公积金	06	招待费	25	住房公积金
07	邮电费	26	财产保险费	07	邮电费	26	财产保险费
08	劳动保护费	27	技术转让费	08	培训费	27	技术转让费
09	待业保险费	28	安全防范费	09	职工教育经费	28	安全防范费
10	劳动保险费	29	印刷费	10	办公费	29	印刷费
11	低值易耗品摊销	30	服装费	11	低值易耗品摊销	30	服装费
12	差旅费	21	宣传费	12	差旅费	31	广告费
13	运输费	32	长期待摊费用摊销	13	车船使用税	32	长期待摊费用摊销
14	装卸费			14	土地使用税	33	董事会费
15	外事费			15	外事费	34	工会经费
16	取暖降温费			16	取暖降温费	35	排污费
17	绿化费			17	绿化费	36	无形资产摊销
18	物料消耗			18	物料消耗	37	开办费
19	研发费用			19	研发费用		

2.3.2 销售费用的主要账务处理

企业销售费用发生时，借记"销售费用"科目及各有关明细项目，贷记"银行存款""库存现金"等科目。

酒店为了考核各经营部门和有关工作人员的经营业绩，一般分部门（如客房、餐饮、商场、蒸汽浴、娱乐等）核算各自的营业收入、营业成本、费用、税金以及实现的经营利润。所以销售费用应分别经营部门设置账页进行明细核算。

酒店客房的布草（被套、床单、枕套等）用量大、洗涤勤、消耗快，一般为大批购进，陆续投入使用。如果在大批量购进时，按低值易耗品一次性摊销或五五摊销，必然会影响企业会计期间费用水平的均衡性，从而导致盈亏状况失真。所以，布草在大批量购进时，列为长期待摊费用，按其使用寿命（约 3 年）分月摊销较为合理。大批量购进时，借记"长期待摊费用——布草"科目，贷记"银行存款"等科目；摊销时，借记"销售费用——长期待摊费用摊销"科目，贷记"长期待摊费用——布草"科目。

餐饮的碗盘等瓷餐具价值昂贵，往往在使用和洗涤过程中稍有不慎就会造成大量破损，所以必须经常大批量购进补充。由于此项费用很大，购进时也可通过长期待摊费用会计科目进行核算。一般由专业人员测定合理的损耗率，确定每月应分摊的费用额。大批量购进时，借记"长期待摊费用——瓷餐具"科目，贷记"银行存款"等科目。分月摊销时，借记"销售费用——长期待摊费用摊销"科目，贷记"长期待摊费用——瓷餐具"科目。

酒店员工着装的服装费用很大，一般都是批量购进、分别发放，也可比照上述方法核算。批量购进时，借记"长期待摊费用——员工服装"科目，贷记"银行存款"等科目。分月摊销时，借记"销售费用——服装费""管理费用——服装费"等科目，贷记"长期待摊费用——员工服装"科目。

上述各项物资虽已按长期待摊费用分期核销，但仍应在各有关职能部门设立实物账册认真登记，加强管理，防止产生弊端。

2.3.3 管理费用的主要账务处理

企业管理费用发生时，借记本科目及各有关明细项目，贷记"银行存款""库存现金"等科目。

企业在筹建期间内发生的开办费、包括人员工资、办公费、培训费、差旅费、印刷费、注册登记费以及不计入固定资产成本的借款费用等。发生时，借记"管理费用——开办费"科目，贷记"银行存款"等科目。

企业如果筹建时间长，开办费用较大，也可先在"待摊费用"或"长期待摊费用"科目设置开办费专户，用来归集所发生的各项开办费。筹建结束正式营运后按开办费总额分月摊销。开办费用发生时，借记"待摊费用"或"长期待摊费用"科目，贷记"银行存款""库存现金"等科目。分月摊销时，借记"管理费用——开办费"科目，贷记"待摊费用"或"长期待摊费用"科目。

企业董事会费用包括董事会成员津贴、会议费、差旅费等。这些费用发生时，借记"管理费用——董事会费"科目，贷记"银行存款""库存现金"等科目。

酒店一般 3 年左右便要对营业大厅、客房、餐厅、舞厅甚至店面等处进行大规模重新装修，这项装修费用巨大，属大修理费用性质，一般可采用预提方式进行核算。预提时，由有关专业人员提供若干年后将进行重新装修的费用估算值，据以计算按月分摊的金额，借记"管理费用——修理费"科目，贷记"预提费用——预提装修费"科目。若干年后实际支付装修费用时，借记"预提费用——预提装修费"科目，贷记"银行存款"等科目。支付装修费用时，如原计提之数不足，其差额补列管理费用；如原计提之数有余，留以充抵计提后续装修费之用。

如果装修费用没有事先预提，当发生此项费用支出时，按待摊费用或长期待摊费用处理。支付装修费用时，借记"待摊费用"或"长期待摊费用"科目，贷记"银行存款"等科目，分月摊销时，借记"管理费用——修理费"科目，贷记"待摊费用"或"长期待摊费用"科目。

▶▶▶ 客房的管理和核算

客房是酒店的主要经营项目，其营业收入一般占酒店总收入的50%以上，而且客房收入高、成本低、创利多，所以，加强客房经营管理尤为重要。

客房属特殊商品，它是以设备齐全的房间，伴以优良的劳动性服务，向宾客提供舒适安全的住宿条件，从而取得一定数额的房金等收入。客房虽属商品，但又与其他商品不同，不能储存，没有租出的空房便是损失。所以，酒店都是千方百计地招徕宾客，尽可能地将空房推销出去，努力提高出租率，争取获得最大的经济效益。

高质量的会计核算，既是酒店优良服务的一项主要内容，又因能准确、及时地提供有用的经济信息而对提升客房管理水平有很大帮助。

3.1　宾客入住的管理

酒店对宾客入住的手续制度，多是根据内部机构设置和人员配备等情况自行制定的，各酒店规定不尽相同，一般有以下几项。

（1）宾客登记表。由入住宾客登记，内容包括宾客姓名、性别、国籍、护照或身份证号码、所在单位名称和地址、同行人数等。有些地区此项登记表是向公安部门购买的。

（2）房间卡片（见图3-1）。房间卡由前台接待人员根据宾客登记表等资料填写和打印数份（份数按需要确定）。一份交宾客持向楼层凭以开房；一份插入"房态控制盘"的该房号空格内；一份交前台收银员据以设置宾客账单。

房间卡片

旅客姓名：_____　　　　结算方式：_____

房间号码：_____

房价：_____/天

入住日期：_____　　　　离店日期：_____

客房部经理：_____　　　　总台经办人：_____

图 3-1　房间卡片

（3）宾客账单（见表3-1）。由前台收银员根据房间卡片等资料，按每一宾客设置。每天按宾客消费项目和价款及时登记和结算。

表 3-1　　　　　　　　　　　　　　　**宾客账单**

房号：901　　　姓名：杨松　　　房价：280　　　　　　　入住日期：10月1日　　　　离店日期：

| 日期 | 摘要 | 收入 | 支出 | | | | | | | 结存 |
			房金	加床	电话	餐费	酒水食品	洗衣	合计	
10.1	收现金	1 000								
	房金、加床		280	50						
	餐厅转来					100				
	长途电话				20					
	代洗衣3套							15		
10.2	房金		280							
	本市电话				10					
	餐厅转来					50				
	代洗衣1套							5		
	合计	1 000	560	50	30	150		20	810	190

账单中除房金按房价标准逐日登记外，其他各项服务费用根据各营业部门或服务人员填开并经宾客签证的服务费用通知单（见表3-2）登记。

表3-2   服务费用通知单

服务部门：   年   月   日

宾客姓名：			房间卡片号：	
内容	单位	数量	单价	金额
合计	千 百 拾 元 角 分			￥

宾客签字：   经手人：

宾客账单可以采用复写式，宾客结账时，将复写联附上发票一同交给宾客。如设置宾客总账单（见表3-3），因宾客账单不用交予宾客，因此不必复写，只写一份用以存查。

表3-3   宾客总账单

房号：905   姓名：钟文   入住日期：10月1日   离店日期：10月2日

项目	摘要	金额
房金	280×2	560
电话		35
餐费		85
酒水食品		10
赔偿	摔碎瓷花瓶一只	20
合计		710
结算		

收入现金	应支付	补收现金	找付现金
500	710	210	

备注	结清离店

客房主管：   收银员：

宾客消费客房内配置的酒水、食品等，由楼层服务员在每天清点补充的同时，填开服务费用通知单，请宾客签证后交予前台收银员据以记账。实行预付房金的宾客如有超支，应及时催交。

（4）房间变更通知单（见表3-4）。有的宾客入住后，要求换房时，由前台经办人填开房间变更通知单一式三份，一份交原住楼层服务员；一份交换入楼层服务员；一份交前台收银员据以在宾客账单上作变更登记。同时调整"房态控制盘"房间卡片的所插位置。

表 3-4　　　　　　　　　　　　　　　　客房变更通知单

旅客姓名：				
原住房号	房价	／天	起止日期	
换住房号	房价	／天	换入日期	
	备注			

客房主管：　　　　　　　　　　　　　　　　　总台经办人：

3.2　宾客离店的管理

宾客要求离店时，楼层服务员应立即检查房间内各项设施和物品有无损坏或短缺，并及时与前台联系。前台经办人首先收回房间钥匙和房间卡片，收回的房间卡片与从"房态控制盘"撤下的房间卡片经核对相符后，盖戳注销，并立即电话通知餐厅、商场、总机房等部门，查清有无尚未报送前台的消费签单，以防漏账。然后迅速结算账单，办理清账退款手续。

3.3　客房营业收入的核算

客房前台每天结算营业收入和编制营业日报表，有应收应付制和收付实现制两种不同的制度。

（1）应收应付制

规模较大、房间较多的酒店都是采用应收应付制，即当天的营业收入只要发生了，不论是否已收到款项，均作为当天的收入处理。

酒店对宾客房金等消费款结算有两种方式：一是先付款后住店（即预收房金方式）；二是先住店后付款（即挂账方式）。这两种结算方式，前台结算操作和编制营业日报表的方法基本相同。不同之处仅所反映的宾客账款一个是"结存"，一个是"结欠"。账款为"结欠"时，只需在"结存"栏以"-"号反映。这两种结算方式，会计核算并无区别。

（2）收付实现制

规模较小、房间不多的酒店多采用收付实现制，即当天的营业收入不包括续住宾客尚未结算的房金等收入，营业日报表仅反映当天已结账离店，并已收到款项或已确认挂账的营业收入。采用这种制度，前台结算等操作手续更加简单。但有两个主要缺点：一是反映的营业收入不够真实，二是预收房金全部存放前台，有时数额很大，既影响酒店资金周转，也不安全。

有的酒店为了弥补收付实现制收入不实缺点，在月度终了时，查明续住宾客尚未结算的营业收入总额，会计部门作借记"应收账款"，贷记"主营业务收入"账户，下月月初用红字做相同分录冲销。如此处理，月度反映的客房营业收入虽然接近实际，但每天反映的营业收入仍旧不全。

3.3.1　客房营业收入采用应收应付制核算

采用这种核算制度，前台必须设置"客房营业日记台账"（见表 3-5），由收银员根据宾客账单登记，并按各项目的汇总金额编制"客房营业日报表"（见表 3-6）。

表3-5
楼层：九

客房营业日记合账

2015年10月1日

第　　页

房号	共住人数	姓名	入住日期 月	入住日期 日	已住天数	房金	加床	酒水食品	电话	餐费	洗衣	合计	昨日结存	今日收款	今日应收	今日结存	备注
														结算			
901	2	（收银员甲经办）杨松	10	1		280	50		20	100	15	465		1 000	465	535	上午7时入住
903	2	（收银员乙经办）彭力	10	1		280	50		15	120	10	475		1 000	475	525	下午4时入住
905	1	（收银员丙经办）钟文	10	1		280		10	20	50		360		500	360	140	晚11时入住
合计						840	100	10	55	270	25	1 300		2 500	1 300	1 200	

表 3-6   客房营业日报表

2015 年 10 月 1 日

今日应收		结算	
项目	金额（元）	项目	金额（元）
房金	840	昨日结存	
加床	100	今日收款	2 500
酒水食品	10	今日应收	1 300
电话	55	今日结存	1 200
餐费	270	宾客挂账内容	
洗衣	25	单位或姓名	金额
应收合计	1 300		
附 注	今日可出租房　　　　间 今日实际出租房　　　间 出租率　　　　　　　% 今日维修房　　　　　间 今日空房　　　　　　间		

客房部主管：   制表：

（1）客房营业日记台账（下称台账）的设置和登记

① 台账按每一楼层设置一张，根据宾客账单登记。为了便于结算，原则上每一房号宾客的账目，在台账上只登记为一行，只要按宾客账单各项目当天的合计数登记。

② 早班和中班收银员，只登记本班营业时间入住的宾客账目。

③ 晚班收银员除登记本班营业时间入住的宾客账目外，零点以后，尚要设置第二天的新台账，并将昨天台账上未离店续住宾客的一部分账目资料过入新的台账。过账时，只需将宾客的房号、人数、姓名、到店日期和结算栏的"结存"或"结欠"（即负号的金额）逐项过入新账页。昨天台账上所记录的消费项目金额不过入新台账。

④ 第二天早班期间宾客退房，早班收银员应将该宾客在前一班台账的记录全部过入本班台账，以便结算。

⑤ 第二天中班期间宾客退房，中班收银员应将该宾客在早班台账的全部记录过入本班台账，以便结算。

⑥ 第二天晚班期间，零点前宾客退房，晚班收银员应将该宾客在中班台账上的全部记录过入本班台账，以便结算；零点后宾客退房，如果已建立新台账，因该宾客消费记录已过入新账，只需按照新台账结算。

⑦ 台账的"已住天数"栏，在宾客离店结算前可空置不填；离店结算时，再按实住天数填列。给宾客总账单的房金一项，只需用实住天数乘以房价求得，但还应与宾客账单记录核对相符。

⑧ 宾客离店结算退还余款时，以"－"号在"今日收款"栏反映。

⑨ 当天入住又当天退房的宾客，如果是前班收银员登记台账并收款，现金由后班收银员办理结算退款手续，则后班收银员应将该宾客在前班台账的记录过入本班台账，以便结算退款。

⑩ 当天入住又当天退房宾客，如果因入住时间短暂，经领导同意退还原交房金的一部分时，按退还金额，以"－"号分别填入"房金"和"今日应收"两栏，冲减原记录。所退还的房金，以"－"号在"今日收款"栏反映。

⑪ 台账上为了便于分清班次，各班之间应空置一行，如表 3-7 所示。

表3-7

客房营业日记台账

2015年10月2日

楼层：九 第 页

房号	共住人数	姓名	入住日期（月）	入住日期（日）	已住天数	今日应收 房金	加床	酒水食品	电话	餐费	洗衣	赔偿	合计	昨日结存	结算 今日收款	今日应收	今日结存	备注
		（收银员丙经办）																
907	2	尚云	10	2		280		20	15	70	10		395		500	395	105	清晨1时入住
		（收银员甲经办）																
901	2	杨松	10	1		280			10	50	5		345	535		345	190	昨日过人
903	2	彭力	10	1		280		10	5	30			325	525		325	200	昨日过人
905	2	钟文	10	1		280			15	35	10	20	350	140	210	350	0	昨日过人离店
908	1	方远	10	2	2	140			12	50			212		500	212	288	上午10时入住
		（收银员乙经办）																
904	1	余飞	10	2		140			5	30			175		300	175	125	下午3时入住
909		陈正	10	2		280			20				300			300	−300	晚上9时入住
合计						1 680		30	82	265	25	20	2 102	2 200	1 510	2 102	608	

（2）收银员各自向财务部门交款

各班收银员于本班次结束后，按本班台账"今日收款"栏的合计数，将所收现金全额交予财务部门。表3-5中，10月1日台账，收银员甲交款1 000元，收银员乙交款1 000元，收银员丙交款500元，三班共交款2 500元，与当天的台账和营业日报表"今日收款"数额相符；表3-7中，10月2日台账，收银员甲交款710元，收银员乙交款300元，收银员丙交款500元，三班共交款1 510元，与当天台账和营业日报表"今日收款"数额相符。

为了便于向财务部门交款，中班和晚班所收款项由收银员各自打包封签，存放在前台保险柜内，次日早班收银员一并向财务部门办理交款手续。

（3）前台设置周转金

由于各班收银员所收款项均全额缴交财务部门，日常与宾客结算时，如收入房金少，退还房金多，则会无款支付。所以必须根据业务大小情况，核拨前台一定数额的周转金。与宾客结账时，如遇入不敷出，收银员可动用周转金，以后用收入的现金归还所动用的周转金。谁动用，谁归还。

周转金在三班收银员之间相互交接，为了分清责任，以防差错，必须设立"周转金交接签收簿"（见表3-8）。

表3-8　　　　　　　　　　　　　　　客房前台周转金交接签收簿

日期	交接班次		周转金			动用人签字	交接人签字	交接签字		备注
	移交	接收	收入	支出	结存			移交	接收	
10.1	早	中	3 000	1 000	2 000	张玲		张玲	李红	
10.2	中	晚	1 000	500	2 500	李红	张玲	李红	王芳	

【例3-1】图表3-8所举例题是已拨前台周转金3 000元，10月1日和10月2日两天，各班收银员动用和归还的情况。

① 10月1日，早班将周转金移交中班时，早班收银员张玲曾动用1 000元。结存2 000元，移交给中班收银员李红。

② 10月2日，中班将周转金移交晚班时，早班收银员张铃已归还原动用的1 000元。中班收银员李红曾动用500元。结存2 500元，移交给晚班收银员王芳。

各班收银员动用或归还周转金时，都必须签字，以示负责。

（4）客房营业日报表的编制

前台晚班收银员于零点后，将各楼层的"客房营业日记台账"的有关项目汇总，据以编制当天的"营业日报表"。表3-6和表3-9所列举10月1日和10月2日两天营业日报表的有关项目数字，均与这两天台账的有关项目数字相符。

营业日报表附注栏的"今日可出租房间数"为全部客房间数减去当天因维修不能出租的间数。"今天实际出租间数"加"空房间数"和"维修间数"，等于全店总间数。

出租率计算公式为：

$$出租率 = \frac{实际出租间数}{可出租间数} \times 100\%$$

出租的钟点房，可按租用时间或收入租金折合成标准间计算出租率。

（5）会计分录

根据图表3-7，10月1日客房营业日报表作如下分录：

借：应收账款——应收户		1 300
销售费用——电话		55
贷：主营业务收入——房金		940
——酒水等		10
——其他		25
其他应收款——客房		270

（注：□ 表示红字）

根据出纳员所开，收到三班收银员交款收据作如下分录：

借：库存现金		2 500
贷：应收账款——预收户		2 500

以上分录的几点说明：

① 借方"销售费用——电话" 55 元，是收回已付电话费的一部分，不属营业收入，而以红字冲减费用。

② 贷方"其他应收款——客房"270元，是餐厅转来寓客在餐厅的消费，已经借记"其他应收款——客房"，贷记"主营业务收入"。客房营业日报表所反映的"餐费"收入，实际是原列内部往来账款的收回。

③ 借方"库存现金"2 500 元，是三班当天所收现金的合计，即"营业日报表"所列"今日收款"的金额。

④ 借方"应收账款——应收户"1 300 元，和贷方"应收账款——预收户"2 500 元，应如此分别设置明细账户，不能混在一个明细账户核算。

根据图表3-9，10月2日客房营业日报表作分录如下：

借：应收账款——应收户		2 102
销售费用——电话		82
销售费用——物料消耗		20
贷：主营业务收入——房金		1 680
主营业务收入——酒水等		30
——其他		25
其他应收款——客房		265

根据出纳员所开收到三班收银员交款收据：

借：库存现金		1 510
贷：应收账款——预付户		1 510

以上分录，借方"销售费用——物料消耗" 20 元，是宾客损坏物品待修理或更新的补偿，

不属营业收入，而以红字冲减费用。其他与上例相同。

如有需要先住房，后付款（即不预收房金）的宾客，入住时，收银员查明其可靠证件，经主管同意，按挂账处理。宾客离店结账时，账单应经宾客签字认可。挂账的账单不交给宾客，附带当天的"营业日报表"，交财务部门组织收回账款。

【例3-2】表3-9中，10月2日的"客房营业日报表"中反映陈正挂账300元，应增作如下分录：

借：应收账款——陈正   300

  贷：应收账款——应收户   300

收回该项账款时：

借：库存现金   300

  贷：应收账款——陈正   300

表3-9

客房营业日报表

2015年10月2日

今日应收		结算	
项目	金额（元）	项目	金额（元）
房金	1 680	昨日结存	1 200
加床		今日收款	1 510
酒水食品	30	今日应收	2 102
电话	82	今日结存	608
餐费	265	宾客挂账内容	
洗衣	25	单位或姓名	金额
赔偿	20	陈正	300
应收合计	2 102		
附 注	今日可出租房　　　间		
	今日实际出租房　　　间		
	出租率　　　　　　　%		
	今日维修房　　　　　间		
	今日空房　　　　　　间	挂账合计	300

客房部主管：   制表：

以上两个例题"营业收入——洗衣费"是假设由酒店洗衣坊代洗，如果是送洗衣店洗涤，因支付了洗涤费用，则不作收入，而以红字冲减"销售费用——洗涤费"。酒水、食品的营业收入，月末应根据吧台的商品销售报表结转营业成本，作如下分录：

借：主营业务成本——酒水等

  贷：库存商品——客房吧台

在日常会计核算中，客房的"应收账款——应收户"账户的借方余额和"应收账款——预收户"账户的贷方余额，各自保留，不相互冲销，分别反映这项重要结算资金的占用和来源情况。

月度终了，如果"应收账款——预收户"账户贷方余额，大于"应收账款——应收户"账户借方余额加各挂账户借方余额，其差额（为贷差）于编制"资产负债表"时，列入该表"预收账款"项目；如果借贷相抵后仍为借方余额，则将此借差填入该表"应收账款"项目。

必须指出的是，编制资产表时，有关"应收账款——应收户"账户和"应收账款——预收户"账户，只能填这两个账户互相轧抵后的差额；不能将两者各自的借方余额和贷方余额分别填入该表的"应收账款"项目和"预收账款"项目。因为，"应收账款"的"预收户"所反映贷方余额，实质是"应收账款"的收回，故应该以两者相互抵销后的净额在报表上反映。

年度终了，"应收账款——应收户"账户的累计借方余额，应与"应收账款——预收户"账户的累计贷方余额，作相互冲账处理。否则这两个明细账户的各自余额会像滚雪球般越滚越大，变成天文数字。两者相互冲抵后，如为借方余额，保留在"应收账款——应收户"账户，如为贷方余额，保留在"应收账款——预收户"账户，举例如下。

【例3-3】某酒店年度终了，"应收账款——应收户"累计借方余额为5 824 850元，"应收账款——预收户"账户累计贷方余额为5 948 920元，作如下冲账分录：

借：应收账款——预收户　　　　　　　　　　　　　　　5 824 850

　　贷：应收账款——应收户　　　　　　　　　　　　　　5 824 850

如此冲账后，年末"应收账款——应收户"余额为零，"应收账款——预收户"的贷方余额为124 070元。

【例3-4】某酒店年度终了，"应收账款——应收户"账户累计借方余额6 235 740元，"应收账款——预收户"账户累计贷方余额5 968 315元，作如下冲账分录：

借：应收账款——预收户　　　　　　　　　　　　　　　5 968 315

　　贷：应收账款——应收户　　　　　　　　　　　　　　5 968 315

如此冲账后，年末"应收账款——应收户"账户借方余额为267 425元，"应收账款——预收户"账户余额为零。

3.3.2 客房营业收入采用收付实现制核算

采用这种核算制度，前台不必设置客房营业日记台账，仅要设置宾客账单。宾客账单格式和登记、结算方法，与应收应付制基本相同。

客房营业日报表，是根据当天已结算离店宾客的账单各项目汇总编制。营业日报表格式，除结算栏仅列现金收入和挂账收入外，其他各项与应收应付制基本相同（见表3-10）。

表3-10　　　　　　　　　　　　　　客房营业日报表

2015年10月1日

今日应收		结算	
项目	金额（元）	项目	金额（元）
房金	6 680	收入现金	6 560
加床	200	挂账	880
酒水食品	100	合计	7 440
电话	80	挂账客户	

续表

今日应收		结算	
项目	金额（元）	项目	金额（元）
餐费	300	单位或姓名	金额
洗衣	50	兴中科技实业公司	560
赔偿	30	刘久如	320
应收合计	7 440		
附 注	今日可出租房　　　间 今日实际出租房　　　间 出租率　　　% 今日维修房　　　间 今日空房　　　间		

客房部主管：　　　　　　　　　　　　　　　　　　制表：

（收付实现制使用）

预收房金（称"押金"或"按金"）全部留存前台，不交财务部门。每天上交财务部门的现金仅为当天已收离店宾客的现金总额。

三班收银员相互交接的手续很简单，只需统计所收未离店宾客交纳押金收据金额加上已离店宾客账单所收到的现金，便是两班收银员交接的现金总额。

【例3-5】根据图表3-10，10月1日客房营业日报表，作如下分录：

借：库存现金　　　　　　　　　　　　　　　　　6 560
　　应收账款——兴中公司　　　　　　　　　　　560
　　应收账款——刘九如　　　　　　　　　　　　320
　　销售费用——电话费　　　　　　　　　　　　80
　　　　　　　——洗涤费　　　　　　　　　　　　50
借：销售费用——物料消耗　　　　　　　　　　　30
　　贷：主营业务收入——房金　　　　　　　　　　6 880
　　　　　　　　　　　——酒水等　　　　　　　　100
　　　　其他应收款——客房　　　　　　　　　　　300

收回挂账现金时：

借：库存现金　　　　　　　　　　　　　　　　　880
　　贷：应收账款——兴中公司　　　　　　　　　　560
　　　　　　　　　——刘九如　　　　　　　　　　320

月末结转酒水、食品等销售成本时：

借：主营业务成本——酒水等
　　贷：库存商品——客房吧台

上例借方"销售费用"有3个红字。其中：电话费80元，是收回已付电话费的一部分；洗涤费50元，是收回送洗染店代宾客洗衣的洗涤费；物料消耗30元，是收回被损坏，需要更新的物品价值。

挂账的账单，应随同客房营业日报表移送财务部门，以便组织收款。

有的酒店客房采用收付实现制结算，为了使月度营业收入接近真实，查明月末应收续住尚未离店宾客的房金，补列营业收入，下月月初以红字冲转。

【例3-6】某酒店客房结算采用收付实现制。月末查明续住尚未离店宾客账单的房金总额为15 000元，补列收入。本月月末作如下分录：

借：应收账款——月末尚未结算房金　　　　　　　　　15 000

　　贷：主营业务收入——房金　　　　　　　　　　　　　　　15 000

下月月初用红字冲转：

借：应收账款——月末尚未结算房金　　　　　　　　　15 000

　　贷：主营业务收入——房金　　　　　　　　　　　　　　　15 000

3.4　客房销售费用的管理和核算

3.4.1　客房销售费用的管理

酒店房屋建筑和各项设施的巨额投资耗费，是以折旧和摊销的方式在费用中反映的。所以，客房以出租房间设施而取得收入的经营项目，无法计算成本，只能核算销售费用，这是客房经营特点决定的。

客房的营业收入减去销售费用、税金和应负担的管理费用，便是客房的净利润。要想提高客房的盈利水平，重要途径之一是大力降低销售费用。所以，加强客房销售费用的管理显得非常重要。

（1）保持固定资产的完好率

固定资产的折旧费用是固定不变的，没有降低余地，只有在完好方面下工夫；提高固定资产完好率，可以减少更新支出，节约大修理费用。

酒店属公共场所，顾客来自四面八方，人群素质良莠不齐，少数坏人混迹其中在所难免。例如，过去有的酒店，房间里的电视机、电脑被坏人拆成空壳，昂贵的玻璃设施被歹徒砸碎，作案者无法找到，造成很大的经济损失。所以，酒店的服务人员要眼观六路，耳听八方，防止盗窃和破坏。同时应健全监管制度，宾客退房时，应检查房间一切设施是否完好无损。对电器设备，要开机测试，杜绝发生不应有的损失。

（2）压缩能源消耗

客房能源主要是电力和燃油。酒店的中央空调，其能源有的是电力，有的是柴油，耗用量都很大。有的酒店为了节约能源，限制空调开放时间，降低了服务质量，引起宾客不满，投诉多，还影响客源。所以，限制使用时间，并非可取节能方法。

近几年来，各地不少大小酒店纷纷停用中央空调，在每间客房安装分体式空调。据统计，这样可节约能源30%以上，而且由于宾客自己可以控制室温，感到舒适满意。这种改革措施效果尚好，可以借鉴。

客房热水，一般是以燃油锅炉供应，费用很高。有的酒店为了节约能源而限制热水供应时间，因此宾客投诉甚多。近年来，有的酒店通过某些专业单位，改用一种"无压锅炉"，其燃料是经过脱硫处理的特制大型蜂窝煤，没有污染。据统计，使用无压锅炉可24小时全天候地供应55℃的热水，其费用与燃油锅炉供应约8小时热水无太大区别，费用虽未减少，但可全天候地供应热水。服务质量提高后得到了宾客的满意，客源自会有所增加，值得推广。

（3）布草管理

客房的布草用量大，储存量一般为使用量的2～3倍。由于洗涤次数频繁，损耗较大。几项主要布草耐洗次数如下所示。

床单、被套	600～800次
枕套	500次
毛巾	300次
桌布	500次
餐巾	150次

应从以下两个方面减少布草消耗。

① 采购布草的床单、被套等布草，要选择耐磨性能好，并且不太厚的布料。布质太厚，烘干较慢，既多耗能源，又因布件被反复多次的烘滚，增加了磨损，降低了使用寿命。

② 洗涤过程，应根据布质和脏污程度分类分批，选择不同的滚洗时间和不同的洗涤剂份量，达到既洗净，又减少布件被磨损的效果，而且节约了洗涤剂和用水消耗。

（4）一次性用品的管理

客房免费供应宾客的牙具、梳子、拖鞋等一次性用品，虽是按人数定额发放，如加强管理，仍有节约潜力。有些宾客对一部分一次性用品并不喜爱，既不使用，也不带走，故楼层服务员应注意回收。并且还应健全一次性用品发放手续。

每天发放一次性用品时，要填写"客房消耗用品统计表"（见表3-11），应发数减去回收数便是实发数。向客房配置和补充一次性用品应建立两人在场相互监督的机制，客房主管要认真审查发放数量的真实性。

表3-11 客房消耗用品日统计表

品名＼数量	牙具	拖鞋	香皂	浴帽	梳子	洗发液	沐浴液	卷纸	针线包	火柴	信纸	信封	圆珠笔
应发数													
实用数													
补发数													
备注													

客房主管： 领班： 服务员： 日期：

有些已使用丢弃在客房的梳子，应组织回收，经过清洗和消毒，然后配以外包装便可重复使用。可按经手人回收数量适当奖励。

（5）洗衣坊的管理

酒店的洗衣坊主要是洗涤客房的布草，故一般划归客房部门管理。洗衣坊不单独核算，一切成本费用均包含在客房销售费用的各有关项目中。洗衣坊费用的节约和浪费直接影响客房费用水平，所以也必须加强管理。

首先要培训操作人员熟悉洗涤技术，能识别各种布料，分别采用不同的洗涤方法，减少磨损，延长布件的使用寿命。

其次要建立和完善布草、衣物洗涤交接手续，分清责任，防止丢失。

① 布草洗涤交接。洗衣坊人员每天向楼层送交洗净布草的同时，接回待洗的赃布草。交接时，双方在"布草洗涤登记簿"（见表3-12）作交接签收。

表3-12　　　　　　　　　　　　　　　　　　布草洗涤交接簿

送洗时间：　　　　　　　　　　　　交回时间：

项目 \ 数量 \ 品名	双人被套	单人被套	双人床罩	单人床罩	枕套	床罩	毛巾	浴巾	地巾	台布	台裙	餐巾			
送洗															
交回															
差异															
差异原因								处理意见							

客房仓库保管员：　　　　　　　　　　　　　　　　洗衣房经手人：

② 衣服洗涤交接。宾客的衣服有些可能是名牌，价格昂贵，如被丢失，赔偿的损失很大，所以必须妥善保管。为了分清责任，防止丢失，送洗时交接双方应在"洗衣交接簿"（见表3-13）登记签收。

表3-13　　　　　　　　　　　　　　　　　　洗衣交接簿

序号	宾客姓名	受理时间	品名	数量	受理人	交回时间	送交人	备注

3.4.2 客房销售费用的核算

客房销售费用较大的项目是工资、电费、燃料费、折旧费、物料消耗等。

（1）工资的核算

酒店每月发放职工工资，除少数国有企业是当月发放外，大多数企业是当月工资下月发放。当月工资下月发放的企业，第一个月没有工资支出，费用便失真，所以必须预提。有些企业当月的工资表，往往在月末尚未编出，可估计预提。下月发放时，估计预提的工资与实发工资会有差异，应进行调整。调整的方法有以下两种。

【例3-7】某酒店本月月末预提客房工资总额25 600元，下月实发工资时，应发总额25 924元，扣回病事假工资126元，扣收职工违纪罚金215元，实发25 583元。与上月月末预提数的差异324元。

① 差额调整法。

上月月末预提工资：

借：销售费用——客房——工资   25 600

    贷：应付职工薪酬   25 600

下月按实发工资总额与预提的差异调整：

借：销售费用——客房——工资   324

    贷：应付职工薪酬   324

发放上月工资时：

借：应付职工薪酬   25 924

    销售费用——客房——工资 |126|（扣病事假工资）

    贷：营业外收入   215（扣违纪款）

      库存现金   25 583（实发）

省略了从银行提取现金分录

接着，预提本月工资，如无大的变化，可按本月实发的应付工资25 924元计提。

② 全额调整法。

仍按上例。

月末预提工资：

借：销售费用——客房——工资   25 600

    贷：应付职工薪酬   25 600

下月以红字冲销上月预提工资：

借：销售费用——客房——工资 |25 600|

    贷：应付职工薪酬 |25 600|

下月实发工资时：

借：应付职工薪酬   25 924

    销售费用——客房——工资 |126|

    贷：营业外收入   215

      库存现金   25 583

分配工资：

借：销售费用——客房   25 924

    贷：应付职工薪酬   25 924

接着预提本月的工资。

此外，尚应按工资总额的14%计提职工福利费。

上例应提职工福利费=25 924×14%=3 629元。

借：销售费用——客房——职工福利费   3 629

    贷：应付职工薪酬   3 629

发生福利费支出时：

借：应付职工薪酬

贷：库存现金

（2）能源消耗的核算

客房能源消耗主要是电力和燃油。中央空调、热水、洗衣坊的能源消耗最大。

能源费用发生时：

借：销售费用——电费或燃料费

贷：银行存款

洗衣坊虽不单独核算，但其成本费用占客房费用总额5%以上。而且根据业务需要，洗衣坊的成本费用，要作账外核算。所以对洗衣坊的能源消耗应进行统计。其中：电费可按洗衣设备的功率和需要运转的时间计算确定；燃油是锅炉提供烘干机蒸汽的消耗，但与供应客房的热水混在一起，只能由工程部门的技术人员估计各占耗油比例来确定各自的燃料费。统计出的洗衣坊能源消耗费用，是供账外核算洗涤成本之用，不做账务处理。

（3）物料用品的核算

客房消耗的物料用品，一般是向酒店总仓库领用。

领用时：

借：销售费用——客房——物料消耗

贷：物料用品

牙具等一次性用品，因日常消耗量大，因此一般由客房批量领出，存放客房的仓库，每天按实际需用量发放。一次性用品的核算有以下两种方法。

① 移库处理，逐日（月）核销。

客房批量领出时：

借：物料用品——客房仓库——次性用品（分品名）

贷：物料用品——总库——次性用品（分品名）

每天（或每月）根据客房一次性用品消耗报表：

借：销售费用——客房——物料消耗

贷：物料用品——客房仓库——次性用品

根据客房月末的一次性用品盘点表，核对实物库存。

② 倒轧确定消耗量。

客房批量领出时，按所领数额，列入"原材料——客房仓库"账户。月末按倒轧方法，计算出本月实际消耗数额，从该账户转入"销售费用"账户。

【例3-8】某酒店客房一次性用品上月末盘存5 210元，保留在"原材料——客房仓库"账户。本月先后从总库领用38 985元。月末盘存15 486元。用倒轧法计算出本月实际耗用28 709（5 210+38 985-15 486=28 709）元。

本月从总库领出：

借：业务间接费用　　　　　　　　　　　　　　　　　　　38 985

贷：物料用品——总库　　　　　　　　　　　　　　　38 985

按倒轧计算的消费额：

借：销售费用——客房——物料消耗　　　　　　　　　　　　　28 709

　　贷：业务间接费用　　　　　　　　　　　　　　　　　　　　　28 709

如此结转后，"原材料——客房仓库"账户本月末借方余额15 486元，便是月末盘存数。编制会计报表时，并入资产负债表的"存货"项目。

第二种方法虽然简单，但存在对物资监管不严，如有非正常损失便被掩盖的缺点。

客房使用的布草，可在"长期待摊费用"账户核算，按3年左右分月摊销。

购入时：

借：长期待摊费用

　　贷：银行存款（或"应付账款"）

每月分摊时：

借：销售费用——客房——物料消耗

　　贷：长期待摊费用

（4）服装费的核算

酒店注重员工形象必须统一着装。星级酒店服装档次较高，价格昂贵，费用很大。一般于购进时便能分清着装对象，可分部门列入有关费用的"服装费"项目。

有的酒店认为服装的价值高，为了加强管理，购入时列为低值易耗品。领用时按"五五摊销法"，将50%价值计入有关费用。

有的酒店认为服装一经领用便成为费用，因此购入时直接列入"长期待摊费用"按2～3年分月摊销，计入各有关费用的"服装费"项目。

服装费不论采用何种方式核算，都要指定专人，设置备查簿，对发放的服装，分部门和领用人登记管理。离职人员应交还所领服装，避免浪费。

（5）折旧费的核算

酒店固定资产最大项目是房屋建筑和电梯、中央空调、锅炉等各种大型设施，很难分清使用部门分摊折旧费，一般是在管理费用核算。有些酒店是将能分清经营部门的折旧费，列入各部门的销售费用；凡分不清使用部门的折旧费在管理费用核算。

酒店固定资产折旧，一般不使用加速折旧法，普遍使用直线法的平均年限法。拥有车队的车辆可采用工作量法，按行驶里程计算折旧。

① 直线法的平均年限法。国家税法规定计算固定资产折旧的残值一律为5%。

平均年限法的计算公式如下：

$$年折旧额 = \frac{原值 \times (1 - 5\%)}{使用年限}$$

$$月折旧额 = 年折旧额 \div 12$$

以上公式可以简化为：

$$月折旧率 = \frac{1 - 5\%}{使用年限 \times 12}$$

$$月折旧额 = 原值 \times 月折旧率$$

从以上简化的计算公式可以看到，凡年限相同，其月折旧率也相同。为了简化固定资产折旧的计算工作，只要事先将各种年限的折旧率计算出来，列一张对照表（见表3-14）。计算各项固定资产月折旧额时，只需将原值乘以相应使用年限的月折旧率求得，快捷方便。

表3-14 固定资产使用年限和月折旧率对照表

使用年限（年）	月折旧率（%）
2	3.958 3
3	2.638 9
4	1.979 2
5	1.583 3
6	1.319 4
7	1.113 1
8	0.989 6
9	0.879 6
10	0.791 7

【例3-9】某酒店客房上月新购一台29寸平面直角电视机，原值3 000元，使用年限5年，本月计提月折旧额。

$$月折旧额 = 3\,000 \times 1.583\,3\% = 47.50\,（元）$$

借：销售费用——客房——折旧费 47.50
　　贷：累计折旧 47.50

② 工作量法。工作量法又称作业量法，是根据固定资产在使用期间完成的工作量平均计算折旧的一种方法。按工作量法平均计算折旧，在一定期间内固定资产的工作量越多，其计提的折旧也就越多，这一点又与平均年限法有所不同。

工作量法一般有以下3种方式。

a. 按工作小时计算折旧的公式为：

$$单位工作小时折旧额 = \frac{固定资产原值 \times (1-5\%)}{预计总工作时间}$$

b. 按台班计算折旧的公式为：

$$单位台班折旧额 = \frac{固定资产原值 \times (1-5\%)}{预计总工作台班}$$

c. 按行驶里程计算折旧的公式为：

$$单位里程折旧额 = \frac{固定资产原值 \times (1-5\%)}{预计总行驶里程}$$

【例3-10】某酒店新购置小货运车一辆，原值80 000元，残值5%，预计行驶500 000千米/吨。本月实际行驶4 000千米/吨，本月应计提折旧额为：

$$单位里程折旧额 = \frac{80\,000 \times (1-5\%)}{500\,000} = 0.152 \,（元）$$

$$本月折旧额 = 0.152 \times 4\,000 = 608\,（元）$$

（6）修理费用的核算

酒店的修理费有小修理和大修理之分。日常小修里费用发生时，直接列入有关费用核算。

【例3-11】某酒店发生客房电视机修理费200元，总经理办公室电脑修理费300元，以现金支付。

借：销售费用——客房——修理费　　　　　　　　　　　　　200

　　管理费用——修理费　　　　　　　　　　　　　　　　　300

　　贷：库存现金　　　　　　　　　　　　　　　　　　　　　　　500

酒店的大修理费，主要是进行规模较大的装修费用。现代酒店是以设施的完善、安全、舒适、美观作为竞争条件招徕宾客。所以，每隔3～5年便要推陈出新地进行一次全面装修，费用巨大。对这种大额装修费，有预提和待摊两种核算方法。

① 预提法。由工程专业人员估计出若干年后将进行全面装修的费用预算资料，在持续经营的3～5年内作预提处理。

【例3-12】某酒店客房部门经工程专业人员估算，4年后进行一次全面装修，约需费用120 000元，每月预提2 500元。

借：销售费用——客房——修理费　　　　　　　　　　　　2 500

　　贷：预提费用　　　　　　　　　　　　　　　　　　　　　　2 500

4年后进行装修是采用包工包料形式。

a．装修期间陆续预付装修工程款时。

借：预付账款

　　贷：银行存款

b．装修完毕，根据工程决算单。

借：预提费用

　　贷：预付账款

　　　　银行存款

如果预提大修费用不足或有余，差额作补列或冲销处理。

【例3-13】某酒店客房已预提大修费用120 000元，装修工程完毕，经审定工程决算总额为125 600元。施工过程已先后预付工程款110 000元，结算时以银行存款15 600元付给施工单位。作分录如下：

借：预提费用　　　　　　　　　　　　　　　　　　　120 000

　　销售费用——客房——修理费　　　　　　　　　　　　 5 600

　　贷：预付账款　　　　　　　　　　　　　　　　　　　　110 000

　　　　银行存款　　　　　　　　　　　　　　　　　　　　 15 600

【例3-14】某酒店客房已预提大修费用120 000元，装修工程完毕，经审定工程决算总额116 000元。施工过程已先后预付工程款110 000元，结算时以银行存款6 000元付给施工单位。

借：预提费用　　　　　　　　　　　　　　　　　　　120 000

　　销售费用　　　　　　　　　　　　　　　　　　　　 4 000

　　贷：预付账款　　　　　　　　　　　　　　　　　　　　110 000

　　　　银行存款　　　　　　　　　　　　　　　　　　　　　6 000

② 待摊法。有的酒店如果在经营过程没有预提大修理费用，几年后发生大规模装修费用时，按分期摊销处理。

【例3-15】某酒店客房进行全面装修，工程费用总额120 000元。施工过程已陆续预付工程款 110 000 元，现结算以银行存款 10 000 元支付余款。由于没有预提，经研究决定按 4 年分月摊销。

施工过程陆续已支付工程款：

借：预付账款　　　　　　　　　　　　　　　　　　　　　　　110 000

　　贷：银行存款　　　　　　　　　　　　　　　　　　　　　　110 000

按决算单结算时：

借：长期待摊费用　　　　　　　　　　　　　　　　　　　　　120 000

　　贷：预付账款　　　　　　　　　　　　　　　　　　　　　　110 000

　　　　银行存款　　　　　　　　　　　　　　　　　　　　　　 10 000

分月摊销时：

借：销售费用——客房——修理费　　　　　　　　　　　　　　 2 500

　　贷：长期待摊费用　　　　　　　　　　　　　　　　　　　　　2 500

采用待摊法的缺点是装修费用发生以前各期反映的费用水平和利润水平不均衡，作分析比较时应加以说明。

（7）洗衣坊的成本核算

酒店洗衣坊一般不对外营业，仅为内部有关部门提供洗涤服务；但有些洗衣坊洗涤能力过剩，也可为其他无洗衣设备的酒店代洗布草以增加收入。

洗衣坊因不独立核算，一切费用均包括在客房部门的有关费用项目中。为了查明洗涤成本，应从账面分析统计洗涤耗费和所完成的洗涤量等资料，作账外成本核算，具体步骤如下所示。

① 从客房销售费用明细账内统计分析洗衣坊水电燃料消耗。水电费可装分表解决。燃料费因锅炉供应烘干机蒸汽与供应客房热水分不开，可由工程技术人员作估计比例分摊。

② 从固定资产折旧明细账查明洗衣坊占用固定资产的折旧费。

③ 从客房工资表查明洗衣坊人员工资额并计算职工福利费。

④ 从客房销售费用账户查明耗用洗衣粉、漂白粉、乳化剂的耗费。

⑤ 从客房布草交接簿统计各项布草实际洗涤数量。

⑥ 按布草洗涤成本系数计算洗涤量。

几项主要布草洗涤成本系数如下所示。

单人床单	1
单人被套	1.2
双人床单	1.2
双人被套	1.8
枕套	0.3
床垫	3
毛巾	0.3
浴巾	0.8
地巾	0.8
台布	1.1

⑦ 计算各项布草的单位洗涤成本。

【例3-16】某酒店洗衣坊本月各项成本费用如下所示。

① 成本费用：

折旧费	2 500
电费	3 000
燃料费	8 000
工资及福利费	3 000
洗涤用品	1 000
合计	17 500（元）

② 各项布草洗涤数量：

单人床单	6 000 床
单人被套	6 000 床
枕套	8 000 个
浴巾	5 000 条
毛巾	5 000 条
台布	2 000 块

③ 洗涤成本的计算：

布草洗涤量=(1×6 000)+(1.2×6 000)+(0.3×8 000)+(0.8×5 000)+(0.3×5 000)+(1.1×2 000)=23 300

$$单位洗涤成本=\frac{17\ 500}{23\ 300}=0.751（元）$$

各项布草单位洗涤成本（单位成本乘系数）

单人床单=0.751×1=0.751（元）

单人被套=0.751×1.2=0.90（元）

枕套=0.751×0.3=0.225（元）

浴巾=0.751×0.8=0.60（元）

毛巾=0.751×0.3=0.225（元）

台布=0.751×1.1=0.826（元）

如此计算的成本，属账外核算，不作账务处理。内部服务费用转移、对外服务计价和结转服务成本，可按以上单位成本计算。

【例3-17】假设【例3-16】中洗涤的台布2 000块是本店餐厅的，按单位成本0.826元计价作费用转移处理。

台布洗涤费用=0.826×2 000=1 652（元）

作分录如下：

借：销售费用——餐饮——洗涤费　　　　　　　　　　　1 652
　　　销售费用——客房——洗涤费　　　　　　　　　　1 652

【例3-18】该酒店洗衣房洗涤能力过剩，为了增加收入，本月代其他无洗衣设备的酒店洗涤单人被套3 000床、单人床单3 000床、枕套4 000个。已知单人被套的单位洗涤成本0.90元、单人床单的单位洗涤成本0.751元、枕套的单位洗涤成本0.225元，按成本加利润率40%计价。

① 单位洗涤价计算如下：

$$单人被套的单位洗涤价=0.90×(1+40\%)=1.26（元）$$
$$单人床单的单位洗涤价=0.751×(1+40\%)=1.05（元）$$
$$枕套的单位洗涤价=0.225×(1+40\%)=0.3215（元）$$

② 应收取的洗涤费用计算如下：

$$单人被套的洗涤费=1.26×3\,000=3\,780（元）$$
$$单人床单的洗涤费=1.05×3\,000=3\,150（元）$$
$$枕套的洗涤费=0.315×4\,000=1\,260（元）$$
$$\overline{\qquad\qquad\qquad\qquad\qquad\qquad}$$
$$应收洗涤费合计 \qquad 8\,190（元）$$

③ 作分录如下：

借：应收账款　　　　　　　　　　　　　　　　　　8 190

　　贷：其他业务收入　　　　　　　　　　　　　　　　　8 190

结转代洗涤布草成本：

① 洗涤成本计算如下：

$$单人被套洗涤成本=0.90×3\,000=2\,700（元）$$
$$单人床单洗涤成本=0.751×3\,000=2\,253（元）$$
$$枕套洗涤成本=0.225×4\,000=900（元）$$
$$\overline{\qquad\qquad\qquad\qquad\qquad\qquad}$$
$$洗涤成本合计 \qquad 5\,853（元）$$

② 作分录如下：

借：其他业务成本　　　　　　　　　　　　　　　　5 853

　　销售费用——客房——洗涤费　　　　　　　　　　5 853

③ 收到代洗费用时：

借：银行存款　　　　　　　　　　　　　　　　　　8 190

　　贷：应收账款　　　　　　　　　　　　　　　　　　8 190

月度终了，代外单位洗涤布草收入8 190元，减去洗涤成本5 853元后的利润2 337元，列入"利润表"的"加：其他业务利润"项目。

（8）新增"业务间接费用"科目的使用方法

新增"业务间接费用"科目，并非所发生的各项费用必须先在此科目核算，然后再转入各有关"销售费用"或"管理费用"科目，而是根据实际需要选择使用。例如费用发生时，无法分清应负担的部门，可先在此科目进行归集，然后根据实际情况结转有关费用科目；或者有些费用发生时，当月不能全部转销，部分余额要转移下期处理，前面"（3）物料用品的核算②倒挤确定消耗"有例题说明，此处不再重复。现仅就前者以例题说明如下：

【例3-19】某酒店维修房屋，购进水泥、沙石、木材、元钉、白乳胶、油漆等材料价值3 600元。陆续购进时以银行存款支付2 500元，以现金支付1 100元。施工过程以现金支付泥木工工资2 800元。由于费用发生时尚无法确定应负担的部门，先在"业务间接费用"科目核算。

陆续购进材料时：

借：业务间接费用　　　　　　　　　　　　　　　　3 600

　　贷：银行存款　　　　　　　　　　　　　　　　　　2 500

　　　　库存现金　　　　　　　　　　　　　　　　　　1 100

支付施工工资时：

借：业务间接费用 2 800

　　贷：库存现金 2 800

修理完毕，经工程技术人员测量，修缮房屋总面积为 1 000 平方米。其中，餐厅 300 平方米、客房 500 平方米、蒸汽浴 150 平方米、酒店办公室 50 平方米。

按面积分配修理费用：

$$每平方米的修理费 = \frac{3\,600 + 2\,800}{1\,000} = 6.40（元/平方米）$$

$$餐厅应负担修理费 = 6.40 \times 300 = 1\,920（元）$$

$$客房应负担修理费 = 6.40 \times 500 = 3\,200（元）$$

$$蒸汽浴应负担修理费 = 6.40 \times 150 = 960（元）$$

$$办公室应负担修理费 = 6.40 \times 50 = 320（元）$$

作分录如下：

借：销售费用——餐厅——修理费 1 920

　　　　——客房——修理费 3 200

　　　　——蒸汽浴——修理费 960

　　管理费用——修理费 320

　　贷：业务间接费用 6 400

"业务间接费用"属于成本类科目，期末可保留余额，不像损益类科目，月末要全部结转"本年利润"科目，余额为零。

3.5 客房税金的核算

客房营业税税率为 5%，附加税费按企业所在城市的标准执行。

近年来，企业购买发票时，要按交还发票总额缴纳营业税费，然后从当月申报的营业税费抵扣清缴。为了便于税款清算，应设置"购买发票交纳税费统计表"（见表 3-15）。

表 3-15　　　　　　　　　　×月购买发票交纳税费统计表　　　　　　　　　　单位：元

税费类别	5 日	15 日	25 日	合计
旅店业营业税	3 546.72	5 218.95	4 815.64	13 581.31
城建税	177.34	260.95	240.78	679.07
教育经费附加	106.40	156.57	144.47	407.44
合计	3 830.46	5 636.47	5 200.89	14 667.82

表 3-15 中已交税款合计 14 667.82 元，其分录为：

借：应交税费 14 667.82

　　贷：银行存款 14 667.82

当月"营业税费申报表"（见表 3-16），举例应交税费 20 658.24 元，需补交税费 5 990.42 元。

表 3-16　　　　　　　　　　营业税费申报表　　　　　　　　　　金额单位：元

税费类别	计税值	税率	应交税费	已交税费	补交税费
旅店业营业税	382.560	5%	19.128	13 581.31	5 546.69
城建费	19.128	5%	956.40	679.07	277.33
教育费附加	19.128	3%	573.84	407.44	166.40
合计			20 658.24	14 667.82	5 990.42

月末按营业收入计提营业税费时：

借：营业税金及附加　　　　　　　　　　　　　　　20 658.24
　　贷：应交税费　　　　　　　　　　　　　　　　　　20 658.24

下月 10 日前上交上月税费时：

借：应交税费　　　　　　　　　　　　　　　　　　5 990.42
　　贷：银行存款　　　　　　　　　　　　　　　　　　5 990.42

要指出的是，由于税务部门是按税费总额向企业征收，为了便于税费清算，酒店对各项税费的计提和上交，应统一在"应交税费"账户核算，"应交税费"不必设置明显科目，各种税费均在一个账户反映，便于和税务部门核对。

3.6　客房保本保利点测算

测算客房的保本保利点应按以下步骤进行。

（1）统计酒店拥有客房间数

各酒店所拥有客房的类别等级不尽相同，一般皆有标准房、商务房、豪华套房、单人房等。为了便于计算，对不同级别的房间，用合适的系数统一折合为标准房。多数酒店豪华高档客房数量不多，而且日常出租率甚低，可不折合，统一并入标准间数量，对计算结果影响不大。

（2）确定每间客房平均销售单价

测算保本点一般可采用标准房的单价。但是，酒店客房的价格不但有淡旺季浮动情况，而且还有团体优惠价、贵宾卡优惠价等较大幅度的折让。所以在确定平均单价时应考虑这些因素并作适当调整。如果有近期历史资料，也可采用在一段时期所反映的实际房金总收入和实际总出租间数计算一个实际平均单价。总之，采用的单位价格，应尽量接近实际。

（3）收集和整理有关费用资料

客房的各项费用，要按其内容划分为固定费用和变动费用两类。

固定费用包括工资、职工福利费、工作餐费、折旧费、提取的大修理费、租赁费、电话费以及分摊的管理费用。

变动费用包括电费、燃料费、水费、修理费、洗衣费、物料消耗等。

电费和燃料费的消耗量很大，从客房营运情况看，这两项费用应属半变动费用（即混合成本），其中有一部分为固定属性。因为如果客房没有营业收入，这些费用还会有所发生；在营运过程，这两项费用虽会随业务量增加而增加，但不成正比例。所以，应采用适当方法将这两项费用区分固定和变动各占多少。如果有历史资料，可采用高低点法或回归直线法计算确定；没有历史资料作计算依据的情况下，只有请专业人员估算确定。

应用高低点法和回归直线法计算这两项费用的方法如下。

① 高低点法。高低点法是指利用解析几何两点法公式，根据一定时期内的最高点和最低点业务量的相应成本关系，来推算固定费用和单位变动费用的一种成本性态分析法。其基本原理是各期的总成本或混合成本，都可以用成本性态模型 $y=a+bx$ 来表示。用两点法可以求出 a、b 两个常数，并建立相应的成本模型。

高低点法的具体分析步骤如下所示。

第一步，选择高低两点坐标，即在一定历史期内的有关历史资料中，找出最高业务量（假设为 x_1），及对应的成本费用（假设为 y_1），从而确定高点坐标（x_1, y_1）；同理，确定低点坐标（x_2, y_2）。

第二步，计算 b 值，即根据高低点坐标值，计算单位变动成本费用。b 的计算公式为：

$$b=\frac{y_1-y_2}{x_1-x_2}$$

第三步，计算 a 值，即利用下列公式，计算固定成本费用。

$$a=最高点成本费用-b\times最高点业务量$$

即：

$$a=y_2-bx_2$$

第四步，将 a、b 值代入下式，建立成本性态模型：

$$y=a+bx$$

【例3-20】某酒店客房某一年度电费和房间出租量资料如表3-17所示。

表3-17　　　　　　　　　　　　　电费和房间出租量资料

月份	电费（元）	房间出租数
1	36 260	2 768
2	33 810	2 642
3	26 950	2 294
4	21 560	2 586
5	18 804	2 290
6	18 896	2 168
7	20 090	2 010
8	36 540	2 380
9	39 360	2 432
10	31 322	2 688
11	26 290	2 808
12	24 500	2 708

从表3-17中选出：

　　　　低点　　　电费　　　20 090　　　出租间数　2 010

　　　　高点　　　电费　　　26 290　　　出租间数　2 808

（应按业务量高点，而不是按成本费用高点）

计算：

$$b=\frac{26\ 290-20\ 090}{2\ 808-2\ 010}=7.77（元/间）$$

$$a=26\ 290-7.77\times2\ 808=4\ 472（元）$$

或：

$$a=20\ 090-7.77\times2\ 010=4\ 472（元）$$

即：固定成本费用 a=4 472（元）

单位变动成本费用 b=7.77（元）

② 回归直线法。回归直线法又称最小二乘法和最小平方法。它是根据若干期业务量和成本的历史资料，运用最小平方法原理，计算固定成本费用 a 和单位变动成本费用 b 的一种成本性态分析方法。

回归直线法的基本步骤如下所示。

第一步，根据历史资料列表，求 n、$\sum_x$、$\sum_y$、$\sum_{xy}$、$\sum_{x^2}$、$\sum_{y^2}$ 的值。

第二步，计算关系数 r，据此判断 y 与 x 之间是否存在必要的线性关系。即：

$$r=\frac{n\sum_x-\sum_x\sum_y}{\sqrt{\left[n\sum_{x^2}-\left(\sum_x\right)^2\right]\left[n\sum_{y^2}-\left(\sum_y\right)^2\right]}}$$

当 $r=+1$ 时，说明 x 与 y 之间完全正相关，即 $y=a+bx$；当 $r\rightarrow+1$ 时，说明 x 与 y 之间基本相关，可近似地写成 $y\approx a+bx$；当 $r=-1$ 时，说明 x 与 y 之间完全负相关；当 $r=0$ 时，说明 x 与 y 之间不存在任何联系，即 $y\neq a+bx$，不能运用这种计算方法。

因为直线回归法要求业务量与成本之间基本保持线性关系，即 $r=+1$ 或 $r\rightarrow+1$ 皆可。

第三步，计算 a、b 值公式如下：

$$b=\frac{n\sum_{xy}-\sum_x\sum_y}{n\sum_{x^2}-\left(\sum_x\right)^2}$$

$$a=\frac{\sum_y-b\sum_x}{n}$$

第四步，建立成本性态模型：

$$y=a+bx$$

回归直线法利用了微分极值原理，因此计算结果比前面高低点法更为精确，但计算量较大。

【例 3-21】某酒店客房某一年度分月房间出租量和燃料费资料，如表 3-18 所示。

表3-18 燃料费和房间出租量资料

月份	房间出租量（千间）	燃料费（万元）
1	2.77	2.95
2	2.64	2.85
3	2.29	2.53
4	2.59	2.88
5	2.29	2.45
6	2.17	2.31
7	2.01	2.09
8	2.38	2.65
9	2.43	2.72
10	2.69	2.95
11	2.81	3.14
12	2.71	3.06

表 3-19 列表计算 n、$\sum_x$、$\sum_y$、$\sum_{xy}$、$\sum_{x^2}$、$\sum_{y^2}$ 值，如表 3-19 所示。

表 3-19

月份	房间出租量 x	燃料费 y	xy	x^2	y^2
1	2.77	2.95	8.17	7.67	8.70
2	2.64	2.85	7.52	6.79	8.12
3	2.29	2.53	5.79	5.24	6.40
4	2.59	2.88	7.46	6.71	8.29
5	2.29	2.46	5.36	5.24	6.05
6	2.17	2.38	5.16	4.71	5.66
7	2.01	2.31	4.64	4.04	5.34
8	2.38	2.65	6.31	5.66	7.20
9	2.43	2.72	6.61	5.90	7.40
10	2.69	2.95	7.94	7.34	8.70
11	2.81	3.14	8.82	7.90	9.86
12	2.71	3.06	8.29	7.34	9.36
n=12	$\sum_x = 29.78$	$\sum_y = 32.88$	$\sum_{xy} = 82.34$	$\sum_{x^2} = 74.72$	$\sum_{y^2} = 90.90$

先测算 x 与 y 是否存在线性关系：

$$r = \frac{12 \times 82.34 - 29.78 \times 32.88}{\sqrt{\left(12 \times 74.72 - 29.78^2\right) \times \left(12 \times 90.90 - 32.88^2\right)}} \approx 0.91$$

通过以上计算，得知 $r \approx 0.91$ 即 $r \rightarrow +1$ 表明此例 x 与 y 基本相关，可以用此法计算 a、b 值：

$$b = \frac{12 \times 82.34 - 29.78 \times 32.88}{12 \times 74.72^2 - 29.78} = 0.893\,7$$

$$a = \frac{32.88 - 0.897\,3 \times 29.78}{12} = 0.522\,5$$

由于计算房间出租量是以千间为单位，燃料费是以万元为单位。故以上计算结果是：

固定费用 a=5 225（元）

单位变动费用 b=8.94（元/间）

有的酒店如果没有历史资料，这两项费用无法应用高低点法或回归直线法计算 a、b 值时，也可估计一个合适比例分配。例如，固定费用按 20%～30%，变动费用按 70%～80%的分配，虽不很精确，总比全部列作变动费用合理。

变动费用总额除以房间数，便是单位变动费用。

$$月度单位变动费用 = \frac{月度变动费用总额}{实有房间数 \times 30天}$$

3.6.1　客房保本点测算

几个有关公式如下所示。

设：

销售单价为 P

销售量为 Q

保本销售额为 PQ

单位变动费用为 V_c

固定费用为 F_c

营业税率为 T_s

$$PQ=V_cQ+F_c \qquad (1)$$

即：

保本销售额＝单位变动费用×销售量＋固定费用

移项：

$$PQ-V_cQ=F_c$$
$$Q(P-V_c)=F_c$$

得

$$Q=\frac{F_c}{P-V_c}$$

即：

$$保本销售量=\frac{固定费用}{销售单价-单位变动费用}$$

再引进交纳营业税 T_s，上式变为：

$$Q=\frac{F_c}{P(1-T_s)-V_c} \qquad (2)$$

即：

$$保本销售量=\frac{固定费用}{销售单价×(1-税率)-单位变动费用}$$

【例3-22】某酒店客房测算月度保本点，有关费用资料如下所示。

客房数量	160 （间）
房间定价（天）	120 （元）
营业税率	5%（附加税费从略）

月度费用：

工资	40 000
福利费	5 600
折旧费	140 000
提取大修理费	6 000
电费	60 000
水费	6 600
燃料费	50 000
电话费	7 240
工作餐费	4 000
物料消耗	23 440
洗涤费	3 000
修理费	4 200

| 分摊管理费用 | 38 800 |
| 费用合计 | 388 880（元） |

以上费用经过整理，区分固定费用和变动费用如下所示。

月度固定费用：

工资	40 000
福利费	5 600
工作餐费	4 000
折旧费	140 000
提取大修理费	6 000
电费（按30%）	18 000
燃料费（按30%）	15 000
电话费	7 240
分摊管理费用	38 800
月度固定费用合计	274 640（元）

月度变动费用：

电费（按70%）	42 000
燃料费（按70%）	35 000
水费	6 600
物料消耗	23 440
修理费	4 200
洗涤费	3 000
变动费用合计	114 240（元）

$$单位变动费用=\frac{114\ 240}{160\times30天}=23.80（元/间）$$

经整理后的资料如下：

F_c	274 640
V_c	23.80
P	120
T_s	5%

客房保本点计算：

① 月度保本销售量按公式（2）

$$Q=\frac{F_c}{P(1-5\%)-V_c}$$

即：月度保本销售量$=\dfrac{274\ 640}{120\times(1-5\%)-23.80}=3\ 045$（间）

② 月度保本销售额$=120\times3\ 045=365\ 400$（元）

③ 月度保本出租率$=\dfrac{3\ 045}{160\times30}\times100\%=63.4\%$

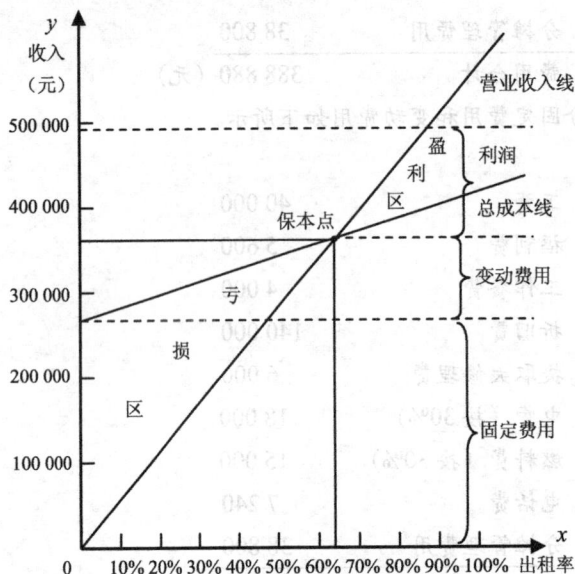

图3-2 保本分析图

3.6.2 客房目标利润的测算

以上保本点测算是假设利润为零。但事实上，企业经营都是以营利为目的，任何企业都会确定一个经营期（1个月或1年）的目标利润。所以还必须进行保利测算。

公式：

设 T_p 为目标利润

$$PQ = V_cQ + F_c + T_p$$

即：

目标利润销售额＝单位变动费用×销售量＋固定费用＋目标利润

移项

$$Q(P - V_c) = F_c + T_p$$

整理得：

$$Q = \frac{F_c + T_p}{P - V_c}$$

再引入营业税 T_s

得公式（1）

$$Q = \frac{F_c + T_p}{P(1 - T_s) - V_c} \tag{3}$$

即：

目标利润销售量 $= \dfrac{\text{固定费用} + \text{目标利润}}{\text{销售单价} \times (1 - \text{税率}) - \text{单位变动费用}}$

由以上公式（1）移项得公式（2）

$$T_p = QP(1 - T_s) - QV_c - F_c \tag{4}$$

即：

目标利润＝销售量×[单位销售价×(1−税率)]−销售量×单位变动费用−固定费用

【例3-23】仍按前例，各项数字不变，增加月度目标利润100 000元。

即：

F_c	274 640
V_c	23.80
P	120
T_s	5%
T_p	100 000

① 月度目标利润销售量$=\dfrac{274\,640+100\,000}{120×(1-5\%)-23.80}=4153$　（间）

② 月度目标利润销售额$=120×4\,135=498\,360$（元）

③ 月度目标利润出租率$=\dfrac{4\,135}{160×30天}×100\%=86.52\%$

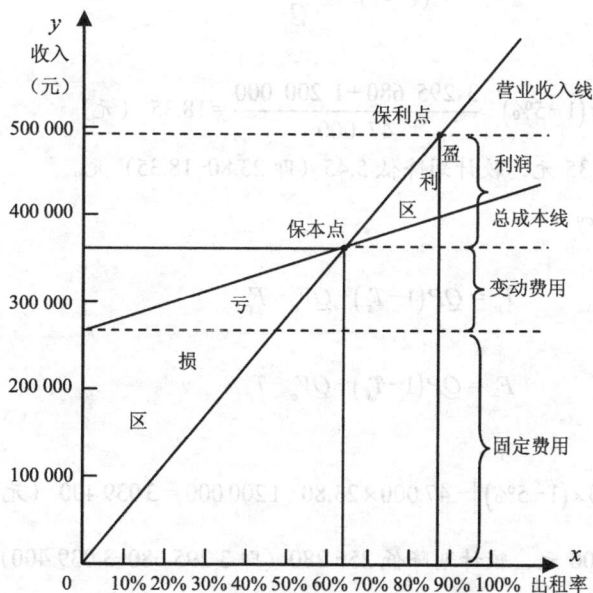

图3-3　保利分析图

3.6.3　为实现目标利润选择举措方案

由于目标利润的实现，受房间售价、变动费用水平、固定费用总额、房间销售量4个因素的影响，可以通过运算，选择举措方案。

【例3-24】某酒店现有房间160间。年度可出租间数58 400（即160×365）间，年度计划出租47 000间。年度固定费用总额3 295 680元、单位变动费用23.80元、房间售价120元、营业税率5%、年度目标利润定为1 200 000元。

变换每一因素计算的结果如下所示。

① 假设提高销售单价 P。

从本章公式（4）已知：

$$T_p = QP(1-T_s) - QV_c - F_c$$

移项得：

$$P = \left(\frac{F_c + T_p}{Q} + V_c\right) \times \frac{1}{1-T_s}$$

代入数据：

$$P = \left(\frac{3\ 295\ 680 + 1\ 200\ 000}{47\ 000} + 23.80\right) \times \frac{1}{1-5\%} \approx 126\ （元）$$

即房间售价定为 126 元，较计划增加 6（即 126-120）元。

② 假设降低单位变动费用 V_c。

从本章公式（4）已知：

$$T_p = QP(1-T_s) - QV_c - F_c$$

移项得：

$$V_c = P(1-T_s) - \frac{F_c + T_p}{Q}$$

代入数据：

$$V_c = 120 \times (1-5\%) - \frac{3\ 295\ 680 + 1\ 200\ 000}{47\ 000} = 18.35\ （元）$$

即单位变动费用降为 18.35 元，较计划降低 5.45（即 23.80-18.35）元。

③ 假设降低固定费用 F_c。

从本章公式（4）已知：

$$T_p = QP(1-T_s) - QV_c - F_c$$

移项得：

$$F_c = QP(1-T_s) - QV_c - T_p$$

代入数据：

$$F_c = 47\ 000 \times \left[120 \times (1-5\%)\right] - 47\ 000 \times 23.80 - 1\ 200\ 000 = 3\ 039\ 400\ （元）$$

即固定费用降为 3 039 400 元，较计划降低 256 280（即 3 295 680-3 039 400）元。

④ 假设增加销售量 Q。

从本章公式（4）已知：

$$T_p = QP(1-T_s) - QV_c - F_c$$

移项得知：

$$Q = \frac{F_c + T_p}{P(1-T_s) - V_c}$$

代入数据：

$$Q = \frac{3\ 295\ 680 + 1\ 200\ 000}{120 \times (1-5\%) - 23.80} = 49.841\ （间）$$

即销售量定为 49.841 间，较计划增加 2.841（即 49.841-47.000）间。

3.6.4 客房增加盈利的途径

（1）努力提高出租率。

① 改善管理，做到制度严密，使宾客感到安全和舒适。

② 设备上档次，达到豪华、齐全和适用。

③ 达到一流服务水平，不断提升服务人员素质，提供文明服务，使宾客真正体验宾至如归。

④ 采取有效措施，防止老顾客流失。

（2）客房的价格要合理。经济规律是：售价与销售量密切相关。

例如，某月不同价位客房出租情况表（见表3-20）。

表3-20　　　　　　　　　　某月不同价位客房出租情况表

每天房价（元）	每月出租次数（次）	营业收入（元）
200	5	1 000
170	10	1 700
140	15	2 100
110	20	2 200
80	25	2 000
50	30	1 500

表3-20的数据如图3-24所示：

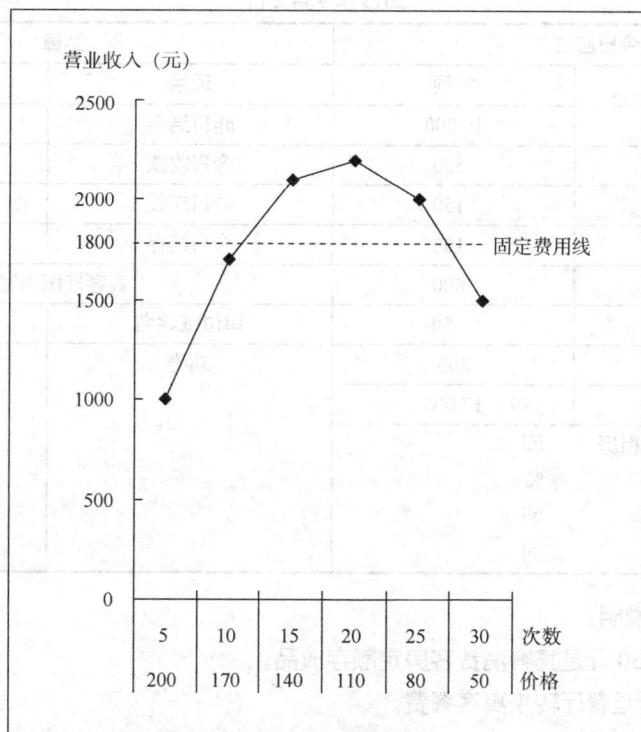

图3-4　出租情况图示

价位50元、170元、200元营业收入都在固定费用线（假设在1 800元处）以下，发生亏损，价位110元最优。所以定价宜选择110～140元之间。

（3）努力增加房金收入的附加值。客房的房金是固定的，只要达到较高的出租率，相应丰厚的营业收入便能实现。但是不应满足于此，仍要挖掘收入潜力。例如，丰富客房内陈列的食品饮料等花色品种；甚至还可放置一些旅游商品，琳琅满目，争取宾客多消费。此外，做好代客洗衣、订购车船机票、供应膳食等服务，尽可能增加房金收入的附加值。

（4）广告宣传必不可少。可采用多种形式，如电视、报刊、杂志广为传播，提高知名度。还可向住宿的宾客赠送造型精美、价格低廉的印有酒店广告的小摆设。例如，一个制作精致的纸制小茶叶筒，其成本不足 1 元，但许多宾客爱不释手，带回家放在会客室茶几上，既实用又美观，能起到很好的广告宣传效果，值得借鉴。

会计实操

习题一

一、目的

练习根据客房营业日报表按应收应付制编制有关会计分录。

二、资料

客房营业日报表

2015 年 9 月 2 日

单位：元

今日应收		结算	
项目	金额	项目	金额
房金	16 000	昨日结存	18 000
加床	500	今日收款	21 000
酒水食品	150	今日应收	17 600
电话	100	今日结存	21 400
餐费	600	宾客挂账内容	
洗衣	50	单位或姓名	金额
赔偿	200	刘涛	1 200
应收合计	17 600		
附 注	今日实际出租房 间 出租率 ％ 今日维修房 间 今日空房 间		

上表有关数据说明：

1. 酒水食品 150 元是宾客消费客房定额存放品。

2. 餐费 600 元是餐厅转来寓客餐费。

3. 洗衣 50 元是代客垫付洗染店的洗涤费。

4. 赔偿 200 元的宾客损坏电器设备的修理费。

三、要求

根据以上资料编制会计分录。

习题二

一、目的

练习根据客房营业日报表按收付实现制编制有关会计分录。

二、资料

客房营业日报表

2015 年 9 月 2 日

单位：元

今日应收		结算	
项目	金额	项目	金额
房金	12 000	收入现金	11 070
加床	100	挂账	1 500
酒水食品	50	合计	12 570
电话	80	宾客挂账内容	
餐费	200	单位或姓名	金额
洗衣	120	刘涛	1 000
赔偿	20	张兴	500
应收合计	12 570		
附注 今日实际出租房 间 出租率 % 今日维修房 间 今日空房 间			

上表有关数据说明：

1. 酒水食品 50 元是宾客消费客房定额存放品。

2. 餐费 200 元是餐厅转来寓客餐费。

3. 洗衣 120 元是代客垫付洗染店的洗涤费。

4. 赔偿 20 元的宾客损毁茶具等的更新费。

三、要求

根据以上资料编制会计分录。

习题三

一、目的

练习收回宾客挂款的账务处理。

二、资料

1. 收回宾客刘涛挂账现金 1 200 元。

2. 收回宾客王正挂账的银行转账支票 1 000 元。

3. 收回宾客张兴挂账现金 500 元。

三、要求

根据以上资料编制会计分录。

习题四

一、目的

练习客房销售费用的核算。

二、资料

1. 工资的核算

设某酒店是实行当月工资下月发放，故采用本月预提核算方式。有关资料如下。

① 本月预提工资总额 30 000 元，下月实发工资总额 32 000 元，与上月预提数差异 2 000 元，扣除了部分职工病事假工资 200 元，实际发放现金 31 800 元，从银行提取。

② 按本月实发工资总额提取职工福利费 14%。

2. 客房原材料消耗的核算

设某酒店客房一次性用品牙具等上月月末盘存 3 000 元，先后从总仓库领用 10 000 元，本月月末盘存 5 000 元。

3. 固定资产折旧的核算

设某酒店购置的客车一辆原值 100 000 元，残值 5%，预计可行驶 60 万千米，本月实际行驶 10 千米。

4. 修理费用的核算

A：小修理费用的核算

设某酒店以现金支付客房电脑修理费 500 元。

B：大修理费用的核算

设某酒店客房进行全面装修，原已预提大修理费总额 200 000 元，装修工程完毕，经审定，工程决算总额 210 000 元，施工过程已先后预付工程款 180 000 元，结算时以银行存款 30 000 元付给施工单位。

三、要求

1. 工资的核算

① 按差额调整法编制会计分录。

② 按全额调整法编制会计分录。

③ 计算按实发工资总额提取职工福利金，并编制有关会计分录。

2. 客房原材料消耗的核算用倒轧法计算本月实际消耗，并编制关会计分录。

3. 折旧费用的核算按行驶里程计提折旧费，列出计算公式，计算应提折旧费，并编制有关分录。

4. 修理费用的核算

A：小修理费用编制有关会计分录。

B：大修理费用编制装修完工后的转账和结算会计分录。

<h1 style="text-align:center">习题五</h1>

一、目的

练习客房税金的核算

二、资料

设某酒店当月营业税费申请表的内容为：应交税费合计 20 000 元，已交税费合计 15 000 元，补交税费合计 5 000 元。

三、要求

① 编制当月计提应交税费会计分录。

② 编制下月 10 日前缴交税费的会计分录。

习题六

一、目的

练习客房保本点测算

二、资料

设某酒店测算客房保本点的资料如下：

客房数量 　　　　　　　100 间

客房平均定价（天/间）200 元

营业税率　　　　　　　5%（略计附加费）

月度固定费用　　　300 000 元

月度变动费用　　　120 000 元

参考公式：

$$单位变动费用 = \frac{月度变动费用总额}{100间 \times 30天}$$

$$保本销售量 = \frac{月度固定费用总额}{每间销售价 \times (1 - 税率) - 单位变动费用}$$

三、要求

① 测算月度保本销售量（间数）

② 计算月度保本销售额（元）

习题七

一、目的

练习客房保利的测算

二、资料

设某酒店测算客房保利的有关资料如下：

月度固定费用总额　　　300 000 元

月度变动费用总额　　　120 000 元

月度目标利润　　　　　150 000 元

房间总数　　　　　　　150 间

房间每间每天平均单价　200 元

营业税率　　　　　　　5%（略计附加费）

参考公式：

$$单位变动费用 = \frac{月度变动费用总额}{客房总间数 \times 30天}$$

$$目标利润销售量（间）= \frac{固定费用总额 + 目标利润}{每间房销售单价 \times (1 - 税率) - 单位变动费用}$$

三、要求

测算每月目标利润的房间销售量。

第四章

▶▶▶ 餐饮的管理和核算

　　酒店餐饮是与客房配套不可缺少的一个重要经营部门。但餐饮的盈利水平不如客房，原因是成本、费用所占比重较大，一旦营业收入过低便会发生亏损。不过餐饮部门创收潜力很大，不像客房那样有局限性。例如，当生意兴旺时，房间客满，便无法再增加收入，而餐饮却可以采取增加座位，利用会议室等空闲场地、租用桌椅餐具（有许多地区存在专营出租餐桌、餐具的行业）或延长营业时间等措施而取得超额营业收入。所以，改善餐饮的经营管理，努力扩大餐饮营业收入，是酒店的头等大事。

4.1 有关餐饮经营的基本常识

4.1.1 酒店餐厅分类

酒店因规模不同，拥有的餐厅也不尽一致，规模较大的酒店餐厅类别略多，规模小的酒店仅有一个主餐厅和若干包厢而已。餐厅类别一般有以下几种。

（1）主餐厅

主餐厅也是正餐厅，多使用点菜单或宴席单提供桌式服务。它在酒店中通常是最大的餐厅，供应菜肴与酒水的品种齐全，装饰布置较能代表酒店的基本水平。

（2）风味餐厅

风味餐厅又称特色餐厅，也是一种正餐厅。因供应的菜肴富有特色，而区别一般正餐厅。风味餐厅既可专门供应某一类菜肴，突出某一菜系，也可以某种烹调方式为主。

（3）宴会厅

宴会厅有很多形式，大型的可以同时举办几十桌、上百桌宴席，小的只能接待几桌宾客。大型宴会厅往往也是举办鸡尾酒会或冷餐会的场所。宴会厅通常是酒店装修精致豪华，服务质量最周到的餐厅。

（4）咖啡厅

咖啡厅属于大众化的西餐厅，设施不一定豪华，装饰也比较简洁明快，主要摆设 4 人小方桌，供应的菜肴、糕点较经济实惠，如面包、三明治、汉堡包、馅饼、色拉及有限的几种菜肴。咖啡厅除提供咖啡外，也提供啤酒等其他酒类和饮料。在不设其他西餐厅的酒店，咖啡厅也提供某些西餐大菜。有的咖啡厅还为宾客提供自助餐。

（5）KTV 餐厅

KTV 餐厅是设有音响和电视供宾客自唱自娱的餐厅，有大型和小型多种形式。均有歌单和点歌器，为宾客提供点歌服务。如今，很多酒店的餐饮包厢均有类似小型 KTV 餐厅的设施和功能。

（6）歌舞餐厅

歌舞餐厅分自娱性和表演性两种，均在餐厅中设舞池或表演台。自娱性歌舞餐厅，宾客可以在用餐过程中步入舞池跳交谊舞，或利用音响设备唱歌。表演性歌舞餐厅是由专业舞蹈演员或歌唱演员在台上进行歌舞表演。有的歌舞餐厅设有伸缩式舞台，适合时装表演。

（7）多功能餐厅

多功能餐厅是现代酒店中多见的一种具有综合用途的餐厅。它的面积较大，设施齐全，有活动隔断装置和活动舞台。除可举行会议外，还可举办宴会、冷餐会、鸡尾酒会、文艺演出、展览等。

4.1.2 餐饮服务方式

在餐饮服务中，服务方式不仅体现餐厅的档次与格调，而且与菜肴风味特色有密切联系。

（1）中餐服务方式

中餐在长期发展过程中形成了自己特有的服务方式。但随着人们饮食习惯的改变及西餐对中餐产生的影响，中餐服务方式也开始多样化。

① 共餐式

传统的共餐式是每人都使用各自的筷子从菜盘里夹菜；改良的共餐式则是餐桌上摆放共筷、共匙用于取菜取汤。共餐式服务一般较为简单，服务员把菜端上桌即可。它的特点是各取所需，比较随意，气氛融洽。

② 分餐式

分餐式服务主要有桌上分菜、桌边分菜、中餐西吃。桌上分菜一般是在有转盘的餐桌进行。上菜前，先在转盘上按宾客人数摆上空菜碟，菜上桌后服务员报完菜名即在转盘上把菜均匀地分到各个餐碟里。分完后，撤下空菜盘和上一道菜的菜碟，换上空菜碟，再把分好的菜放在宾客面前。桌边分菜是菜上来后，服务员报完菜名端至桌边上，按一人一份进行分菜，分好后送至每位宾客面前。中餐西吃是把西餐方式用于中餐服务。

（2）西餐服务方式

西餐服务方式是由西方各国文化历史及用餐习惯不同而形成的。一般有以下几种。

① 法式服务。法式服务又称里兹式服务或车式服务，是西式服务中最高规格的服务方式。其特点是：所有的食物都在厨房加工为成品或半成品，服务员用车推进餐厅，在餐桌旁边的烹调车上烹制完成菜肴的最后一道制作工序。

② 俄式服务。俄式服务也称银器服务，在服务中使用银托盘和银餐具。它的服务特点是，厨房把烹制好的菜点摆放在银托盘上，由服务员端着托盘进入餐厅，从宾客左侧分派食物。上主菜时通常需三人同时操作：一人分鱼或肉；一人分配菜；一人上沙司。俄式服务快速高雅。

③ 美式服务。美式服务又称盘式服务。它的特点是把所有的菜在厨房按一人一份盛在餐盘里，服务员从厨房把菜端出，直接放至每位宾客桌前。这种服务便捷省力，一个服务员可以为很多宾客服务。

④ 英式服务。英式服务又称家庭式服务。它同俄式服务相似，厨房把菜肴盛在大的餐盘里，由服务员端出但不直接分派给宾客，而是放在桌上，由主人分菜或宾客自取，但一般是由主人分菜。配菜和其他食品由宾客自取。

⑤ 欧陆式服务。欧陆式服务融合了以上服务方式，不是机械地使用一种服务方式，而是在用餐过程中根据菜点性质用不同的服务方式。例如，第一道菜用美式服务、主菜用俄式服务、甜食用法式服务等。

（3）其他服务方式

除了中餐服务方式和西餐服务方式外，还有日式服务、韩式服务等多种服务方式。

4.1.3 厨房的职能

（1）厨房的组织结构

由于酒店类型不同，规模各异，厨房组织结构也没有统一的模式。一般来说，中餐厨房通常是由加工部门、配菜部门、炉灶部门、冷菜部门和面点部门组成。加工部门属于菜肴的初加工阶段，主要负责洗菜，选菜，宰杀畜、禽、鱼和干货发泡等工作。配菜部门属于菜肴的中加工阶段，主要负责切配、调味、腌渍、成型等工作。炉灶部门是厨房的关键部门，属于菜品的完成阶段，一般由有较高技术的厨师掌勺，主要负责将原材料或半成品最后烹制成菜肴。冷菜部门负责冷菜及水果拼盘等的制作和供应。面点部门负责各类面点、主食及糕点的制作和供应。西餐厨房的组织结构与中餐基本相同，主要由加工部门、配菜部门、冷菜部门、炉灶部门和西点部门组成。

（2）厨房生产流程

菜肴在生产加工过程中，要经过不同的加工工序，最后到达传菜间，由传菜生送至餐桌。从原材料到菜肴成品的加工过程，就是厨房的生产流程。

① 生产准备。生产准备包括原材料准备和人员调度两个方面。原材料准备应提前一天或更长时间，提出原材料采购单，和填开领料单提前向仓库领料。同时要准备足够的燃料及齐全的设备用具。人员调度是根据预订或预计营业量，安排调整生产人员。如有大型餐饮活动，还应组织其他部门派人临时支援。

② 生产实施。生产实施包括初加工、中加工、成品菜3个环节。初加工环节应保证原料的卫生和营养条件，并提高鲜活原料的净料率。中加工环节应严格按标准菜谱配菜，使质量和成本符合要求。成品菜环节应掌握好火候、烹制时间、速度，以及菜肴的色、香、味、形等要素。

③ 生产结束。生产结束时主要有4项工作：一是洁洗设施、设备和工具用品归位；二是处理存放剩余原材料；三是做好下一班的生产准备工作；四是做好防火、防盗的安全检查。

（3）厨房卫生及安全

① 环境卫生。厨房应制定卫生责任制，使每个人都有自己的卫生区域。除了每天的例行卫生工作外，对排油烟通风网罩等设施还要组织人员清洗。保持地面的干燥是厨房环境卫生的重点，要防止老鼠、蟑螂、苍蝇为患。

② 个人卫生。厨房员工必须符合国家卫生条例有关健康的要求，定期进行体检并取得健康证。厨房所有人员都要养成良好的卫生习惯。

③ 菜肴卫生。要对原材料严格把关，有异味、腐烂变质、过期的绝不使用。原材料的盛器用具和成品菜肴的餐具要分开使用，不能用手直接接触菜肴，必要时应使用清洁消毒手套。要用专用布擦拭酒具。要防止食物中毒，包括防止细菌性中毒、化学性中毒和有毒生物中毒。

④ 安全及防火。厨房是餐饮部门最易发生事故及火灾的地方。厨房常见的事故有割伤、跌伤、烧伤、扭伤、撞伤等。防止这些事故应注意使设备和环境符合安全要求，严格按操作规程工作；避免粗心大意和盲目蛮干；做好各种应急和抢救伤员的准备。

厨房失火的重要火源有油、煤气、电和乱丢烟头。要防止发生火灾必须做到：安装失火报警装置和自动喷淋设施；避免违反操作规程；经常检查维护电器和燃气设备；定期清洁炉灶和排烟装置上的油垢；严禁在厨房内吸烟；下班时应关闭电闸和燃气阀。

4.1.4　酒吧的经营管理

酒吧是酒水消费和供应的主要场所，也是宾客娱乐消遣、社交会友较集中的地方。酒吧服务是酒店服务的一个重要组成部分。

（1）酒吧分类

全世界的酒吧种类繁多，根据其功能大体可分为以下几种。

① 立式酒吧。立式酒吧是一种传统的酒吧。一般来说，如今的立式酒吧已经很少有人站着饮酒了，因为有的这类酒吧在柜台前摆放一些能升降的转椅。这类酒吧面积较小，服务员身兼数职，调酒、服务、结算、收款均由一人完成。

② 鸡尾酒廊。鸡尾酒廊又称大堂酒吧。它通常位于酒店大堂附近，一般设有墙壁将它与大堂隔开。鸡尾酒廊比立式酒吧宽敞豪华和气派，常有乐队或钢琴演奏。酒廊的服务人员较多，分工明确，调酒、服务、结账、收款均由专人担任。

③ 宴会酒吧。宴会酒吧是酒店为宴会、酒会专门设立的酒吧设施。它的吧台有些是活动结构，能随时拆卸移动；有些是固定结构。

④ 服务酒吧。服务酒吧是一种常见的酒吧。几乎在所有的餐馆、酒店餐厅、歌舞厅、夜总会均有这种酒吧。大多数服务酒吧与收银台设在一起。吧生只按宾客的点酒单发放酒水食品，另由收银员结账收款。

（2）酒吧的设施

酒吧设施布局一般分为前吧和后吧。前吧是酒吧的工作台兼营业柜，包括台面和下面的操作台。操作台通常设置有洗涤槽（包括初洗、刷洗、消毒），或自动洗杯机、水池、贮冰槽、酒瓶架、杯架、饮料机等。

后吧至前吧之间为调酒员操作的位置和通道。宴会酒吧的调酒员通道要宽敞一些，以便酒水需要量较大时，有足够的空间存放。

后吧的橱柜，用于贮藏和陈列酒水及水果等食品。上层陈列酒具和各种瓶酒。下层为橱柜和冷藏柜。冷藏柜存放白葡萄酒、啤酒、水果及调酒配料。制冰机通常也置放于后吧。

（3）酒吧服务的基本要求

酒吧服务标准和程序均有独特之处。其基本要求如下所示。

① 环境优雅、清洁、舒适，整体布局应协调美观，气氛宜人。特别是立式酒吧和鸡尾酒廊环境更有特殊要求。立式酒吧应富有特色，鸡尾酒廊应豪华气派。

② 酒水品种丰富多样，数量充足。通常烈性酒不少于 10～15 种，其中应有部分中外名酒；软饮料不少于 8～10 种，既要有进口的，也要有国产的；鸡尾酒不应少于 15 种，应包括世界著名鸡尾酒；小吃不少于 5 种。购入酒水要杜绝假冒伪劣产品，应满足宾客多方面的要求。

③ 宾客到来时应主动问候，热情接待笑脸相迎。应在 15 秒内引导宾客入座。宾客点酒水后，应在 2 分钟内上桌，高峰时不应超过 5 分钟。上酒水、小吃均应使用托盘，斟酒时，酒瓶商标应朝向宾客。

④ 严格按酒谱调制酒水，按规范提供酒水服务。鸡尾酒应杜绝错配、混配、品味不纯、颜色不正、偷工减料等现象。各种酒水应用相应的杯具，并按规定的温度提供给宾客。

（4）酒水贮存

酒水贮存不仅要防止数量的损耗，而且要避免变质。

① 应设酒架分类存放，常用酒放于外侧，贵重酒放在内侧。

② 酒水库应干燥凉爽，并避免强烈光线特别是阳光照射。

③ 酒水库应避免存放有特殊气味的化工原料等物品。

④ 应保持一定的贮存温度和湿度。

4.2　餐饮营业收入的管理和核算

4.2.1　餐饮营业收入的管理

餐饮营业过程的特点是供膳时间短暂，埋单结算较为集中，所以对收银员的要求是业务熟练、头脑清醒、结算收款操作迅速准确，否则极易发生差错，同时，还应采用良好的工作方法。例如，为了缩短结算时间，减少忙乱，当宾客点菜入座，立即按点菜单计价记入餐饮账单，要练就背熟菜价的基本功，减少查价时间。对继续发生的加菜退菜，餐单随到随记，做好结账前的各项准备工作。

餐饮结算过程，如果手续不健全，制度不严密，还易产生以下弊端：

① 跑单，有意丢失账单、侵吞收入；

② 跑数，有意改小或漏去账单中的个别项目收入，侵吞差额；

③ 跑餐，对朋友或熟人用餐故意不开账单，不收钱款；

④ 跑物，吧台实物走漏；

⑤ 涂改折扣率，侵吞差价。

所以，必须建立和健全各种餐单的填制、使用和监督管理制度，账单不得任意涂改。

（1）建立合理的餐单管理程序

常用的餐单有以下几种。

① 宴席菜单

宴席菜单用于办理各种宴会酒席。由餐厅业务人员根据与宾客商定的菜谱、桌数、用膳时间、价格等填开。一式四联，一联交宾客；一联交收银员据以结算；一联交厨房安排菜肴；一联交传菜人员据以传菜。宴席菜单格式如表 4-1 所示。

表 4-1　　　　　　　　　　　　宴席菜单

开单日期　　　年　月　日

宾客		标准	元/桌	桌数		餐别	中、晚	时间	年　月　日　时
序号		菜名			序号		菜名		
1					9				
2					10				
3					11				
4					12				
5					13				
6					14				
7					15				
8					16				
备注	1. 已收定金　　　元　　　2.								

餐厅主管：　　　　　　　　　　　　　　　　　　　经手人：

② 点菜单

点菜单用于散客点菜。一式三联，一联交收银员据以结算；一联交厨房安排菜肴；一联交传菜人员据以传菜。

点菜单内容，可根据实际需要设计。表 4-2 的格式，适用厨房、面点房、冷菜房分设的布局，海鲜烹制前应由宾客过目，并按实际称重计价。

点菜单一般由值台服务员协助宾客填制。必须指出的是：点菜过程也是菜肴酒水的推销过程，其经营效果往往取决于推销技巧，所以要求值台服务员熟悉各种菜肴、酒水的特色，热情介绍，引导宾客消费高档菜肴和名酒，为企业创收。

表 4-2　　　　　　　　　　　　　×××大酒店点菜单

台号：　　　　　　人数：　　　　　　　　　　　　　　　　　　年　月　日　　餐

	序号			序号	
特色菜品	1		海鲜	1	
	2			2	
	3			3	
	4			4	
	5			5	
	6		冷菜	1	
	7			2	
	8			3	
	9			4	
	10		主食	1	
	11			2	
	12			3	
	13			4	
	14			5	
酒水			备注		

经手人：

③ 分菜单

由于菜肴、面点、冷菜等不是全部由厨房一处供应，所以在填制好点菜单后，要按不同供应部门填开分菜单，一式两联，一联交面点房或冷菜房；一联交传菜人员。分菜单是从点菜单分出的，与结算无关，所以不交收银员。分菜单格式如表 4-3 所示。

表 4-3　　　　　　　　　　　　　×××大酒店分菜单

台号：　　　　　　　　　　　　　　　　　　　　　　　　　年　月　日　　餐

分给部门	冷菜房、面点房
品名	品名

经手人：

④ 加菜单

宾客在用餐过程中，如果需要加菜，由值台服务员填开加菜单，一式三联，一联交厨房供菜；一联交收银员据以补记账单；一联交传菜人员据以传菜。加菜单格式如表4-4所示。

表4-4 　　　　　　　　　　　　　　×××大酒店加菜单

台号：　　　　　　　　　　　　　　　　　　　　　　　　　　年　月　日　餐

序号	品名
1	
2	
3	
4	
5	
6	

经手人：

⑤ 酒水单

酒水单是吧台据以发货和登记付出实物的凭证，所以，有时点菜单上也填有酒水，但仍要填开酒水单。酒水单一式三联，一联交吧台；一联交收银员据以登记账单；一联交值台服务员据以送货。酒水单不能随便涂改，实际消费数量应大写。酒水单格式如表4-5所示。

表4-5 　　　　　　　　　　　　　　×××大酒店酒水单

台号：　　　　　　　　　　　　　　　　　　　　　　　　　　　　年　月　日

品名	领取数量	退回数量	消费数量（大写）

经手人：

⑥ 餐费账单

餐费账单是由收银员分别根据宴席菜单、点菜单、加菜单、酒水单等登记后与宾客结算的账单。为了便于操作，其内容应与点菜单基本相同。餐费账单各类小记加总后便是账单的合计。由于酒店餐饮部门普遍实行折让，往往账单合计金额确定后，还要依照与签约单位合同规定或宾客所持贵宾卡，给予一定比例的折让，所以在合计金额下面设有"实收"栏。折让后的折扣率在备注栏反映，并有餐厅主管签字认可。餐费账单格式如表4-6所示。

餐费账单一式两联，一联收款后交给顾客；一联据以编制餐厅营业日报表，并附于日报表交财务部门。需挂账的账单顾客联应由宾客签证认可，但不交给宾客，而是附营业日报表交财务部门以便组织收款。

表4-6 　　　　　　　　　　　　×××大酒店餐费账单

编号：

台号：　　　　　人数：　　　　餐别：　　　　　　　　　　　　　　　　　　年　　月　　日

类别	序号	品名	金额	类别	品名	单位	数量	单价	金额
特色菜品	1			海鲜					
	2								
	3								
	4								
	5								
	6				小计				
	7			冷菜	品名	金额	酒水		
	8								
	9								
	10								
	11								
	12				小计				
	13			主食	品名	金额			
	14								
	15								
	16								
	17								
	小计				小计		小计		
总计		仟　佰　拾　元				小写			
实收		仟　佰　拾　元				小写			
备注									

收银员：　　　　　　　　　　　　　　　　　经手人：

　　餐饮账单应连续编号，领用空白账单要登记起讫号码和签收。餐厅账单使用时应按号码顺序，作废的不能丢失，注销后予以保存，以备查对。

　　⑦ 早茶卡

　　酒店餐厅的早餐，不使用点菜单、分菜单、酒水单和餐费账单，而是使用硬纸质的早茶卡，由值台服务员按每一台设置一张进行勾卡登记。宾客餐毕，按早茶卡结算付款。早茶卡格式如表4-7所示。

　　早餐由面点房制作供应，所提供的面点食品等由餐厅值台人员点数签收，每天餐厅销售早点数量应与面点房送交的相符。收银员于早餐结束后，根据早茶卡销售记录，编入当天营业日报表的早餐栏。

　　如今很多酒店客房为了促销，实行按每位宾客每天发给一张一定面额的免费早餐券。餐厅收回免费早餐券，抵交现金计入当天的营业收入，并附于当天的营业日报表交给财务部门。

　　酒店对免费早餐券的使用，一般规定"多不退，少则补"的原则，即如果消费不足餐券面额时，余额不找付现金；如超过面额，按超过部分补收现金。有些宾客往往见早点不合自己的口味，放弃免费餐券而交还餐厅（一般不是交还客房），因此形成收回的早餐券会多于实际消费金额。在这种情况下，如监管制度不严，极易产生漏洞。加强管理的办法是，凡使用免费餐券的宾客结算时，由值台服务员在该早茶卡上签注实际消费数额和收到免费餐券数额。收回未消费的早餐券，应当场销毁，以防产生抵交现金的漏洞。

表4-7   早茶卡

台号：   人数：   年   月   日

小点	馒头		花卷		糖包		茶蛋		咸蛋		发糕	
	油条		春卷		油饼		豆浆		稀饭		豆腐花	
	小菜		荷包蛋									
中点	肉包		豆沙包		水晶包		菜包		黄金糕		蒸饺	
	萝卜饺		千层糕		南瓜饭		韭菜饼		炸馒头		蛋糕	
	窝窝头		牛奶		鸡蛋饼		皮蛋粥		汤面		小米粥	
大点	肉饼汤		排骨汤		蒸排骨		炒米粉					
备注											

餐厅主管：   收银员：

（2）加强餐单流程的监控

宴席菜单、点菜单、酒水单、餐费账单都是供物收钱的原始凭证，在运作中必须相互核对，不能错乱。分菜单虽然不凭之收钱结算，但是实物支付凭证，应与点菜单核对相符。

每天营业终了，厨房负责人（或指定专人），收集所管辖的冷菜房、面点房的分菜单，并与点菜单核对相符。经整理后，集中交酒店稽核员。稽核员应将收到的原始单据与餐饮营业日报表核对相符；吧台商品销售日报表的总收入，应与餐饮营业日报表酒水销售收入相符。

（3）加强餐饮吧台的监控

餐饮吧台向宾客提供酒水、香烟、小食品、餐巾纸等服务，只按酒水单交付实物，不直接收款，由收银台统一与宾客结算。但是，如果制度不严，也会产生实物流失漏洞。

酒店对吧台酒水员要求很高：一是熟悉各种酒水等商品的品牌规格、成本和销售价格；二是要有计算、记账和编制日报表的能力；三是忠厚老实，廉洁自律；四是热爱本职工作，服务热情周到。

吧台应按各种商品设立实物账册，并及时登记和结算。由于供货商交售的酒水，都是待商品售完后结付账款，付款单据上，必须由酒水员签注商品售完。所以，实物账册，还应分清供货商名称，否则便很难查清。

酒水员第二天应将头天供应的商品，分清品名数量，编制"商品销售日报表"（见表4-8）。一式两联，一联自存；一联交收银员核对无误后附在餐厅营业日报表交财务部门，并于月末汇总编制"商品销售月报表"（仍使用日报表，将"日"字改为"月"字）报财务部门。月度终了会同主管或财务人员进行酒水等实物盘点，并编制"商品进销存及盘点升耗月报表"（见表4-9）。

表4-8 　　　　　　　　　　　商品销售日（月）报表

部门：　　　　　　　　　　　　　　　　　　　　　　　　　　　　　　　　年　月　日

品名	单位	销售数量	销售单价	销售金额	成本单价	成本金额

部门主管：　　　　　　　　　　　　　　　　　　　　　　　制表：

表4-9 　　　　　　　　　　商品进销存及盘点升耗月报表

填报单位：　　　　　　　自　年　月　日至　月　日　　　　　　　第　页

编号	品名	单位	上月结存		本月收入		本月付出		本月实存		升溢		损耗		存货单价	备注
			数量	金额	数量	金额	数量	金额	数量	金额	数量	金额	数量	金额		

部门主管：　　　　　　　　　　　　　　　　　　　　　　　制表：

"商品进销存及盘点升耗月报表"编制要点如下所示。

① "上月结存"栏，应与上月该表"本月实存"栏数字相符。

② "本月收入"栏，应与本月从仓库领取数字相符。

③ "本月付出"栏，应与"商品销售月报表"的成本数额相符。

④ 如果本月已申报经批准处理上月盘点所发生的升溢和损耗，在编制本月该报表时，升溢数加入该项商品收入栏，损耗数加入该项商品付出栏，但均应在"备注"栏说明所加溢耗数额。

⑤ "本月实存"栏，按实地盘点数填列。

⑥ 本月实存与账面结存之间的差额，分别在"升溢"或"损耗"栏反映。故本月该表的平衡公式为：

上月结存数+本月收入数-本月付出数=本月实存数+损耗数（或-升溢数）

⑦ 该表"单价"栏，由于在编制中"上月结存""本月收入""本月付出"往往不能使用同一单价，否则无法平衡。这个问题长期以来，让编表者感到困惑，有些无所适从之感。故本书将"单价"栏"取消"（已移至表后），用意是告知勿受"统一"单价约束，各栏须按实际合计金额填列。表后的"单价"是"本月实存"的单价，可用于计算"升溢"或"损耗"的金额，即实存金额÷实存数量=实存单价，然后按此单价，计算"升溢"或"损耗"的金额。

此外，酒水员尚应在月末盘点结束后，根据查明的商品溢余和损耗，填列商品溢耗报告单（见表4-10），送有关领导审批。并同时按溢耗数额调整账面记录，使账存与实存相符。

表 4-10 商品溢耗报告单

年 月 日

品名	单位	数量	单价	金额	升溢原因	损耗原因
合计						
审核意见						

报告单位： 部门主管： 实物负责人：

（4）健全稽核制度

稽核人员审核餐厅营业日报表时，应做好以下几点。

① 销售价格是否有误。

② 当天的点菜单、加菜单、酒水单应与餐饮账单核对相符。

③ 结算的折扣应与规定相符。

④ 当天收入现金和挂账收入等应与营业日报表的收入总额相符。

4.2.2 餐饮营业收入的核算

餐饮收银员应于每天营业终了，根据全部已结算的餐费账单汇总编制"餐饮营业日报表"（见表4-11），经复核无误后连同挂账顾客账单，送交财务部门。

表 4-11 ×××大酒店餐饮部营业日报表

2015 年 10 月 1 日 单位：元

餐别 \ 项目	用餐台人数		菜品（含冷菜）	海鲜	主食（面点）	酒水	合计	结算					合计
	台数	人数						现金	挂账	餐券	应酬		
早餐	35	95			1 560		1 560	945		615			1 560
中餐	38	214	2 510	886	384	1 890	5 670	4 405	1 265				5 670
晚餐	51	283	4 128	1 675	510	2 746	9 059	5 524	3 180		355		9 059
本日合计	124	592	6 638	2 561	2 454	4 636	16 289	10 874	4 445	615	355		16 289
本月累计													

转外客	户名	金额	户名	金额	户名	金额	户名	金额
	兴亚房产	1 860	远洋公司	1 240	陆丰先生	379		
							外客小计	3 479
转寓客	户名	金额	户名	金额	户名	金额	户名	金额
	806 房 王小雨	188	402 房 张英	210	1065 房 吴远	385	1408 房 孙力	98
	1302 房 宋丹	85					寓客小计	966
备注								

餐厅主管：   制表：

客房寓客在餐厅消费挂账时，餐厅收银员应填写"寓客消费挂账通知单"（见表4-12），请宾客签证认可后，立即送交客房前台，以便及时记入寓客的账单。财务部门按餐厅营业日报表反映的寓客挂账单总金额（不分宾客姓名）列为内部往来"其他应收款——客房寓客"账户。

表 4-12　　　　　　　　　　　　寓客消费挂账通知单

宾客姓名			房号		服务部门	
服务内容						
项目	单位	数量	单价	金额	备注	
合计	（大写）　　　仟　　　佰　　　拾　　　元　　　¥					

宾客签证：   经手人：

财务部门根据当天餐饮营业日报表（见表4-11）作如下分录：

借：库存现金　　　　　　　　　　　　　　　　　　10 874

应收账款（分外客的客户名）　　　　　　　　　3 479

其他应收款——客房寓客　　　　　　　　　　　966

管理费用——应酬费　　　　　　　　　　　　　355

贷：主营业务收入——菜品　　　　　　　　　　6 638

　　　　　　——海鲜　　　　　　　　　　　2 561

　　　　　　——面点　　　　　　　　　　　2 454

　　　　　　——房金　　　　　　　　　　　　615

由于财务部门对客房寓客挂账是按餐厅营业日报表反映挂寓客总额入账，所以月末应与客房收到餐厅当月转来的寓客消费挂账通知单的总额核对相符，如有出入，双方应逐笔核对，查明差异及时处理。

回收早餐券615元用红字冲减房金收入，是反映房价折让的收入减少。

4.3　餐饮原材料的管理和核算

餐饮成本要素是食品类原材料。成本管理的重点是对原材料的采购、加工和烹制等过程的监督和控制。餐饮的成本管理，实质上就是对原材料的管理。

4.3.1 原材料等物资购进的管理

（1）原材料分类

① 粮食类，包括：籼米、粳米、糯米、面粉、黑米、小米、玉米粉、绿豆、黄豆等。

② 鲜活类，包括：猪肉、牛肉、羊肉、鸡、鸭、兔、海鲜、野味、蛋以及各种蔬菜水果等。

③ 干货类，包括：木耳、香菇、黄花菜、干鱼翅、干海参、干虾片、干贝、干目鱼、海带、鱼肚、干肉皮、香肠、板鸭、火腿、腊肉等。

④ 调味类，包括：油、盐、酱、醋、香料、干辣椒、辣椒粉、生粉、味精、蚝油、豆豉、胡椒、花椒、食粉、海粉、干酵母、打泡粉、白糖、冰糖等。

原材料采购，应由厨师会同仓库保管员，每天根据订餐或预计餐饮制品销售情况，提出次日的"原材料采购申请单"（见表4-13），经业务主管批准后，交采购员进行采购或通知供货商送货。

表4-13 原材料采购申请单

年　月　日

品名	单位	单价	申购数量	批准		备注
				数量	金额	

审批人：　　　　　　　　　　　　　　　　　　　　　　厨师长：

（2）原材料购入的验收等手续制度

这4大类原材料，其中粮食类、干货类、调味类均应由仓库验收入库，填制入库单（见表4-14），一式三联，一联仓库留存据以登记保管账；一联交财务部门入账；一联交收货人据以结算货款。

表4-14 ×××大酒店入库凭单

年　月　日

品名	规格	单位	数量	单价	金额	备注

合计（大写）	万	仟	佰	拾	元	分	¥

仓库保管员：　　　　　　　　　　　　　　　采购员：

鲜活类原材料不入库，但必须经仓库清点验收，并填开验收单（见表4-15），一式三联，一联仓库留存；一联交财务入账；一联交送货人据以结算货款。全部鲜活原材料直接交厨房收货投入使用。

表4-15　　　　　　　　　×××大酒店验收凭单

年　月　日

品名	规格	单位	数量	单价	金额	备注
合计（大写）	万　　仟　　佰　　拾　　元　　分					

仓库保管员：　　　　　　　　　　　　　　　采购员：

原材料采购过程的运杂费，以及挑选整理和请外单位初加工的费用计入原材料成本。

餐饮制品的成本，完全是原材料消耗，故原材料的质量和价格直接影响营业成本的水平。所以，把好原材料采购验收关非常重要，必须严格审查购进价格是否合理，质量是否优良，要防止商业贿赂造成质次价高的恶果。

（3）原材料质量的控制

制定材料质量标准是保证餐饮质量的前提。质量包括：原材料的产地、等级、质地、体积、色泽、新鲜程度等。对质量的评语，尽可能确切，如"完全新鲜""七成新鲜""色泽正常""色泽不佳"等；避免"一般""较好"这样的模糊概念。

选择供货单位和产地是保证原材料质量的重要环节。特别是对大宗供货和长期供货的单位或个人，更要考察他们的管理水平、设施状况、信誉程度、所处地区、报价是否合理等。要采购某些主要原材料时，实行货比三家的原则，保证质量优良，价格合理。

任何原材料都有保质期，故应坚持勤进快销原则。否则再好的原材料也会因过期而降低质量。

（4）原材料数量的控制

过多地采购原材料必然导致过量贮存。这不仅会多占用仓容，多占用资金，增加保管费用，而且会随着时间的推移，原材料品质降低，损耗也随之增加。但是，如果采购的原材料数量不足，使用时断档，也会给企业营业带来不利后果。所以对采购数量必须控制，一般是通过确定最低库存量和最高库存量的方式实施。其计算公式为：

$$最低库存量=订货到入库期间的使用量+安全系数库存量$$

$$最高库存量=采购周期内的使用量+安全系数库存量$$

【例4-1】某酒店餐饮部门每天需用干鱼翅1千克，从订货到入库的周期为4天，采购周期为50天，安全系数库存3千克。

$$最低库存量=1×4+3=7（千克）$$

$$最高库存量=1×50+3=53（千克）$$

当库存量未达到最高库存量时，确定订货采购数量时，应先清点现有库存数量，并从现有库存量减去最低库存量，然后按最高库存量减去这两者的差额，便是采购的数量。

【例4-2】某酒店餐饮部门鱼翅最高库存量为53千克，现有库存量未达到此数，拟进行补充采购。经清点，现有库存15千克，减去最低库存量7千克后的差额为8千克。采购数量计算如下：

$$53-8=45（千克）$$

在确定原材料采购数量时，还应考虑需用量、每次采购费用和该项材料的贮存费用，选择最经济的批量进行采购。经济采购批量计算方法如下：

3个相关因素如下所示。

① 全年该项材料的需用量。

② 该项原材料每次采购费用，是指在一定期限内（一般为1年）为采购该项材料而发生的各项费用，如采购人员工资、采购部门的业务费等。

③ 单位材料贮存费用，是指在一定期间内（一般为1年）为贮存该项材料而发生的各项费用，如搬运费、仓储费、保险费、贮存过程自然损耗以及占用资金的利息等。

经济批量计算公式如下：

设全年需用量为 A；每次采购费用为 P；单位材料年平均贮存费用为 C；每次采购的经济批量为 Q；经济批量 $Q=\sqrt{\dfrac{2PA}{C}}$。

【例4-3】某酒店餐饮部门全年需用海参500千克，每次采购费用20元，单位海参年平均贮存费用5元。

$$经济批量Q=\sqrt{\frac{2×20×500}{5}}=63（千克）$$

即经济批量是每次采购63千克。

原材料数量还可以通过金额来控制，即根据餐饮部门每月营业收入实际金额以及成本率来确定每月的采购金额。例如，月度餐饮营业收入400 000元，成本率50%，那么，每月采购原材料金额应控制在200 000元左右（即400 000×50%）。使采购量与耗用量、库存量配比合理。

4.3.2 原材料等物资采购的核算

餐饮原材料，除由采购员采购一部分外，很大一部分是由已签约的供货商送货。餐饮吧台的酒水、小食品几乎全部是由供货商送货。

由供货商送货的长处有两点：一是由于酒店所需物资繁杂，仅靠若干名采购员很难完成；

二是可以占用供货商部分资金，减少资金需求的压力。因为都是先收货后付款，付款期一般在1个月以上。而且酒水都是商品售完后才结付货款。

原材料等物资收进，不论是采购员购进或供货商送货，一律通过"应付账款"科目核算。但采购员要借支一定数额的备用金作为周转，按"定额备用金"管理，即所借备用金为采购的铺底资金，采购员报销采购账款时，按报销金额支付现金，不扣抵原借备用金。

原材料等采购的核算举例如下：

【例4-4】 采购员王凡借采购备用金5 000元，以现金支付。

借：其他应收款——采购员王凡	5 000
贷：库存现金	5 000

【例4-5】 采购员王凡交来所购蔬菜一批1 000元，由仓库保管员验收后填开"验收单"，蔬菜交厨房收货。蔬菜用途是烹制菜品。

借：主营业务成本——菜品	1 000
贷：应付账款——王凡	1 000

【例4-6】 采购员王凡购进餐具一批1 500元，由仓库保管员验收入库后填开"入库单"。

借：物料用品——（按品名）	1 500
贷：应付账款——王凡	1 500

【例4-7】 采购员王凡报销购进蔬菜和餐具共2 500元，以现金支付。

借：应付账款——王凡	2 500
贷：库存现金	2 500

【例4-8】 收供货商杨浩猪肉215千克计3 870元，其中：菜品使用205千克3 690元，面点房使用10千克180元，由仓库验收开"验收单"，猪肉交厨房收货。

借：主营业务成本——菜品	3 690
——面点	180
贷：应付账款——杨浩	3 870

【例4-9】 收供货商万有财家禽一批104千克1 144元，用于烹制菜品，由保管员验收填开"验收单"家禽交厨房收货。

借：主营业务成本——菜品	1 144
贷：应付账款——万有财	1 144

【例4-10】 收供货商刘洪多宝鱼、基围虾等125千克4 375元，用于烹制海鲜菜肴，由保管员验收填开"验收单"，海鲜交厨房收货。

借：主营业务成本——海鲜	4 375
贷：应付账款——刘洪	4 375

【例4-11】 收大丰烟酒店酒水一批16 850元，由仓库验收入库，填开"入库单"。

借：库存商品——（按品名）	16 850
贷：应付账款——丰烟酒店	16 850

【例4-12】 收新兴纸品厂餐巾纸10箱1 500元，由仓库验收入库，填开"入库单"。

借：物料用品——餐巾纸	1 500
贷：应付账款——新兴公司	1 500

【例4-13】 收恒丰公司一次性用品一批 32 980 元，仓库验收入库，填开"入库单"。

借：物料用品———（按品名） 32 980

　　贷：应付账款———恒丰公司 32 980

【例4-14】 收庆丰食杂店干货调料一批 13 240 元，由仓库验收入库，填开"入库单"。

借：原材料———（按品名） 13 240

　　贷：应付账款———庆丰商店 13 240

【例4-15】 付供应商杨浩部分猪肉款 1 500 元，从银行支付。

借：应付账款———杨浩 1 500

　　贷：银行存款 1 500

【例4-16】 付恒丰公司部分一次性用品款 12 000 元，从银行支付。

借：应付账款———恒丰公司 12 000

　　贷：银行存款 12 000

【例4-17】 经酒水员核对查明，大丰烟酒行所送酒水已售出 3 280 元，开来发票并附原由酒店开给的"入库单"。从银行支付货款。

借：应付账款———大丰烟酒行 3 280

　　贷：银行存款 3 280

要指出的是：酒店购进的鲜活原料和干货等物资，绝大部分是由本地区的供货商送货，或由采购员就地采购，没有运杂费。所以不必通过"物资采购"账户，而直接在"业务直接成本""主营业务成本""原材料""物料用品"等账户核算，既方便又快捷。

4.3.3 原材料等物资发出的核算

酒店除鲜活原材料直接交厨房列入生产成本外，其他已进入仓库的干货、调料、酒水、用品等，必须由领料部门填开领料单（见表4-16）发出。领料单一式三联，一联由领料部门存查；一联交财务部门；一联交仓库据以发料并登记保管账。

表4-16　　　　　　　　　　×××大酒店领料凭单

年　　月　　日

品名	规格	单位	数量	金额	备注
合计					

发料：　　　　　　　　　　　　　　　　　　　　　　　领料：

【例4-18】 厨房领干货调料一批 3 850 元，其中 2 960 元用于菜品，890 元用于海鲜。

借：主营业务成本———菜品 2 960

　　　　　　　———海鲜 890

　　贷：原材料———分品名 3 850

【例4-19】面点房领副食品、面粉等1 895元。

借：主营业务成本——面点   1 895

　　贷：原材料（分品名）   1 895

【例4-20】餐饮吧台从仓库领酒水食品、香烟等一批14 800元。

借：库存商品——餐饮吧台（分品名）   14 800

　　贷：库存商品——仓库   14 800

4.3.4　自制原材料核算

有些酒店餐饮部门，为降低原材料成本，利用有加工能力的优势，在冬季加工香肠、板鸭、腊肉、泡菜、萝卜干之类原材料。自制原材料的成本只计算原料、辅料的消耗，不计算人工、燃料等费用。可在"原材料"账户，设置"加工中材料"专户核算。加工晾晒为成品后，交仓库验收，由仓库开入库单，其价值按经办人编制的"自制原材料成本计算单"（见表4-17）填列。

表4-17　　　　　　　　　　　　自制原材料成本计算单

年　　月　　日

耗用原材料					制成原材料				
品名	单位	数量	单价	金额	品名	单位	数量	单价	金额
瘦猪肉	千克	20	18	360	香肠	千克	22.50	20.64	464.30
肥猪肉	千克	5	6	30					
肠衣	米	200	0.30	60					
二锅头酒	瓶	2	6	12					
食盐	包	1	1.30	1.30					
粗棉线	卷	1	1	1					
合计				464.30	合计				464.30
说明									

制单：

【例4-21】自制香肠一批，从领料至加工完成的有关分录如下：

（1）收供货商送来猪肉25千克390元，加工香肠专用。

借：原材料——加工中材料——香肠   390

　　贷：应付账款——杨浩   390

（2）收采购员王凡购入肠衣200米，计60元，已入库。

借：原材料——肠衣   60

　　贷：应付账款——王凡   60

（3）由加工组开领料单将肠衣全部领出。

借：原材料——加工中材料——香肠   60

　　贷：原材料——仓库——肠衣   60

（4）加工组开领料单向仓库领白酒2瓶12元。

借：原材料——加工中材料——香肠   12

　　贷：原材料——仓库——白酒   12

（5）加工组开领料单向仓库领食用盐一包 1.30 元。

借：原材料——加工中材料——香肠　　　　　　　　　1.30

　　贷：原材料——仓库——食盐　　　　　　　　　　　1.30

（6）用现金从市场购入粗棉线一卷 1 元，未入仓库，直接交加工组签收（未办入库、出库手续）。

借：原材料——加工中材料——香肠　　　　　　　　　1.00

　　贷：库存现金　　　　　　　　　　　　　　　　　1.00

经过若干天晾晒为成品后，交仓库验收入库，开入库单连同"自制原材料成本计算单"交财务入账。

借：原材料——香肠　　　　　　　　　　　　　　　464.30

　　贷：原材料——加工中材料——香肠　　　　　　　464.30

4.3.5　原材料出售的核算

酒店贮存的原材料，有时因某项材料存量过多，为防霉烂变质和减少资金占压，而变价处理。

【例 4-22】某酒店出售干香菇 60 千克，单价 50 元，共收到现金 3 000 元，存入银行，该批干香菇每千克成本价为 45 元。

收到货款时：

借：银行存款　　　　　　　　　　　　　　　　　　3 000

　　贷：其他业务收入　　　　　　　　　　　　　　　3 000

结转销售成本时：

借：其他业务成本　　　　　　　　　　　　　　　　2 700

　　贷：原材料——仓库——干香菇　　　　　　　　　2 700

月末结转本年利润：

借：其他业务收入　　　　　　　　　　　　　　　　3 000

　　贷：本年利润　　　　　　　　　　　　　　　　　3 000

借：本年利润　　　　　　　　　　　　　　　　　　2 700

　　贷：其他业务成本　　　　　　　　　　　　　　　2 700

此项其他业务收支差额 300 元编制当月利润表时应计入。

4.4　餐饮成本的管理

餐饮制品的直接成本是原材料消耗，成本管理的重点是把好原材料选洗、切配、烹调 3 道关。餐饮制品原材料的主料如肉、家禽、鱼、海鲜、野味、蔬菜等；配料如鸡蛋、面粉等；调料如酱油、陈醋、味精、食盐、辣椒粉、香料、食物油等。

4.4.1　主料的选洗切配

主料多为鲜活原材料，购入时大多是毛料，需要选洗、切配变成净料才能进行烹制。毛料拆卸加工成净料后，要计算净料单价。因为每一项餐饮制品的成本，都是由净主料、配料和调料价值构成的。

毛料拆卸加工成净料，一般是采取一料一当和一料多当的方法。

一料一当的计算方法如下：

① 拆卸毛料、分清净料、下脚料和废料；

② 分别确定下脚料、废料的重量、单价和总值；

③ 称量所得的净料重量；

④ 计算净料单位成本。

其公式为：

$$净料成本 = \frac{毛料总值 - 下脚料总值 - 废料总值}{净料重量}$$

【例4-23】购入去骨瘦猪肉4千克，单价18元，总值72元，经拆卸后获：下脚料肉皮0.5千克，单价5元，总计2.50元，无废料。

$$净料重量 = 4 - 0.5 = 3.5（千克）$$

$$净料成本 = \frac{72 - 2.50}{3.5} = 19.86（元/千克）$$

但是，一般毛料拆净料有规律，不必如此计算。可采用净料率（又称拆卸率）计算。这样可以简化繁重的过秤测重工作。不过，应该注意原料规格、质量、拆卸技术水平，甚至原材料的产地、季节等都是影响净料率精确程度的因素。

公式为：

$$净料率 = \frac{净料重量}{毛料重量} \times 100\%$$

一料多当的计算方法：

原料经初步加工后，产生几种不同价值的半成品。需分别计算各种半成品的成本价格。各半成品价格总和，应等于加工前原料进价总值。半成品的质量高的，成本略高，质量低的成本略低。其计算公式如下：

$$某高质量半成品单位成本 = \frac{原料购进总值 - 其他半成品价值之和}{原购进原料重量 - 其他半成品重量之和}$$

【例4-24】火腿一只重3 000克，每千克进价28元，经初步加工，得脚爪和脚圈0.5千克，每千克定价6元，下方0.8千克，每千克定价13元，中方1千克，每千克35元，求上方每千克的成本。

$$上方每千克成本 = \frac{3 \times 28 - 0.5 \times 6 - 0.8 \times 13 - 1 \times 35}{3 - 0.5 - 0.8 - 1} = 50.86（元/千克）$$

4.4.2 调料耗量的估算

调料也是餐饮制品成本组成要素之一。例如，据测算，一份"麻辣豆腐"的主料仅占成本的11%，调料占成本的89%；又如"奶油菜心"，主料占成本18%，调料占成本82%。由此可见，调料成本实非微不足道，而是关系成本核算的精确度的一个不可忽视的重要因素。

调料用量，往往由于厨师技术水平，风味特色等不同而有出入。所以，调料在餐饮制品中也是一个不稳定的因素，只能用估算的方法，计算菜肴所含调料的标准成本。

调料估算方法有 3 种：

① 容量估算法。按已知容器中调料所占容量估价。适用液体。

② 体积估量法。根据调料体积，估计重量进行估价。适用粉状调料类。

③ 规格比照法。比照一些烹调方法相同、所用主配料相仿的老产品经验用量，来确定新产品调料成本。

4.4.3　餐饮制品标准成本单的编制

餐饮部门应根据所确定的菜谱，按不同品种的净主料、配料、调料定额耗用量，编制"餐饮制品标准成本单"（见表 4-18 ）。

表 4-18　　　　　　　　　　　　　　　　餐饮制品标准成本单

	销售单价	10 元

品名：炸排骨　　　　　规格：8 #　　　　　毛利率：50%　　　　　计量单位：千克

主料				配料				调料			
名称	数量	单价	金额	名称	数量	单价	金额	名称	数量	单价	金额
净猪肉	0.15	20	3	鸡蛋	1	0.40	0.40	食油	0.1	8	0.80
				面粉	0.05	2	0.10	其他			0.60
小计			3	小计			0.50	小计			1.40
								标准成本合计			4.90

注：销售价=4.90÷（1-50%）=9.80（元）（定价 10 元）

标准成本单的功能：一是菜肴烹制过程用料控制的标准，二是制定菜肴制品合理价格的依据。餐饮制品价格计算公式为：

$$销售价 = \frac{原料成本}{1-毛利率}$$

图表 4-18 举例的炸猪排销售价为：

$$销售价 = \frac{4.90}{1-50\%} = 9.80 \quad （元）$$

故可定价 10 元/份。

由此可见，餐饮制品的毛利率是制定价格的基础。如果餐饮制品原料成本不正确，销售价格就难以合理，结果不是影响企业的利益，就是损害消费者的利益。所以，做好餐饮原料成本核算非常重要。

4.5　餐饮成本核算

4.5.1　餐饮成本核算内容

餐饮制品的成本，仅包括实际烹制过程所耗费的食品原料价值，其余生产、销售、服务过程所发生的各项支出，均作为销售费用处理，不计入主营业务成本。

餐饮成本一般每月计算结转一次。成本对象视企业规模大小和领导层的要求设定，不强求一致。例如，有的酒店以中餐厅、西餐厅、咖啡厅、茶室等为成本核算对象；有的酒店中餐，以菜品、海鲜、面点、酒水为成本核算对象。本书采用后者模式，并假设材料采购和领用的手续比较健全，能分清成本核算对象核算。

餐饮原材料很大一部分是鲜活原料、只能按当时市场进价入账。干货和调料价格一般比较稳定，而且进货频率较高，基本上也能按当时市场实际价格入账。对少量价格有较大波动的原材料，可采用加权平均法计价。

4.5.2 餐饮成本核算方法

厨房月度终了，应对剩余原材料进行盘点，并编制"厨房原材料盘点表"（见表 4-19），交财务部门据以计算餐饮成本。

表 4-19   厨房原材料盘存表

年　月　日   第　　页

品名	单位	数量	单价	金额	备注

厨师长：   制表：

餐饮成本计算方法是倒轧，其公式为：

本月餐饮实际成本=上月月末原材料盘存金额+本月购进和领用金额-本月月末原材料盘存金额

【例 4-25】某酒店"原材料——厨房柴油盘存"账户，反映上月月末厨房原材料盘存 21 650 元。本月收各供货商送交和采购员购进的鲜活原料 77 682 元，向仓库领用干货调料总值 15 844 元，均用于菜品成本项目，本月月末厨房菜品项目的原材料盘存 18 478 元。

本月菜品成本=21 650+77 682+15 844-18 478=96 698（元）

会计分录为：

（1）上月月末厨房原材料盘存转入成本

借：主营业务成本——菜品   21 650

　　贷：原材料——厨房柴油盘存   21 650

（2）购进鲜活原材料

借：主营业务成本——菜品　　　　　　　　　　　　77 682

　　贷：应付账款　　　　　　　　　　　　　　　　　　　　77 682

（3）从仓库领干货、调料

借：主营业务成本——菜品　　　　　　　　　　　　15 844

　　贷：原材料　　　　　　　　　　　　　　　　　　　　　15 844

（4）本月月末厨房原材料从成本转出

借：原材料——厨房柴油盘存　　　　　　　　　　　18 478

　　贷：主营业务成本——菜品　　　　　　　　　　　　　　18 478

（5）本月菜品营业成本结转"本年利润"

借：本年利润　　　　　　　　　　　　　　　　　　96 698

　　贷：主营业务成本——菜品　　　　　　　　　　　　　　96 698

4.5.3　厨房供应员工餐的核算

有些酒店未办员工食堂，员工的工作餐是由厨房供应的。这项原材料消耗，应分摊给各部门，列作工作餐费，有两种核算方法。

（1）由厨房逐日统计供应员工餐所耗用的原材料，于月末编写清单（其内容包括肉食品、蔬菜、大米、油盐酱醋等辅料），报财务部门。财务部门按各部门实际用餐人数分配，列入工作餐项目，并冲减餐饮的原材料消耗处理。

【例4-26】某酒店厨房统计当月员工餐耗用原材料清单如下：

肉食品	12 500
蔬菜	6 430
大米	7 355
调料	3 850
合计	30 135（元）

各部门当月用餐人数如下：

客房	100
餐厅	220
商场	10
蒸汽浴	25
舞厅	15
后勤	40
合计	410（人）

应分配给各部门的工作餐其计算如下：

应分配每人的餐费=30 135÷410=73.50（元）

客房=73.50×100=7 350

餐厅=73.50×220=16 170

商场=73.50×10=735

蒸汽浴=73.50×25=1 837.50

舞厅=73.50×15=1 102.50

后勤=73.50×40=2 940

合计　　　　30 135（元）

编制分录：

借：销售费用——客房——工作餐费　　　　　　　7 350

　　　　　　——餐厅——工作餐费　　　　　　　16 170

　　　　　　——商场——工作餐费　　　　　　　735

　　　　　　——蒸汽浴——工作餐费　　　　　　1 837.50

　　　　　　——舞厅——工作餐费　　　　　　　1 102.50

　　管理费用——工作餐费　　　　　　　　　　　2 940

　　主营业务成本——菜品　　　　　　　　　　　30 135

（2）在厨房无法统计员工餐实际耗用原材料的情况下，也可通过测算估计每人的餐费金额，按各部门实际用餐人数进行分配。

【例4-27】某酒店厨房无法逐日统计员工餐实际耗用原材料数额，经测算估计每人餐费70元，各部门实际用餐人数仍按上例，计算应分配餐费如下：

客房=70×100=7 000

餐厅=70×220=15 400

商场=70×10=700

蒸汽浴=70×25=1 750

舞厅=70×15=1 050

后勤=70×40=2 800

合计　　　　28 700（元）

分录与上例相同。

要指出的是：酒店员工用餐次数，由于工作性质或在岗时间等原因，有些人每天一餐，有些人每天两餐，还有少数人是每天三餐。所以统计各部门用餐人数，应按"人次"计算较为合理。人次的计算方法举例说明如下。

【例4-28】上例后勤40人，假设其中20人每天一餐、15人每天两餐、5人每天三餐，则该部门用餐人次如下：

20×1+15×2+5×3=65（人次）

即：后勤部门分配餐费，应按65人次计算。

4.6　餐饮制品毛利率和销售价格计算

4.6.1　餐饮制品毛利率的计算

餐饮制品毛利率有内扣和外加两种计算方法。毛利额计算公式：

营业收入-营业成本=毛利额

内扣法计算毛利率公式：

$$内扣毛利率 = \frac{毛利额}{营业收入} \times 100\%$$

外加法计算毛利率公式：

$$外加毛利率 = \frac{毛利额}{营业成本} \times 100\%$$

【例4-29】餐饮营业收入65 800元，营业成本36 400元，毛利额29 400元。

$$内扣毛利率 = \frac{29\ 400}{65\ 800} \times 100\% = 44.68\%$$

$$外加毛利率 = \frac{29\ 400}{36\ 400} \times 100\% = 80.77\%$$

内扣毛利率与外加毛利率可以互相换算，换算公式为：

$$内扣毛利率 = \frac{外加毛利率}{1+外加毛利率}$$

$$外加毛利率 = \frac{内扣毛利率}{1-内扣毛利率}$$

按上例换算：

$$内扣毛利率 = \frac{80.77\%}{1+80.77\%} = 44.68\%$$

$$外加毛利率 = \frac{44.68\%}{1-44.68\%} = 80.77\%$$

以上两种毛利率验算如下：

按内扣毛利率计算的毛利额=65 800×44.68%≈29 400

按外加毛利率计算的毛利额=36 400×80.77%≈29 400

计算的结果相同。

在日常工作中，财务人员多习惯使用内扣毛利率；业务人员和经理人员则习惯使用外加毛利率。

4.6.2　餐饮制品销售价格的计算

餐饮制品毛利率既是餐饮经营成果的重要指标，也是制定餐饮制品价格的重要依据。只要有了确切的成本数据和目标达到的毛利率水平，便能计算出合理的销售价格。

【例4-30】青椒炒五花肉一份，原料成本8.30元，按内扣毛利率48%计算销售价格。

$$销售价 = \frac{8.30}{1-48\%} = 16 \ （元/份）$$

按上例的内扣毛利率48%，换算为外加毛利率：

$$外加毛利率 = \frac{48\%}{1-48\%} = 92.3\%$$

按以上换算的外加毛利率计算销售价格：

$$销售价 = 8.30 \times (1+92.3\%) = 16 \ （元/份）$$

以上两种计算方法，结果相同。

4.7 餐饮费用的管理和核算

餐饮部门原料成本以外的各项费用，均在"销售费用"账户核算。

4.7.1 餐饮费用的管理

餐饮利润的计算公式是：

营业收入－原料成本－销售费用－税金＝餐饮利润

从以上公式可以看到：餐饮毛利额（营业收入-营业成本）实现后，税金是按税率不变的，唯一的变数是销售费用；这就是说，销售费用的高低直接影响餐饮的利润水平，所以，加强餐饮各项费用的管理非常重要。

（1）工资支出的管理

餐饮部门具有劳动力密集的特点，工资支出庞大。应抓好以下3点。

① 取消包厨制。采用少数名厨掌勺，切配打杂人员根据业务淡旺机动伸缩。

② 少设较高工资的主管、领班，但要任用高素质的点菜员。

③ 服务员、传菜生应按正常业务状况定员。对并非天天都有的大规模宴席，不搞"养兵千日，用在一时"，只要组织"临时突击队"。对其他部门支援人员，应实行有偿劳动，每人每次发给若干元报酬，从而保持临时支援的稳定性和积极性。

（2）电费耗费的管理

对包厢、营业厅的空调和照明要严加管制。厨房冰柜尽量减少存货，贵重的鲜活原料，做到量少勤进，不能"一劳永逸"。

（3）燃料的控制

餐厅一般均使用的柴油灶是"油老虎"，应加强控制其开启。早餐少量炒米粉、煮汤面，不能图快而开启柴油灶，应以液化炉解决，否则收到的餐费，还不足以抵偿柴油耗费。

（4）餐具的管理

瓷器盘碗，价值昂贵，要禁止野蛮洗涤。制定合理的破损率，节约奖励、超耗罚款。

（5）一次性用品的管理

餐厅一次性台布、快餐盒、打火机、茶叶、洗洁精等的消耗很大，要加强管理。打火机本为方便宾客之需，但若管理不严，工作人员随便拿取，则损失很大。洗洁精主要用于盘碗餐具的洗涤，但有的酒店管理不严，员工居然用价格较贵的洗洁精去冲洗厨房和洗杂间油滑的地面，每月耗费上千元。洗刷油滑地面，只应使用价廉的去污粉或洗衣粉。

4.7.2 餐饮费用的核算

餐饮各项费用，如工资、物料消耗、水费、折旧费、修理费等，均与客房核算方法基本相同，在"销售费用"账户各明细项目内归集和核算。

厨房如采取包厨，包厨费也在工资项目反映，应由包厨的厨师长，按月编造厨房员工的工资表，包厨者和部分高工资厨师，个人月收入超过所得税起征点的，应代扣缴税款。包厨工资不计提14%的职工福利费。

燃料中的柴油，月末对存量应进行盘点，从费用中转出，下月月初再转入费用。

【例 4-31】厨房月末盘存柴油 300 千克，价值 1 650 元。

借：原材料——厨房柴油盘存　　　　　　　　　　　　　1 650

　　销售费用——餐饮——燃料费　　　　　　　　　　　　　1 650

下月月初将上月月末盘存的柴油转入费用：

借：销售费用——餐饮——燃料费　　　　　　　　　　　1 650

　　贷：原材料——厨房柴油盘存　　　　　　　　　　　　　1 650

◇　4.8　酒吧的核算

酒店的各类酒吧通常规模不大，人员较少，像立式酒吧往往是服务、调酒、结算由一人担任，如无行之有效的管理方法，很容易产生漏洞，造成企业的经济损失。多数酒吧尚有调制鸡尾酒的经营项目。鸡尾酒的调制属生产加工过程，还必须计算生产成本。所以，酒店对酒吧应建立一套完善的管理和核算制度。

4.8.1　酒吧的核算形式

根据酒吧人员配备等情况，可选用两种不同的核算形式。

（1）进价核算，按品种和数量控制商品

这种核算形式的主要方法是：酒吧从总仓库领出的酒水、食品等商品，按进价计算进货成本，按实际销售价计算销售收入。对商品的收入、付出和结存，设置分品名、规格、数量的保管账进行登记和管理。酒吧使用的保管账如表 4-20 所示。

酒吧商品保管账的登记和结算要点如下。

① 商品收入、付出、结存只记数量不记金额。

② "规格"按每种商品的件（箱）所含单个数量登记。例如，表 4-20 所示的"酒吧商品保管账"光明啤酒每箱 6 瓶，那么规格便记为 1×6。

③ 凡收入商品是件（箱），均应化整为零，化成最小的计量单位。例如，光明啤酒 10 箱，应折合为 60 瓶登记数量账。

④ 进货单价如果每次不相同，均按新进价记入"单价"栏，以利采用先进先出法计算付出的成本。

表 4-20　　　　　　　　　　　　　酒吧商品保管账

品名：光明啤酒　　　　规格：1×6　　　　单位：瓶　　　　　供货人：大丰商行　　　　　　　单位：元

年		凭证号	摘　　要	单价	收入	付出	结存	备注
月	日							
			总仓拨入 10 件	3	60	20	60	
			销售				40	
			⋮					
			⋮					
			本月合计		480	400	80	

⑤ 供货单位应登记清楚，以便商品售完后查明户名结算价款。

⑥ 商品保管账年末不换新账，可长期连续使用。

酒吧商品保管账的功能，除用来记录和控制商品的进销存外，还是编制商品销售日（月）报表（见表4-8）的依据。日报表根据每一商品的当天销售量等资料填列。月度终了，应按各个商品逐户结算出当月的收入和付出合计数，并据以编制"商品销售月报表"。

酒吧应于月度终了，根据实物盘点结合商品销售月报表资料编制"商品进销存及盘点升耗月报表"（见表4-9及有关编制要点）。交财务部门进行对账。盘点发生的损耗和升溢，应查明原因，填制"商品溢耗报告单"（见表4-10），报有关领导人审批后交财务部门作账务处理。

酒吧采用这种核算形式，吧生只能负责收货和发货（或兼调酒），不能直接向顾客收款。如果是一人管理的立式酒吧，应设在收银台附近，由收银员根据酒水单收款。

（2）售价核算，金额控制商品数量

商品按售价核算，在本书第五章有详细介绍，此处不过多重复。其要点是商品从仓库领出按核定的销售价计算商品价值。酒吧的商品按销售价设置实物负责人账户，用售价控制商品数量。这就是拨给酒吧负责人按售价计算的商品总额，应与销售的货款加库存商品之和相等。如有差异，则要查明原因，分清责任进行处理。

酒吧采用这种核算形式，可省去商品保管账。每天按实际销售金额编制"酒吧商品销售日报表"（见表4-21），连同货款交财务部门。这种商品销售日报，只反映销售金额，不必分清商品的品名、数量，省时省力。月度终了，进行商品盘点，根据当月商品进销存金额，编制"商品进销存月报表"（见表5-9）。对商品盘点后的金额与应存金额的差异，应查明原因，填报"商品溢耗报告单"（见表4-10），按规定审批程序，经领导人批准后交财务部门作账务处理。这种核算形式一般适用一人担任服务和结算价款的酒吧。但商品销售价应挂牌公布，让顾客监督，借以减少弊端。

表4-21　　　　　　　　　　　酒吧商品销售日报表

年　月　日　　　　　　　　　　　　　　　　　单位：元

项目	金额	备注
商品销售收入：		（1）挂账户名：
酒水、食品等销售	3 280	寓客　　　　850
鸡尾酒销售	1 265	外客
销售收入合计	4 545	新丰公司　　350
结算：		（2）其他
现金收入	3 345	
挂账收入	1 200	
结算合计	4 545	

4.8.2　调酒的核算

酒吧如有调制鸡尾酒的经营项目，其销售和成本应与其他酒水分开核算；销售收入和销售成本均应设置"鸡尾酒"项目。调制鸡尾酒的原料商品，无论实行进价核算、品名数量控制商品核算形式，或实行售价核算、金额控制商品核算形式，都应与其他酒水商品分开管理和核算。酒吧应对调酒用的原料商品设置保管账，分品名、数量和进价登记。财务部门设置"库存商品——加工中商品"明细分类账核算。

鸡尾酒的销售收入，在填列"酒吧商品销售日报表"时，应列出鸡尾酒项目，不能与其他酒水混在一起。

【例4-32】根据表4-21，酒吧商品销售日报表所列举的销售收入和结算情况作分录如下：

借：库存现金　　　　　　　　　　　　　　　　　　　　3 345

　　应收账款——新丰公司　　　　　　　　　　　　　　　350

　　其他应收款——客房（寓客）　　　　　　　　　　　　850

　　贷：主营业务收入——酒水食品　　　　　　　　　　　　3 280

　　　　　　　　　　——鸡尾酒　　　　　　　　　　　　1 265

有关挂账手续，按前面所介绍的餐饮销售同样办理。

酒吧每月月末应对库存的调酒原料商品进行盘点，并编制"调酒原料商品盘点表"（见表4-22），报财务部门据以计算和结转鸡尾酒成本。

表4-22　　　　　　　　　　　　　　调酒原料商品盘点表

年　月　日

品名	单位	数量	单价	金额（元）
人头马 XO	瓶	2	728	1 456
人头马 XO	毫升	300	1.04	312
歌顿酒	瓶	5	126	630
歌顿酒	毫升	200	0.18	36
橙皮甜酒	瓶	3	180	540
橙皮甜酒	毫升	400	0.26	104
红樱桃	瓶	2	18	36
鲜鸡蛋	枚	2	10.50	21
合计				3 135

【例4-33】某酒店鸡尾酒廊从仓库领出人头马 XO、金酒等调酒用原料商品一批，总值12 580元。作分录如下：

借：库存商品——加工中商品——鸡尾酒廊　　　　　　　12 580

　　贷：库存商品——总仓库　　　　　　　　　　　　　　12 580

鸡尾酒廊应设置保管账，分品名数量进行登记所领用的调酒原料商品。

月度终了，财务部门根据鸡尾酒廊报来的调酒原料商品盘点表的盘存金额，用倒轧方法计算当月鸡尾酒的成本作账务处理。

【例4-34】某酒店鸡尾酒廊调酒原料商品上月月末盘存2 168元，本月从总仓库领用12 580元，本月月末盘点结存3 135元。倒轧方法计算鸡尾酒的成本为：

本月鸡尾酒生产成本=2 168+12 580-3 135=11 613（元）

作分录如下：

借：主营业务成本——鸡尾酒　　　　　　　　　　　　　　　　　11 613

　　贷：库存商品——加工中商品——鸡尾酒廊　　　　　　　　　　11 613

为了加强调酒成本管理，并便于制定鸡尾酒销售价格，酒吧应按各种鸡尾酒标准酒谱，编制"鸡尾酒成本计算单"（见表4-23）。

表4-23　　　　　　　　　　　　　　调酒成本计算单

品名：红粉佳人　　　　　　　　　　　　　　　　　　　　　　数量：1杯

原材料	用量 （盎司）	单价 （元/盎司）	成本 （元）
金酒（哥顿）	1（盎司）	4.46元/（盎司）	4.46
橙皮甜酒	1/2（盎司）	6.52元/（盎司）	3.26
红石榴糖浆	1/2（盎司）	1.52元/（盎司）	0.76
柠檬汁	1（盎司）	0.47元/（盎司）	0.47
鸡蛋清	1个	0.35元/个	0.35
红樱桃	2个	0.10元/个	0.20
合计			9.50

标准酒谱的原料用量一般为盎司，而基酒和有关配料每瓶的容量一般是毫升。为了便于编制成本计算单，可按30毫升等于一盎司折合。例如，人头马XO每瓶容量700毫升，折合为23.33盎司。此外，通常每瓶要扣除损耗1盎司。每盎司的进价成本按以下公式计算：（假设人头马XO每瓶进价728元）

$$人头马 XO 每盎司进价成本=728÷\left[(700-30)÷30\right]≈32.65（元）$$

根据各种鸡尾酒的标准成本，按需要达到的毛利率计算其销售价格。

【例4-35】按表4-23调酒成本计算单列举的"红粉佳人"鸡尾酒每份成本9.50元，毛利率60%，试计算其销售价格。

$$每份"红粉佳人"鸡尾酒销售价=\frac{9.50}{1-60\%}≈24（元）$$

4.9　餐饮保本点的测算

餐饮保本点的测算方法与客房不同。测算月度保本点必须取得以下几项数据：

（1）要达到的目标毛利率；

（2）月度餐饮部门的销售费用（不必分固定和变动）；

（3）月度分配的管理费用；

（4）营业税率。

然后编制餐饮保本点测算表（见表4-24）。该表费用165 800元，包括月度餐饮部门的销售费用和分配的管理费用，营业税率为5%，毛利率假设为内扣毛利率为50%。

表4-24 餐饮保本点测算表 单位：元

营业收入	营业成本	毛利额	毛利率	销售费用	营业税金（5%）	营业利润	利润率
410 000	205 000	205 000	50%	165 800	20 500	18 700	4.57%
400 000	200 000	200 000	50%	165 800	20 000	14 200	3.55%
390 000	195 000	195 000	50%	165 800	19 500	9 700	2.49%
380 000	190 000	190 000	50%	165 800	19 000	5 200	1.37%
368 444	184 000	184 000	50%	165 800	18 422	0	0
350 000	175 000	175 000	50%	165 800	17 500	-8 300	-2.37%
340 000	170 000	170 000	50%	165 800	17 000	-12 800	-3.76%
330 000	165 000	165 000	50%	165 800	16 500	-17 300	-5.24%
320 000	160 000	160 000	50%	165 800	16 000	-21 800	-6.81%

保本销售收入可用以下公式求得：

餐饮保本公式为：

$$销售收入 \times 毛利率 = 毛利额$$
$$毛利额 = 税金 + 费用$$

设：

保本销售额为 x

毛利率为 c

毛利额为 cx

税率为 k

税金为 kx

费用为 y

代入以上保本公式为：

$$cx = kx + y$$

整理后得：

$$x = \frac{y}{c-k}$$

将以上例题数据代入保本公式：

$$50\% x = 5\% x + 165\ 800$$

$$x = \frac{165\ 800}{50\% - 5\%} = 368\ 444 \quad （元）$$

即：保本销售收入为368 444元。

从表4-24所示的保本测算表所反映的数据，可以看到月度保本营业收入为368 444元，每增加营业收入10 000元，便增加利润4 500元，每减少营业收入10 000元，便多亏损4 500元。超过保本点的毛利额，几乎全部形成利润，而达不到保本点，则亏损会迅速发展下去。

此外，从计算保本销售收入的公式可以看到，"毛利率""毛利额""费用""营业税率"都是固定不变的，而唯一的变数是"营业收入"。所以企业只有设法扩大营业收入，盈利水平才能上升。

如何扩大餐饮营业收入，除取决于市场供求关系的客观原因外，主观上应靠以下几点。

（1）拥有精湛的烹调技术力量，和优美的服务设施，能供应风味不同，具有特色的各种菜肴，能承办各种高级宴会。

（2）成本核算准确。要切实实行三定，即定质、定量、定价。要保证宾客用餐的质量、数量，提高信誉，否则会导致营业萧条。

（3）防止老客户流失。老客户通常都有挂账消费的习惯。所以，通过"应收账款"账户，分析客户消费动态，可以发现是否有流失倾向。对老顾客流失，应派出营销人员去做工作，走门串户，千方百计把老客户拉回头。

（4）使用各种方法开展促销活动。

◆ 4.10 餐饮促销的几种有效方法

餐饮经营最大的目标就是把菜肴、酒水等销售出去，而取得理想的经营效益，促销是一项十分重要的举措。

4.10.1 广告促销

餐饮广告的主要形式有报刊杂志广告、广播电视广告、直邮广告、户外条幅横幅等广告、现场广告、电梯广告等。

策划餐饮广告的步骤如下。

（1）市场细分。根据消费者的需要，消费水平、生活区域等情况，把整体市场划分为若干细分市场。

（2）确定目标市场。在细分市场的基础上，确定餐饮广告应面向哪个市场。这时应考虑已存在或潜在的竞争对手动态。

（3）明确目的。明确是为了最终目的，还是近期目的，是间接目的还是直接目的。

（4）广告词和形象的设计创意要新颖动人。

（5）认真选择广告媒体。

（6）审查修正所制作的广告内容。

（7）评估广告效果。

（8）控制广告费的支出，应确定一个占营业额的费用比例。

4.10.2 专职人员促销

酒店营业部门应组织专职人员进行促销工作。担任此项工作的人员必须有良好的专业素质。例如，对餐饮服务内容及质量价格了如指掌，能与人和谐相处、具有较好的口头表达能力、灵活的经营头脑。

专职人员促销的主要程序如下。

（1）收集和分析信息，确定推销的对象。

（2）安排促销计划，做好推销准备。

（3）采用访问推销、电话推销、短信推销。

（4）介绍餐饮服务项目，回答对方提问。

（5）达成销售协议，并做好售后服务。

专职人员在促销工作中，必须借助于一定的推销工具，如印有店徽的小礼品（打火机、火柴、钥匙链、领带夹，圆珠笔、小通讯录等）。必须备有酒店业务简介的名片、菜点照片、菜谱。还可视推销对象的重要程度，提供有关本酒店的幻灯片、录像带之类宣传材料。

4.10.3　员工促销

员工是促销的重要力量，应强化员工促销意识，使全体员工都成为推销员。

（1）应将酒店餐饮销售计划、目标市场向员工宣布，让全体员工都了解餐饮促销的意义和员工应承担的义务。

（2）对餐厅服务员、迎宾员、收银员、酒水员等进行销售意识和促销方法训练，都能巧妙地向就餐宾客推销高档菜肴和酒水食品。

（3）制定促销奖励制度。餐饮营业额与员工奖金、福利直接联系起来。对介绍宾客用餐的员工，可采取按营业额一定比例提成的奖励方式。对促销积极主动，有明显效益的员工应表彰和奖励。

（4）安排员工进行餐饮技术表演。例如，西餐的桌边服务和客前烹制菜肴技巧；中餐的当场片乳猪、片烤鸭、桌上分菜的技巧都能增强宾客的消费欲望。有的餐厅、特意建造开放式厨房，厨房与餐厅之间仅用一道透明的玻璃隔开，使宾客对厨房操作情况一目了然，这也是餐饮技术表演的一种很好形式。

4.10.4　公共关系与宣传

公共关系又称公共宣传，是指企业等组织与公众发展良好的关系所使用的方法和所进行的各种活动。公共关系一般分为两个部分，即内部的公关和外部的公关。内部公关是为了培养员工的企业意识，树立团队精神，企业员工的工作热情；外部公关是为了获得公众的信任，塑造良好的企业形象，吸引更多的客户。

餐饮部门一般不设专门的公关人员，但该部门的公关活动形式却是多样的。例如，举行新闻发布会、举办义卖、酬宾、慈善等专题活动；对学校、医院，交通等公益事业赞助；定期邀请对酒店给予支持的单位用餐；组织重大节庆活动；优惠招待老客户，广泛征求宾客意见；经理人员经常在餐厅营业时巡视并向用餐宾客征询意见；热情接待投诉宾客并及时解决问题；评选微笑大使和最佳员工，祝贺宾客及员工生日，设立员工建设性意见奖等。

会计实操

习题一

一、目的

练习餐饮营业收入的核算。

二、资料

餐饮营业日报表

金额单位：元

项目 餐别	用餐台人数		菜品	海鲜	面点	酒水	合计	结算				
	台数	人数						现金	挂账	餐券	应酬	合计
早餐	55	275			6 875		6 875	3 310		3 565		6 875
中餐	68	408	29 617	1 650	1 268	2 145	34 680	31 623	6 130			37 753
晚餐	84	588	42 256	2 532	1 874	3 288	49 950	36 431	9 196		1 250	46 877
本日合计		1 271	71 873	4 182	10 017	5 433	91 505	71 364	15 326	3 565	1 250	91 525
本月累计												
转外客	户名		金额	户名	金额	户名		金额	户名		金额	
	中兴公司		3 582	久利鞋厂	4 365	张宁		2 158				
									外客小计		3 479	
转寓客	户名		金额	户名	金额	户名		金额	户名		金额	
	1205 房 黄红		856	912 房 吴永	635	845 房 王力		780	508 房 孙小玉		1 215	
	906 房 刘玉兰		1 735						寓客小计		5 221	
备注												

上表的说明：

1. 餐券 3 565 元是客房发给寓客的免费早餐券。

2. 应酬 1 250 元是该店发生的招待餐费。

三、要求

根据以上资料编制会计分录。

习题二

一、目的

练习餐饮原材料采购和经济批量控制。

二、资料

1. 原材料采购的核算

① 采购员李凡借采购备用金 10 000 元，以现金支付。

② 李凡购入蔬菜一批 3 000 元，交厨房收货。

③ 李凡购入干货一批 5 000 元，交仓库收货。

2. 采购原材料的经济批量控制

设某酒店每天需用干货鱼翅 2 000 克，从购货到入库的周期为 6 天，每次采购费用 120 元，单位材料年平均储存费用 30 元。

设：全年需用量为 A，每次采购费用为 P，单位材料年平均储存费用为 C，每次采购的经济批量为 Q。

计算公式为：

$$经济批量 Q = \sqrt{\frac{2PA}{C}}$$

三、要求

根据以上资料 1 编制会计分录，根据以上资料 2 计算原材料采购的经济批量。

习题三

一、目的

练习餐饮原材料等物资发出的核算。

二、资料

① 厨房领用干货调料一批 1 500 元，用于菜品项目。

② 厨房领用面粉一批 2 300 元，用于面点项目。

③ 吧台领用酒水等 3 800 元待售。

三、要求

根据以上资料编制会计分录。

习题四

一、目的

练习餐饮成本的核算。

二、资料

设某酒店厨房原材料盘存账户上月月末盘存 35 180 元，本月购入鲜活原料 125 600 元，向仓库领用干货调料等 23 000 元，均用于菜品项目，本月月末菜品项目原材料盘存 25 915 元。

三、要求

根据以上资料编制餐饮成本核算的会计分录。

习题五

一、目的

练习餐饮费用的核算。

二、资料

设某餐厅本月耗用柴油等燃料费 25 400 元，电费 13 548 元，水费 2 136 元，瓷餐具损耗摊销 850 元，一次性台布、快餐盒等费用 1 800 元。

三、要求

以上资料中柴油、水费、电费均以银行存款支付，一次性台布餐盒等是向总仓库领用。瓷餐具损耗摊销是购入时已按"长期待摊费用"注账。编制会计分录。

习题六

一、目的

练习餐饮保本点的测算。

二、资料

设某酒店餐饮月度销售费用 276 855 元，毛利率 50%，营业税率 5%（省略附加费）。

三、要求

列出公式，计算保本销售额。

▶▶▶ **其他经营部门的管理和核算**

5.1 商场的管理和核算

5.1.1 商场的管理

酒店所附设的商场，因为商品销售对象主要是住宿酒店的宾客，规模不大，经营的商品一般为日用小百货、小食品、软饮料以及一些旅游纪念品、工艺美术品等。商品多为零售，很少批发，营业员也不多，所以不必像大商场那样分设许多商品专柜。

酒店商场不独立核算，也不直接向外进货，商品收入渠道仅是酒店的总仓库。商品销售是"一手钱，一手货"的现金结算方式，除贵重高档商品外，不需要填制销货凭证，销售业务当场即可完成。

酒店商场一般采用售价金额核算法，即售价金额核算的实物负责制，其基本内容如下所示。

（1）实行售价记账，以金额控制商品库存数量。财务部门对商品的进销存一律按售价记账，不反映商品的品种和数量。库存商品总分类账记载和反映全部商品的售价金额。库存商品明细分类账按实物负责人分户设置，以售价金额分别记载各实物负责人所经管的商品，并通过实物负责人账户来控制商品数量，以明确各类实物负责人的经济责任。

商场内存放的贵重高档大件商品，实物负责人必须设置账卡，逐日登记这些商品的收入付出和结存，借以加强管理。

（2）确定实物负责人，建立经济责任制。建立实物负责制是实行售价金额核算的基础。酒店商场属报账单位，以其为实物负责人；也可以营业员或商场负责人为实物负责人。实物负责人对其经管的商品负全部经济责任。

（3）设置"商品进销差价"账户，核算商品售价与进价的差额。由于购进商品是以售价记入"库存商品"账户，因此需要设置一个"商品进销差价"账户来记载和反映商品进价与售价的差额，用以调整库存商品售价总金额。同时，也便于月末按商品的存销比例，计算已销商品应分摊的进销差价，计算商品销售成果。

（4）加强商品盘点，落实商品的库存金额。在实行售价金额核算的情况下，库存商品是按售价记载的，并以售价来控制实物负责人的商品数量。为了检查核对账实是否相符，在一般情况下，只有通过商品盘点才能查清库存数量，核实库存商品的总值。因此，酒店商场每月月末都必须进行一次全面盘点，如发现差异，应及时查明原因，按照规定进行处理，保证账实相符。

实行售价金额核算是一种比较好的商品核算方法。例如，库存商品明细账按照实物负责人设户进行明细核算，大大简化了记账工作；商品落实到实物负责人，职责明确，有利于调动职工群众参加经营管理的积极性；商品销售一般不要填制凭证，简化了销售手续，节省了人力、物力，有利于提高服务质量。但是，这种方法也存在一些问题，主要是营业员既管钱又管货，既售货又收款；加上一些商品不设数量账；平时难以掌握每种商品的变动情况，发生差错不易查清原因，难以分清责任。为了提高其核算质量，在实际工作中，还应做好以下工作。

（1）建立健全各业务环节的管理制度。实行售价金额核算，以售价金额控制各实物负责人所经管的商品，要做到账实相符，必须健全各业务环节的手续制度。对商品收进、销售、调价、升溢、损耗等业务，必须严格按照规定手续办理。对销货款应建立复点制度，按规定的交款程序和时间送交出纳人员。

（2）加强报账和对账工作。实物负责人应定期（一般月末盘点后）编制商品进销存报表，连同有关原始凭证报送财务部门。财务部门经审核后，据以调整实物负责人所经管的商品金额，以利于贯彻经济责任制。

（3）加强商品损耗和溢余的管理，制定合理的商品损耗（溢余）率。对于有损耗的商品，应经过测定并参考历史资料，逐步制定合理的、分品种的或综合的商品损耗率。

（4）加强价格管理。实行售价金额核算，售价变动必然引起金额变动。因此，必须加强价格管理。为了搞好价格管理，要实行明码实价，做到有货有价，有价有签，挂牌公布，严格按标签、牌价销售商品，实行顾客监督。价格变动时，应立即调整"库存商品"和"商品进销差价"账户，保证账实相符。

5.1.2 商品购进的核算

由于酒店商场不独立核算，购进商品由酒店统一办理，总仓库收货后交商场销售。酒店购进的物资既有酒店各部门需用的物品，也有商场的商品，品种繁多，购进时很难严格区分哪些是专供商场的物资，故商场的商品一般没有进货的增值税发票。

商场从仓库领出商品时，由经办的业务人员填开商品内部验收调拨单（见表5-1），一式四联：第一联存查；第二联交财务部门入账；第三联交仓库发货；第四联交商场收货。

表5-1　　　　　　　　　　　　商品内部验收调拨单

调入部门：商场-王杰　　　　　　　　　　年　月　日　　　　　　　　　金额单位：元

商品编号	品名	规格	进货价格				销售价格				差价金额
			单位	数量	单价	金额	单位	数量	单价	金额	
	水仙毛巾	1×50	件	5	200	1 000	条	250	6	1 500	500
	光明啤酒	1×6	件	10	18	180	瓶	60	4.50	270	90
	无糖薄饼	1×60	件	20	60	1 200	包	1 200	1.50	1 800	600
调出部门：仓库			合计			2 380				3 570	1 190

主管人　　　　财会　　　　业务　　　　出纳　　　　记账　　　　复核　　　　验收　　　　制单

商品内部验收调拨单填制要点如下。

（1）"进货价格"栏的"单位"，按仓库发出件数填列（如件、箱、盒等），"进货价格"栏的"单价"和"金额"按实际进价填列。

（2）"销售价格"栏的"单位"，按整件拆零后的单位填列（如条、瓶、个等）。"销售价格"栏的"单价"按核定的销售单价填列。

（3）"差价金额"栏按"销售价格"栏"金额"减去"进货价格"栏"金额"后的余额填列。

【例5-1】根据表5-1列举内容，编制分录如下：

借：库存商品——商场——王杰 3 570

　贷：库存商品——仓库 2 380

　　商品进销差价 1 190

5.1.3 商品销售的核算

酒店对商品销售，是通过"主营业务收入"和"主营业务成本"账户，分别反映商品销售金额和已销商品的进价成本。在实行售价金额核算情况下，由于"库存商品"账户是按售价记载的，商品收进的进价与售价的差额反映在"商品进销差价"账户。当商品销售后从"库存商品"账户结转的销售成本与销售收入数额相同，反映不出业务成果。所以，还应将已销售商品所分摊的进销差价调减销售成本。由于已销商品的进销差价，是月末通过一定的计算方法求得，无法逐笔随同销售成本进行调整，因此月末作一次调整。

酒店商场因规模不大，未能分柜组设立实物负责人账户，但是，因各类商品进销差价率不同，有的甚至相差悬殊，为了便于正确计算商品销售利润，仍应分商品大类核算。

【例5-2】某酒店商场营业日报反映已销售商品11 050元，其中：销售百货类2 600元、烟酒类3 200元、食品类2 500元、饮料类800元、工艺品类1 600元、鲜果类350元。收入现金10 500元，外客"东方房产公司"挂账180元，客房寓客挂账370元（见表5-2）。

表5-2　　　　　　　　　　商场营业日报表

2015年××月××日　　　　　　　　　　　　　单位：元

销售商品大类	销售金额	货款结算		备注
		现金	挂账	
百货	2 600			转寓客账：
烟酒	3 200			905房 杨浩 250元
食品	2 500			1023房 张彬 120元
饮料	800			
工艺品	1 600			转外客账：
鲜果	350			东方房产公司 180元
合计	11 050	10 500	550	

商场负责人：　　　　　　　　　　　　　　制表：

作分录如下：

借：库存现金 10 500

　应收账款——东方房产公司 180

　其他应收款——客房（寓客） 370

　贷：主营业务收入——百货 2 600

　　　——烟酒 3 200

　　　——食品 2 500

　　　——饮料 800

　　　——工艺品 1 600

　　　——鲜果 350

同时结转销售成本：

借：主营业务成本——百货   2 600
        ——烟酒   3 200
        ——食品   2 500
        ——饮料   800
        ——工艺品   1 600
        ——鲜果   350
  贷：库存商品——商场——王杰   11 050

【例 5-2】中客房寓客在商场购货挂账 370 元，营业员应填列"寓客消费挂账通知单"（第四章见表 4-12），经宾客签证认可后及时送交前台，以便记入该寓客账单。

5.1.4 已销商品进销差价的结转

商场实行售价金额核算于商品销售后，在结转销售成本时是按售价借记"主营业务成本"，没有反映出经营成果。为了核算已销商品的实际成本，月度终了，要运用一定的方法计算出已销商品应分配的"进销差价"进行账项调整。商品进销差价率有综合差价率和分类差价率两种计算方法。

（1）综合差价率计算法

综合差价率计算法是按全部商品的存销比例分摊商品进销差价的一种方法。先将"商品进销差价"账户的月末余额除以"库存商品"账户月末余额与本月"主营业务成本"账户借方发生额之和，求出全部商品综合平均差价率，然后再乘以本月"主营业务成本"借方发生额，所得出的金额即是本月已销商品应分摊的进销差价。其公式如下：

$$综合平均差价率=\frac{"商品进销差价"月末余额（调整前）}{"库存商品"月末余额+本月"主营业务成本"借方发生额}×100\%$$

已销商品应分摊的进销差价=本月"主营业务成本"借方发生额×综合平均差价率

【例 5-3】某酒店商场月末"库存商品"账户余额 220 000 元，本月"主营业务成本"借方发生额 350 000 元，月末"商品进销差价"账户贷方余额 202 956 元，根据上述公式计算本月已销商品应分摊的进销差价，并编制有关分录。

$$综合平均差价率=\frac{202\ 956}{220\ 000+350\ 000}×100\%=35.6\%$$

已销商品应分摊的进销差价=350 000×35.6%=124 600（元）

作分录如下：

借：主营业务成本   124 600
  贷：商品进销差价   124 600

如此结转后，"商品进销差价"账户减少了已销商品的进销差价，"主营业务成本"调整为 225 400 元。

采用这种计算方法比较简单，但由于各类商品的实际进销差价率不同，有的甚至相差悬殊，而且各类商品销售比重也不等，按照同一个差价率计算的结果准确性较差，容易出现偏高或偏低现象。因此，这种计算方法，一般只适用各类商品进销差价相近的商场。

（2）分类差价率计算法

分类差价率计算法是按各类商品的存销比例，分别计算差价率，据以分摊各类商品进销差价的一种方法。采用这种方法，"库存商品""主营业务收入""主营业务成本""商品进销差价"等账户都要相应地按商品大类设置明细账核算。其计算方法基本上与综合差价率计算法相同，只是要求按商品大类分别计算已销商品进销差价，汇总起来就是企业全部已销售商品的进销差价。现对分类差价率计算法举例说明如下。

【例5-4】某酒店商场销售百货、烟酒、食品、饮料、工艺品、鲜果6大类商品，如表5-3所示。按分类差价率计算法进行核算（此例鲜果类属鲜活商品，其差价的计算不适用此法，在下一节5.1.5另有介绍。此处分录从略）。

表5-3　　　　　　　　　　　　有关明细账户资料　　　　　　　　　　　　单位：元

商品大类	"商品进销差价" 账户余额	"主营业务成本" 本月增加发生额	"库存商品" 账户余额
百货	58 581	115 128	65 122
烟酒	62 117	92 456	78 195
食品	25 051	43 145	21 586
饮料	10 315	21 676	12 478
工艺品	18 538	15 890	24 189
合计	174 602	288 295	201 568

有关分录如下：

① 结转销售收入。

借：库存现金　　　　　　　　　　　　　　　　　　　288 295

　　贷：主营业务收入——百货　　　　　　　　　　　115 128

　　　　　　　　　　——烟酒　　　　　　　　　　　 92 456

　　　　　　　　　　——食品　　　　　　　　　　　 43 145

　　　　　　　　　　——饮料　　　　　　　　　　　 21 676

　　　　　　　　　　——工艺品　　　　　　　　　　 15 890

② 结转销售成本。

借：主营业务成本——百货　　　　　　　　　　　　　115 128

　　　　　　　　——烟酒　　　　　　　　　　　　　 92 456

　　　　　　　　——食品　　　　　　　　　　　　　 43 145

　　　　　　　　——饮料　　　　　　　　　　　　　 21 676

　　　　　　　　——工艺品　　　　　　　　　　　　 15 890

　　贷：库存商品——商场实物负责人　　　　　　　　288 295

③ 根据表5-4计算的各类商品进销差价作调整销售成本处理，分录如下：

借：主营业务成本——百货　　　　　　　　　　　　　 37 417

　　　　　　　　——烟酒　　　　　　　　　　　　　 33 654

　　　　　　　　——食品　　　　　　　　　　　　　 16 697

——饮料 　6 546

——工艺品 　7 357

贷：商品进销差价——百货 　37 417

——烟酒 　33 654

——食品 　16 697

——饮料 　6 546

——工艺品 　7 357

表 5-4　　　　　　　　　　　已销售商品进销差价计算表

2015 年×月

单位：元

商品大类	商品进销差价月末余额	全部商品金额			商品进销差价		
		库存商品月末余额	本月营业成本增加发生额	合计	平均差价率	已销售商品应分摊	库存商品应保留
(1)	(2)	(3)	(4)	(5) =(3) + (4)	(6) =(2) ÷ (5)×100%	(7) =(4) × (6)	(8) =(2) - (7)或 (3) × (6)
百货	58 581	65 122	115 128	180 250	32.5%	37 417	21 164
烟酒	62 117	78 195	92 456	170 651	36.4%	33 654	28 463
食品	25 051	21 586	43 145	64 731	38.7%	16 697	8 354
饮料	10 315	12 478	21 676	34 154	30.2%	6 546	3 769
工艺品	18 538	24 187	15 890	40 077	46.3%	7 357	11 181
合计	174 602	201 568	288 295	489 863	合计	101 671	72 931

采用分类差价率计算法，由于把计算平均差价率的范围缩小到各大类，故较综合差价率计算法更接近实际。上例按分类进销差价率计算法所计算的已销商品应分摊的差价合计为 101 671 元。如按综合进销差价率计算法计算，其结果如下：

$$综合进销差价率 = \frac{174\,602}{205\,568 + 288\,295} \times 100\% = 35.35\%$$

已销商品应分摊的差价＝288 295×35.35%＝101 912（元）

两者差异 241 元，不算很大，这是由于各类商品进销差价比较接近。分类差价率计算法工作量大，适用于所经营的各类商品进销差价率相差幅度较大的商场。

分类差价率计算法虽较综合差价率计算法准确些，但在各类之中每种商品的进销差价率仍还有高低不等的情况，不能做到完全准确。

为了真实地反映库存商品和已销商品的进销差价，在年终决算之前，应进行一次核实调整。其调整方法一般是按实际差价计算法进行。

实际差价计算法必须与年末商品盘存工作相结合。各实物负责人年末盘存商品时，应在商品盘点表上列出各种商品的实存数量，以原进价或最后进价计算全部库存商品的进价总金额。然后再以库存商品售价总金额减去该项进价总金额，即为年末库存商品应保留的进销差价。最后，以此项应保留的进销差价与"商品进销差价"账户反映的进销差价对比，对差额进行调整，使年末"商品进销差价"账户余额符合实际。

【例5-5】某酒店商场，年末商品盘点表（见表5-5），实物负责人的库存商品总额为 125 685 元（售价），年末盘点数量按实际进价计算的库存商品总额为 81 819 元。"商品进销差价"账户期末余额为 51 643 元。

表5-5

商品盘点表

年　月　日

单位：元

货号	品名	单位	盘存数量	销售价		实际进价	
				单价	金额	单价	金额
	水仙牌毛巾	条	300	6	1 800	5	1 500
	光明啤酒	瓶	150	4.50	675	3	450
	无糖薄饼	包	700	1.50	1 050	1	700
	⋮						
	合计				125 685		81 189

应调整的金额计算如下。

① 库存商品应保留的进销差价为：

$$125\ 685 - 81\ 189 = 44\ 496\ （元）$$

② 核实后应调整的进销差价为：

$$51\ 643 - 44\ 496 = 7\ 147\ （元）$$

从以上计算结果看，"商品进销差价"账户年末实际应保留的金额要冲减 7 147 元。以红字作分录如下：

借：主营业务成本　　　　　　　　　　　　　7 147

　　贷：商品进销差价　　　　　　　　　　　　　7 147

从上述计算和调账结果可以看出，以原进价或最后进价计算库存商品价值，并依此调整进销差价，不仅落实了库存商品价值，同时也消除了已销商品因各种不同差价率和所占销售比重变化的影响。采用这种方法能比较正确地核实库存商品价值和已销售商品所分摊的进销差价。但是，它必须按每种商品的盘存数量乘以原进价或最后进价，方能计算出库存商品价值，不但计算工作量很大，而且查找原进价或最后进价也很费时。因此一般只在年终决算前核实一次。

5.1.5　鲜果等商品的核算

酒店商场除经营工业品外，也还销售鲜果类商品。鲜果类商品经营有以下特点。

（1）售价变动大，在销售过程中不断挑选整理，按质论价。

（2）商品损耗大，是水分蒸发和腐烂形成的。

（3）季节性强，销售时间集中。

基于以上经营特点，如对鲜果商品仍实行售价金额核算办法会有一定困难。因此，为了便于销售，及时调整价格，减少损耗，使会计核算能适应鲜果的经营特点，可采用进价金额核算，盘存计销的核算方法。其要点如下。

（1）商品购进后，会计部门根据商场实物负责人填列的商品验收单（参见第四章表4-15），以原进价记入按实物负责人开设的"鲜果类"明细账专页，只记金额不计数量。商场实物负责人可根据需要按鲜果品名设立备查簿，登记收入、付出和结存的数量。

（2）销售鲜果的款项另行存放。每日营业终了，实物负责人点清鲜果货款交财会部门。财会部门根据交来鲜果货款借记"库存现金"，贷记"主营业务收入（鲜果类）"账户，平时不结转销售成本，也不冲减"库存商品"账户，月末计算经营成果时再作调整转账。

（3）鲜果在经营过程中发生损耗、升溢、等级变化、价格变动时，财务部门不作账务处理。对大量降价处理腐烂变质鲜果，应设立备查簿随时登记，以便查考。

（4）月末或定期结转销售成本时，采取实地盘点以存计销的办法。即按盘存的鲜果品种和数量，分别乘以购进价，计算出库存鲜果商品总值，倒轧已销鲜果商品的进价成本。然后，借记"主营业务成本"账户，贷记"库存商品"账户。销售鲜果商品进价成本计算公式为：

$$本期销售成本=期初库存金额+本期进货金额-期末盘存金额$$

按此项核算方法举例如下。

【例5-6】某酒店商场，鲜果期初库存2 560元，本期共购进22 800元，均以现金付讫。本期销售总额28 315元，均收到现金。期末实地盘存1 020元。

分录如下：

① 平时分批进货总额。

借：库存商品——鲜果   22 800

 贷：库存现金   22 800

② 平时陆续销售总额。

借：库存现金   28 315

 贷：主营业务收入——鲜果   28 315

③ 计算和结转本期销售成本。

$$本期鲜果销售成本=2 560+22 800-1 020=24 340（元）$$

借：主营业务成本——鲜果   24 340

 贷：库存商品——鲜果   24 340

采用进价金额核算盘存计销方法，可随时调整售价，便利销售，简化了核算手续。但是，这种方法的手续不严密，平时不能反映出商品的动态和结存情况。只能在期末通过实地盘点，才能得出库存商品金额和依此倒轧销售商品的进价成本。因此，商品损耗、差错事故甚至货款被私吞都不易发现。掩盖了经营管理中的漏洞。所以，采用这种核算方法时，必须加强进货验收工作，并建立严格的销货收款和调价审批等手续制度。有条件的企业，应实行钱货分管的销货收款方式，堵塞一切可能发生的漏洞，保证企业的财产安全。

5.1.6 委托代销商品的核算

酒店商场是以自营业务为主，但也会由于各种原因而接受部分单位或个人代销一些价值昂贵的工艺品等商品。

委托代销商品应在"委托代销商品"科目核算。商场不纳入自营商品的管理方式，而设立备查簿登记，销售后单独向财务部门交款。委托代销商品销售后由委托方提供销货发票，营业税由委托方负担。商场只按售价的一定比例收取代销手续费，列作营业外收入。

委托代销商品收付款程序是：酒店总仓库收到委托代销商品时，填开"验收单"（见第四章表4-5），一联交委托方作为收货和售后结算货款凭据；一联由商场实物负责人签收后交财务部门；一联由商场存查。验收单上应注明"委托代销商品"字样。

【例5-7】某酒店商场收到精工公司委托代销大型木刻龙凤共舞座雕一件，合同约定销售价8 000元，销后手续费按售价6%，由委托方出具销售发票，货已售出，收入现金。与委托方结算货款，扣回手续费480元，余款7 520元从银行支付。

有关分录：

① 收货时。

借：委托代销商品	8 000
贷：其他应付账款——代销商品款	8 000

② 销售后。

借：库存现金	8 000
贷：应付账款——精工公司	8 000
借：其他应付账款——代销商品款	8 000
贷：委托代销商品	8 000

③ 支付货款时。

借：应付账款——精工公司	8 000
贷：其他业务收入	480
银行存款	7 520

有些委托代销商品如作自营处理，则不通过"委托代销商品"账户核算。操作程序与自营方式相同，即收货时由仓库填开"入库单"，商场领出时由经办业务人员填开商品内部验收调拨单。进货价、销售价、进销差价按合同约定，但必须待商品售出后才能结付价款。

5.1.7　商品调价的核算

商场在经营过程中，往往会因进价变动和供求关系等原因，而需要调整销售价格。在实行售价金额核算的情况下，当某种商品零售价格变动时，对实物负责人经管的商品金额必须作相应的调整，以保持库存商品金额能控制库存商品的数量。

商品调价工作有一定的机密性，要防止作弊。作出某项商品调价决定，应由酒店业务部门会同财务部门，派人到商场监督该项商品盘点，确定调价商品的实存数量，并按新售价更换商品价格标签。然后计算出调整的差额，由业务部门填制调价商品差价调整单（见表5-6）一式数联，其中，一联交财务部门据以调账。商品调价除了影响库存商品的账面金额外，也必然影响商品的进价与售价之间的差额。因此，在调整"库存商品"账户的同时，还应对"商品进销差价"账户作相应的调整。

表5-6　　　　　　　　　　　　　　　　　调价商品差价调整单

实物负责人：　　　　　　　　　　　　　　　　年　月　日　　　　　　　　　　　　　　金额单位：元

货号	品名	单位	库存数量	原售价	新售价	+或–	单位差价	增加金额	减少金额
	塑料旅行箱	只	30	26	40	+	14	420	
合计								420	

【例5-8】某酒店商场经决定塑料旅行箱调高售价。单位原售价26元，调高为40元，经盘点实存30只，根据调价商品差价调整单作如下分录：

借：库存商品——商场实物负责人　　　　　　　　　　　　　420

贷：商品进销差价　　　　　　　　　　　　　　　　　　420

【例5-8】如为调低售价，则以红字作相同分录。

5.1.8　商品削价的核算

酒店商场的库存商品，由于保管或其他原因，发生残损变质影响原使用价值，必须进行削价时，应按规定处理。确定商品削价处理时，应通过盘点和检验，根据残损变质程度，确定削价幅度，由实物负责人填制残损商品削价报告单（见表5-7）经审核无误后，据以进行账务处理。残损商品削价核算应区别两种情况作不同的处理：一是商品削价后的新售价低于原进价时，除将原售价与原进价的差额冲减"商品进销差价"账户外，低于原进价的部分，列入"待处理财产损益"账户，待批准后再行处理；二是商品削价后的新售价不低于原进价时，因只是减少了营业收入，而未构成实际财产损失，故其低于原售价部分，可直接冲减"商品进销差价"账户。

表5-7　　　　　　　　　　　　　　　　　残损商品削价报告单

实物负责人：商场×××　　　　　　　　　　　　　年　月　日　　　　　　　　　　　金额单位：元

货号	品名	单位	库存数量	购进单价	销售单价			削价金额			削价原因
					原售价	新售价	差价	合计	进销差价	损失	
	七星彩色毛巾	条	156	4.50	6.50	3.00	3.50	546	312	234	退色
合计								546	312	234	
领导批示						实物负责意见					

【例5-9】某酒店商场库存七星彩色毛巾156条，因质量欠佳，加之存放时间太久，已严重

褪色，经批准削价。每条原进价 4.50 元，原售价 6.50 元，削价后的新售价 3 元。根据残损商品削价报告单作分录如下：

借：待处理财产损溢   234

  库存商品——商场实物负责人   546

   贷：商品进销差价   312

削价损失 234 元经批准作费用处理时：

借：管理费用   234

   贷：待处理财产损溢   234

5.1.9 商品盘点短缺和溢余的核算

  酒店商场实行售价金额核算每月月末必须进行一次全面盘点，并根据盘点表各种商品数量，按售价计算出全部商品实存金额，然后与应存金额核对。如果盘存金额与应存金额不符时，应查明原因编制商品溢余（短缺）报告单（见表 5-8），经领导审批后，交财务部门作账务处理。商场于月末盘点后，尚应编制"商品进销存月报表"（见表 5-9）与财务部门对账。

表 5-8   商品溢余（短缺）报告单

实物负责人：   年 月 日

账面金额	盘存金额	长余金额	短缺金额	原因
领导批示	财务部意见		实物负责人意见	

表 5-9   商品进销存月报表

字第 号

实物负责人：   年 月 日   单位：元

收入部分	金额	付出部分	金额
上月结存	221 854	本月销售	384 678
仓库拨入	294 320	销货折让	1 856
其他部门拨入	2 315	本月拨出	646
调价增值	1 280	本月报损	
盘点长余		调价减值	
		盘点短缺	112
		本月结存	132 477
合计	519 769	合计	519 769

复核：   实物负责人：

  商品进销存月报表非常重要，它所反映的各个项目是当月商场的全部经济指标，财务部门要逐项核对，如有出入应查明原因处理。商场于月末盘点完毕，并应及时编报此表。该表编制要点如下。

收入部分：

（1）"上月结存"必须与会计账面的结存数核对相符。

（2）"仓库拨入"应与当月全部商品内部验收调拨单的"销售价格"总额相符。如有不符，商场实物负责人应按调拨单逐张逐笔与财务入账联进行核对，找出差异，进行调整。

（3）"其他部门拨入"是从吧台等其他部门拨入的商品。总额应与当月所发生的全部调入总额相符。如有不符，应彼此逐张逐笔核对，对差异进行调整。

（4）"调价增值"应与当月全部调价商品差价调整单的"增加"金额相符。

（5）"盘点长余"是本月末盘点长余数，应与已报商品溢余（短缺）报告单的"长余"金额相符。

付出部分：

（1）"本月销售"应与财务账面反映的当月商品销售总额相符。

（2）"销货折让"应与已发生的商品销售折让通知单相符。

（3）"本月拨出"包括从商场转拨吧台等其他部门，以及退回酒店总仓库的商品，应与已发生的商品内部验收调拨单相符。

（4）"调价减值"应与全部调价商品差价调整单的"减少"金额相符。

（5）"盘点短缺"是本月盘点发生的短缺，应与所填报的商品溢余（短缺）报告单的"短缺金额"相符。

商品盘点短缺或长溢的核算方法。

（1）商品盘点短缺的核算

商品盘点短缺，是指账面金额大于盘存金额的差额。造成短缺的原因是多方面的，既有商品自然因素，也有人为因素。例如，有些商品在保管中和销售过程中发生自然损耗；有些是由于进货验收，销货收款付货过程中发生差错等人为的原因，或责任事故所造成。为了分清原因性质，明确责任，对有自然损耗的商品应制定合理的损耗率。未超过定额损耗的短缺，作费用核销，超过定额损耗部分，原则上应由责任人赔偿。如有特殊原因，经领导批准也列作费用处理。

【例5-10】某酒店商场，本月月末烟酒类商品盘点实存 78 195 元，账存 78 315 元，短缺 120元。经查是白酒一瓶白酒因酒瓶破裂流失，但责任不明，暂列待处理财产损失。烟酒类平均差价率为 36.4%，其进销差价为 43.68 元。作分录如下：

借：待处理财产损溢　　　　　　　　　　　　　76.32
　　　贷：库存商品——实物负责人　　　　　　　　　　120
　　　　商品进销差价——烟酒类　　　　　　　　　43.68

上项损失经查明是整箱搬运过程被撞破裂，经领导批准作费用处理。

借：管理费用　　　　　　　　　　　　　　　　76.32
　　　贷：待处理财产损溢　　　　　　　　　　　　　76.32

（2）商品盘点溢余的核算

商品盘点后，如果账面余额小于盘存金额的差额，则为盘点溢余。造成溢余的原因是多方面的，既有商品的自然升溢，也有人为的多收少付造成的。商品盘点溢余经批准后作冲减管理费用处理。

【例5-11】某酒店商场本月月末饮料类商品盘点实存12 478元，账存12 328元，溢余150元，原因待查。饮料类商品进销差价率30.2%，差价为45.30元。作分录如下：

借：库存商品——实物负责人　　　　　　　　　　　　　　　　150
　　贷：待处理财产损溢　　　　　　　　　　　　　　　　　　　104.70
　　　　商品进销差价——饮料类　　　　　　　　　　　　　　　45.30

上项商品溢余，经查明原因是饮料在销售过程中营业员粗心，低价品牌按高价收款。由于是零星销售，所多收货款无法退回顾客，经批准作溢余处理。

借：待处理财产损溢　　　　　　　　　　　　　　　　　　　104.70
　　管理费用　　　　　　　　　　　　　　　　　　　　　　104.70

5.1.10　商品销售折让的核算

酒店商场有时为了扩大销售，实行折让销售活动。实行售价金额核算应按因折让而减少收入的实际销售额入账；同时按原售价转销库存商品。商场每日应编制"商品销售折让报告表"（见表5-10），附营业日报交财务部门。作分录如下：

按实际收入：

借：库存现金　　　　　　　　　　　　　　　　　　　　　12 891.50
　　贷：主营业务收入　　　　　　　　　　　　　　　　　　12 891.50

同时，按原售价转销库存商品：

借：主营业务成本　　　　　　　　　　　　　　　　　　　　13 570
　　贷：库存商品——实物负责人　　　　　　　　　　　　　13 570

表5-10　　　　　　　　　　　商品销售折让报告表

2015年×月×日

单位：元

商品类别	原销售价	折扣率	折让金额	实收金额	备注
全部商品	13 570	5%	678.50	12 891.50	
合计	13 570		678.50	12 891.50	

月末结转商品进销差价时，应按主营业务成本的原售价计算分摊，从而抵销了因销货折让而减少的销售毛利。

5.1.11　商品内部调拨的核算

商品内部调拨是指商场与酒店的其他商品经营部门，如各个吧台之间的商品转移行为。使用的验收调拨单与从仓库调往商场的相同（见表5-1），一式数联，据以办理商品转移手续。其中调出调入方各留一联，一联交财务部门。

酒店商场与吧台等部门商品调拨有两种情况。一种是吧台的商品也实行售价核算；另一种是吧台不实行售价核算。所以应采用不同的账务处理方法。

【例5-12】某酒店商场调拨光明啤酒60瓶给餐饮部吧台，原进价每瓶3元，总值180元，售价每瓶4.50元，总值270元。餐饮吧台也实行售价核算。

作分录如下：

借：库存商品——餐饮吧台   270

  贷：库存商品——商场实物负责人   270

同时：

  贷：商品进销差价——餐饮吧台   90

       ——商场实物负责人   90

【例5-13】某酒店商场调拨富氧牌矿泉水120瓶给舞厅吧台，原进价1元，总值120元，销售价1.50元，总值180元。舞厅吧台不实行售价核算。

作如下分录：

借：库存商品——舞厅吧台   120

  贷：库存商品——商场实物负责人   180

    商品进销差价——商场实物负责人   60

5.1.12 商品退库的核算

商场往往有些商品因不适销对路，而要退还总仓库。退库时，应填开红字商品内部验收调拨单作冲减处理。

【例5-14】某酒店商场有虎头牌男衬衫30件，因无销路退还总仓库。每件原进价20元。总值600元，销售价28元，总值840元。填开了红字商品内部验收调拨单。

作分录如下：

借：库存商品——商场实物负责人   840

  贷：库存商品——总仓库   600

    商品进销差价——商场实物负责人 240

5.1.13 兼营批发销售的核算

有的酒店商场，某些商品货源充足而且畅销，也可以从事批发业务。零售商场经营批发业务的管理有两种办法。一种办法是批发商品与零售商品分开管理统一核算。实行这种办法的商场，批发商品实行"数量进价金额核算"，要在"库存商品""主营业务收入""主营业务成本"等账户下设批发商品专户，按批发商品进货与销货的核算方法处理。另一种办法是批发商品与零售商品统一管理统一核算。批发商品销售时，商品销售价格采取按零售价格折扣作价，也可按批发价加成作价。不论采用哪种办法，均应按实际销货金额入账。而且必须逐笔填制发货单，并注明原零售价。现按第二种办法举例如下。

【例5-15】某酒店商场所经营的一种土特产品空心白莲货源充足，从事批发。成交销售空心白莲一批，零售价总值8 000元，按10%折扣结算，价款总额7 200元，货款从银行转账收讫。

根据有关凭证作分录如下：

借：银行存款   7 200

  贷：主营业务收入——商场批发   7 200

同时按原零售价注销库存商品：

借：主营业务成本——商场批发　　　　　　　　　　　　　　　　　　8 000

贷：库存商品——商场实物负责人　　　　　　　　　　　　　　8 000

采用这种办法核算，批发商品从总仓库拨入商场和销售后结转进销差价等程序，与其他零售商品相同。

5.1.14　库存商品的明细分类核算

酒店商场在实行售价金额核算的情况下，"库存商品"的明细分类是按实物负责人分户设置的。在账户中只反映商品售价金额，不分品名不计数量。故库存商品明细账一般可采用库存商品和商品进销差价结合在一起的三栏式明细账。

在进行零售商品明细分类核算时，财务部门应按照实物负责人分户设置"库存商品"和"商品进销差价"明细账户进行核算。由于"库存商品"账户数额的增减往往都是和"商品进销差价"账户数额的增减同时发生。因此，也可以把"库存商品"和"商品进销差价"两个账户的明细分类核算结合起来，在同一张账页上登记。这不仅简化了记账工作，也便于月末计算已销商品的进销差价。库存商品和进销差价结合在一起的账页格式如表 5-11 所示。

表 5-11　　　　　　　　　　库存商品和商品进销差价明细账

实物负责人：×××　　　　　　　　　　　　　　　　　　　　　　　　单位：元

××××年		凭证号	摘要	库存商品			商品进销差价		
月	日			借方	贷方	余额	借方	贷方	余额
×	×	×	仓库拨入	21 500		21 500		5 160	5 160
×	×	×	销售		14 200	7 300	3 408		1 752

5.1.15　商品销售税金的核算

酒店商场的供应对象一般是寓客，规模不大，而且进货时很难取得进项增值税发票，无法抵扣销项增值税，所以不宜按一般纳税人缴纳增值税。

目前酒店商场纳税有两类情况：规模较小的小卖部是随同其他经营项目交纳营业税；略具规模的商场，经税务部门同意，按小规模纳税人的增值税征收率交纳增值税。

酒店商场所销售的商品，如果是交纳增值税，由于商品是含税价格，故月末计交税金时，要对当月应税的销售收入进行调整（但不应调整账面的收入），按调整后的应税销售收入计交增值税。

调整公式如下：

$$应税销售额 = \frac{账面销售收入}{1 + 税率}$$

【例 5-16】某酒店商场本月销售收入 412 865 元，当地增值税征收率为 4%，作调整应税销售收入和计算应交税金。

调整应税销售收入：

$$应税销售收入 = \frac{412\ 865}{1+4\%} = 396\ 986 \ （元）$$

$$本月应交税金 = 396\ 986 \times 4\% = 15\ 879 \ （元）$$

编制分录如下：

借：主营业务税金　　　　　　　　　　　　　　　　　　　　15 879
　　贷：应交税费　　　　　　　　　　　　　　　　　　　　　　15 879

下月上旬前后交税时：

借：应交税费　　　　　　　　　　　　　　　　　　　　　　15 879
　　贷：银行存款　　　　　　　　　　　　　　　　　　　　　　15 879

5.1.16　商场保本点的测算

酒店商场如实行按售价核算，测算保本点应确定以下几个指标。

（1）合理的商品进销差价率。

（2）税率。

（3）商场的费用总额。

保本公式：

商品销售收入×商品进销差价率=商品进销差价

商品进销差价=税金+费用

设：保本销售收入为 x；商品进销差价率为 c；商品进销差价为 cx；税率为 k；税金为 kx；费用总额为 y。

代入保本公式为：

$$cx = kx + y$$

整理后得：

$$x = \frac{y}{c-k}$$

【例5-17】某酒店商场是实行售价核算，商品综合进销差价率为35%，增值税征收率为4%，商场月度销售费用89 500元，酒店分配给商场月度的管理费用22 860元。即商场月度的费用总额为112 360元，要求计算商场月度保本的销售收入。

上例数据代入保本公式：

$$35\%x = 4\%x + 112\ 360$$

$$x = \frac{112\ 360}{35\% - 4\%} = 362\ 452 \ （元）$$

即月度保本销售收入为362 452元。

◆ 5.2　舞厅的管理和核算

5.2.1　舞厅的管理

酒店舞厅寓客光顾较少，主要向社会开放。但娱乐市场形形色色的舞厅、卡拉OK厅、音乐茶座等，如雨后春笋，越开越多，竞争非常激烈。酒店的舞厅要想争得娱乐市场的一定份额，主要依靠以下5点：

（1）豪华优美的环境和设施；

（2）丰富多彩的节目安排；

（3）上档次的乐队；

（4）较高水平的主持人、歌手和艺人；

（5）合理的收费标准。

舞厅的营业收入是出售门票收入，可以用门票张数控制，搞好吧台经营能大大增加门票收入的附加值。

舞厅门票价格要定得合理，既要比照同行业相似档次的价格水平，也要考虑营业成本和应达到的毛利率。在制定门票价格时，对巨额的设备投资和装修费用，一般是按两年半左右使用期计入票价1‰（即"1"为分子，365天乘以两年半左右为分母）。毛利率一般控制在50%～70%。门票价格可按以下公式计算：

$$门票价格=\left(\frac{全部设备投资和装修费用}{每场接待人数×销售率}×0.1\%+\frac{每场各项直接费用}{每场接待人数}\right)÷(1-毛利率)$$

【例5-18】某酒店舞厅各项设备投资和装修费用总额240 000元，每场接待能力1 000人，门票销售率为80%，每场工作人员、乐队、歌手报酬1 520元，目标毛利率70%，计算门票价格。

$$每张门票价格=\left(\frac{240\ 000}{1\ 000×80\%}×0.1\%+\frac{1\ 520}{1\ 000×80\%}\right)÷(1-70\%)=6.60\ （元）$$

即每张门票可定为整数7元。假设同行业相似水平的舞厅门票价格为10元，则本舞厅的门票价格定为8元便很有竞争力。

5.2.2 舞厅的核算

财务部门根据舞厅营业日报表（见表5-12）所反映的当天营业收入作如下分录：

借：库存现金

　　贷：主营业务收入——门票

　　　　　　　　　　——酒水食品

表5-12　　　　　　　　　　　　　　　舞厅营业日报表

年　月　日

单位：元

营业收入		当天应支付费用	备注
项目	金额		
门票收入		日场费用	
其中：日场		乐队报酬	
夜场		歌手报酬	
吧台收入		夜场费用	
其中：日场		乐队报酬	
夜场		歌手报酬	

应支付给乐队、歌手、演员的报酬一般是每10天结算一次，但应每天根据营业日报表反映

的应付报酬数额作如下分录：

借：销售费用——舞厅——工资

贷：其他应付款——待付舞厅临时工资

每10天结付乐队等报酬时：

借：其他应付款——待付舞厅临时工资

贷：库存现金

月末尚应结转舞厅吧台酒水等销售成本：

借：主营业务成本——酒水食品

贷：库存商品——舞厅吧台

5.3 蒸汽浴的管理和核算

5.3.1 蒸汽浴的管理

蒸汽浴一般具有浴池、淋浴和蒸汽浴等整套设施，并附设有吧台为顾客提供酒水、香烟和食品。浴池和淋浴一般用燃油锅炉供应热水，蒸房一般用电，所以能源消耗较大，必须认真控制，避免空烧浪费。

蒸汽浴均有助浴、按摩、修脚、踩背、推拿等保健服务。从事这些服务的技师人员报酬都是计件，个人收入是与酒店分成，比例经双方认定后签订合同据以执行。报酬一般是每个月结算一次，有的是10天结算一次。

对蒸汽浴营业收入的监控是强化每一顾客账单的管理。空白账单，每天一个序号，由财务部门掌握，每天领用办签收手续。当天所领空白账单如未用完，全部交还财务部门销号。已与顾客结算收款的账单附营业日报交财务部门审核入账。蒸汽浴宾客账单如表5-13所示。

表5-13　　　　　　　　　　蒸 汽 浴 宾 客 账 单

姓名：　　　　　　同行人数：　　　　　　房号：　　　　年 月 日　　　　　第　号

单位：元

项目	计价单位	服务量	单价	金额	备注
蒸汽浴	人次				
助浴	人次				
按摩	个钟				
推拿	人次				
踩背	人次				
酒水					
合计					

5.3.2 蒸汽浴的核算

蒸汽浴营业日报表如表5-14所示。

表5-14 蒸汽浴营业日报表

年 月 日 单位：元

收入项目	计价单位	单价	收入合计		其中		分成比例	备注
			服务量	金额	酒店收入	服务人收入		
蒸汽浴	人次	50	120	6 000	6 000			
助浴	人次	30	10	300	150	150	5：5	
按摩	个钟	100	50	5 000	2 000	3 000	4：6	收入全部为现金
修脚	人次	30	170	300	120	180	4：6	
推拿	人次	20	20	400	200	200	5：5	
踩背	人次	15	24	360	180	180	5：5	
酒水				2 400	2 400			
合计				14 760	11 050	3 700		

根据表 5-14 蒸汽浴营业日报举例编制分录如下：

借：库存现金 14 760

　　贷：主营业务收入——蒸汽浴 6 000

　　　　　　　　　　——酒水 2 400

　　　　　　　　　　——其他 2 650

　　　　其他应付款——应付服务分成 3 710

（注：以上分录"主营业务收入——其他"包括：助浴 150 元、按摩 2 000 元、修脚 120 元、推拿 200 元、踩背 180 元）

支付服务分成时：

借：其他应付款——应付服务分成 3 710

　　贷：库存现金 3 710

吧台销售酒水、食品等，月末结转营业成本，作如下分录：

借：主营业务成本——酒水

　　贷：库存商品——蒸汽浴吧台

如果吧台实行售价金额核算，尚应分配商品进销差价。

会计实操

习题一

一、目的

练习商品从总仓库调进商场部的核算。

二、资料

商品进价 11 280 元，销售价 18 820 元（品名从略），差价 7 540 元。

三、要求

根据以上资料编制会计分录。

习题二

一、目的

练习商品销售的核算。

二、资料

设商场部某日销售商品（品种从略）总额 12 500 元，收入现金 8 930 元，外客甲公司挂账 1 200 元，乙公司挂账 1 800 元，寓客黄大胜挂账 570 元。

三、要求

根据以上资料编制会计分录。

习题三

一、目的

练习已销品进销差价的结转。

二、资料

设某酒店商场部月末"库存商品"账户余额 257 800 元，本月"主营业务成本"账户借方发生额 387 640 元，月末"商品进销差价"账户贷余额 268 400 元。

三、要求

根据以上资料列出公式计算平均差价率和应分摊的进销差价，并编制有关会计分录。

习题四

一、目的

练习商品销售税金的核算。

二、资料

设某酒店商场部商品销售总额 216 846 元，增值税征收率为 4%。由于商品是含税价，要对当月应税的商品销售收入进行调整。

三、要求

列出调整应税商品销售额的计算公式，计算以上资料销售总额的应税销售额和应交增值税费，并编制有关会计分录。

习题五

一、目的

练习商品保本点的测算。

二、资料

设某酒店商场是实行按销售核算，商品综合进销差价率为 30%，增值税征收率为 4%，商品月度销售费用 106 000 元，酒店分配商场部的管理费 25 000 元，即商场的费用总额为 131 000（即 106 000+25 000）元。

三、要求

列出计算公式，测算商场月度保本销售额。

▶▶▶ **行政管理职能及其他经济业务核算**

🔷 6.1 酒店行政部门的职能

酒店有 3 种组织形式：第一种是适合小型酒店的"直线组织机构形式"（见图 6-1）；第二种是适合规模较大酒店的"直线职能制组织机构形式"（见图 6-2）；第三种是适合规模庞大，有跨地区、甚至跨国连锁分支机构的"事业部组织机构形式"（见图 6-3）。

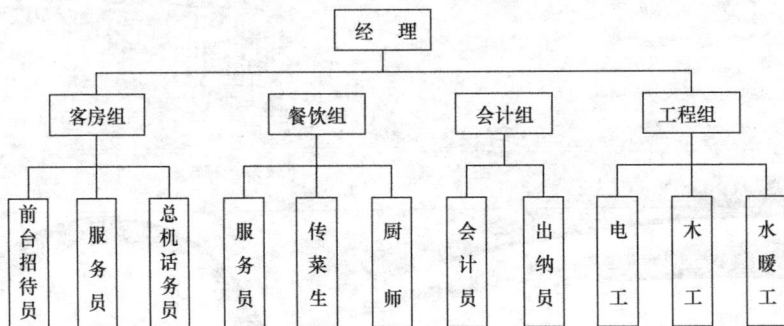

图 6-1 酒店直线组织机构形式

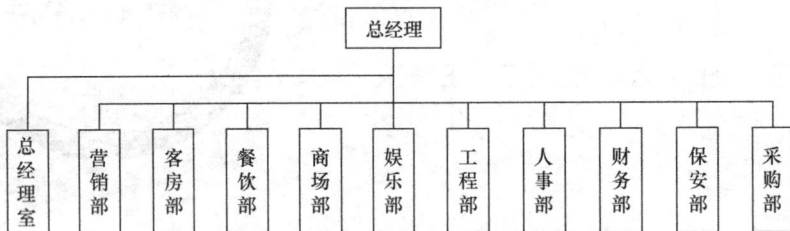

图 6-2 酒店职能制组织机构形式

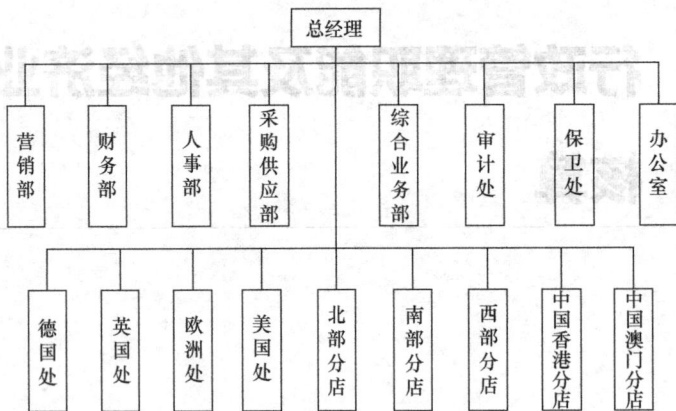

图 6-3 事业部组织机构形式

酒店所有部门都可分为两大类。

（1）业务部门。如酒店的前厅部、客房部、餐饮部、商场部、蒸汽浴部、娱乐部等。

（2）行政管理职能部门。如总经理办公室、人事、财务、工程、保安等部门。

第一类业务部门的职能已在以前各章述及，现仅就行政管理部门的职能予以阐述。

6.1.1 总经理的主要职能

目前，我国大多数酒店都是实行总经理负责制。总经理的主要职能如下。

（1）政治责任。负责贯彻执行党和国家的方针政策，执行职工代表大会的决议。坚持酒店经营的社会主义方向。

（2）法律责任。遵守国家法律和有关财政、金融、税务、公安、文化、卫生、城建、环保管理法规。作为法人代表，处理有关法律纠纷。

（3）经济责任。对国家承担社会经济责任，认真履行合同，创造较好的经济效益。对企业资产的保值增值负责。按规定正确处理好国家、酒店、员工3者之间的利益。

（4）对员工负责。要尊重员工的民主权利，保护员工的正当利益，改善员工劳动条件。在提高效益的基础上逐步改善员工生活。

（5）对宾客负责。要带领全店员工提高服务质量，保证宾客住店期间的安全。为宾客提供质价两相符的服务，努力提升酒店的知名度。

（6）总经理拥有经营决策自主权、经营活动指挥权、企业内部人事任免权。直接对酒店董事会负责。

（7）根据市场动向和发展趋势，制定相应的经营方针、措施和服务质量标准。

（8）设计组织机构的设立或调整方案，任免酒店部门以上的经理人员。拟定酒店人事方针，提出对员工培训要求。

（9）研究和审批酒店的各项制度，建立和健全管理体系。保证各部门的工作高效和协调进行。

（10）审批酒店财务预算、决算。严格把握收支环节，提高企业经济效益。

（11）审批各部门的管理制度、工作程序，切实提高服务质量。

（12）抓好酒店精神文明和文化建设，提高职工思想文化素质和凝聚力。

6.1.2 人事部门的职能

人事部门的主要职能为保存人事记录、招用员工、职工岗位安排、工资管理、职工培训、制定奖惩方法、劳工关系管理等。

酒店是以人为本的服务行业，人的因素决定酒店经营好坏。所以人事部门应把以培训来提高人员素质作为主要工作，制订全员培训的周密计划。根据不同时期，不同对象，采取各种不同的培训方式和考核制度。

人事部门应抓好按劳分配制度。按劳分配的形式主要有以下几个。

（1）计分奖励制。将部门指标体系分解到部门班组，按其完成情况量化为分值，按分计酬计奖。

（2）浮动工资制。以员工标准工资为基础，实行全部或部分浮动。按员工的劳动态度、贡献大小、效果好坏而浮动。

（3）提成工资制。把劳动报酬与企业利润挂钩，完成了利润指标可得到工资和奖金，超额完成利润指标，按比例提成。

6.1.3 财务部门的职能

财务部门主要负责酒店的资金管理、预算管理、成本管理、费用管理，进行财务核算和财务分析等工作。

酒店财务部门有以下两项基本职能。

（1）反映酒店经济活动情况，为经营管理提供有用的经济信息。

财务部门通过核算，掌握企业大量可靠的经济信息。其中包括各部门业务数据和会计数据，利用价值形式综合一切经济活动，提供经营中的耗费和收入以及盈利状况，考核经济效益，揭示企业管理中存在的问题，促进改善经营管理。

财务部门反映职能表现在以下3个方面。

① 利用货币为计量单位，从数量方面反映各部门经济活动情况，为加强管理提供数据资料。反映经济活动有3种量度，即劳动量度、实物量度和货币量度。酒店的各项经济活动，主要是利用货币量度。

② 除了提供能综合反映酒店各项经济活动效果的核算指标外，还要提供有关预测未来经济活动效果的数据资料。以便领导层对经营管理做出决策并采取措施，从而达到预期的目的。

③ 财务部门组织会计核算，应具有完整性、连续性和系统性。对酒店实际发生的各项经济活动进行反映，要有全面、无遗漏和连续地记录。按照经济管理的要求，提供既相互联系，又经过分类和汇总的数据资料，以便企业领导全面掌握经济活动情况，考核经营成果。

（2）对酒店经济活动过程实行全面的、经常的会计监督。

任何单位的经济活动，都要按照一定的目的和要求来进行。为了使经济活动符合规定要求，达到预期的目的，必须进行监督。

财务部门进行监督有以下几个方面：

① 首先，反映各项经济活动的同时进行事前监督，即审查各项经济活动是否符合有关政策法令和企业的规章制度。对违反政策法令和企业制度的各项经济活动，要加以限制和制止。其次，对所反映的经济活动情况及有关资料加以检查和分析，进行事中和事后监督。只有限制各项耗费和支出的滥用和浪费，才能促进增收节支，提高企业的经济效益。

② 利用各种价值指标，考核经济活动效果。同时还可以事先制定一些价值指标，控制有关经济活动。由于价值指标具有综合的性质，所以利用价值指标进行监督可以较全面地考核和控制各部门的经济活动。

综上所述，财务部门的反映职能主要是为经济管理提供经济信息。就这点来说，财务部门是为经济管理服务的，是经济管理必不可少的工具。财务部门的监督职能是要对经济活动加以促进、控制、考核和指导。就这点来说，财务部门又是经济管理的组成部分和经济管理的一个重要方面。

6.1.4 工程部门的职能

酒店工程部门的主要职能为能源供应和设备维修、保养。工程部门是保证酒店正常运转的重要部门。

（1）能源供应

首先是电力供应，通过配电设备把输入的高压电变为低压电向各部门输送。配电设备平日虽然故障甚少，但仍要勤于巡视，通过仪表反映、检查是否有不正常现象，注意及时调整。

有些地区在用电高峰时，往往有拉闸停电情况，故很多酒店有柴油发电机设备。自发电的时间虽然短暂，但也要树立"战备"思想，平日应注意对自发电各项设施的维修保养，并储备足够的燃料，要在突然停电的最短时间启动发电装置，以免影响营业需要。

电力消耗最大的设施是中央空调，如何节约一直是酒店重大课题。在无法改变设备现状情况下，一般是控制开放冷暖气供应时间。所以，工程部门要严格依照酒店规定，认真执行开启和关闭时间。

其次是蒸汽和热水供应，一般是使用燃油锅炉。蒸汽主要供应洗衣坊的烘干设备，燃料消耗很大，其费用仅次于中央空调。必须加强管理，尽力避免空烧浪费。

（2）设备维修和保养

酒店日常维修较频繁的是全店的照明设施，以及客房卫生供水设施。客房的床头开关柜和电子门锁，往往由于宾客使用不当损坏情况较多。所以除了及时维修外，服务人员应对入住宾客说明使用注意事项，尽量减少人为损毁。

电梯是酒店一项重要设施，必须保证安全完好。目前多数酒店的电梯是由电梯厂家长期保修，也有些酒店的电梯维修是与当地或外地的电梯维修专业单位签约维修。酒店工程部门必须有具备维修电梯资格的技术人员，能排除电梯的一般故障。例如，有时电梯吊在空中不动，宾客被困在电梯内，远水不能救近火，总不能等待数小时甚至数天才能到达的特约维修人员来抢修解救。在这种情况下，必须依靠工程部能维修电梯的人员。

工程部所需的维修器材在总仓库领取，直接向外购买的也要通过仓库办验收领用手续。工程部门领用的器材要指定专人兼管，并建立保管账册登记领入、付出和结存。代各部门进行维修时，应由工程部门填写维修施工单，维修完毕所耗用的器材应在维修施工单上详细列出。工程部根据此项经签证的维修施工单注销器材账目。月度终了，工程部应将当月的维修施工单进行整理，交财务部一联，以便据以来核销所领用器材并将此项费用进行分配，列作各部门的修理费。

工程部门为各部门维修服务，一般仅计算器材费用，不分配维修工资。如果有的酒店要求计算维修工资，便应制定一个合理的工时工资标准。维修申请单除列明耗用器材外，尚应列出维修所耗费工时。财务部门将这部分维修工资作部门之间的工资费用转移处理。

6.1.5　保安部门的职能

酒店保安部门的主要职能是保证酒店财产不受损失和住店宾客人身不受伤害。

在财产安全方面，一是防火、二是防盗。保安人员应具备防火知识，而且能熟练掌握一切防火用具。平日对所有防火器材要注意保养，例如，水龙带应定期晾晒，防止霉烂；泡沫灭火器要定期检查，更换过期药剂。要经常操练救火技能。

在防盗方面，上岗保安人员应眼观六路、耳听八方。特别是深夜，此时间段是盗贼作案的高峰期，必须加强巡逻。值班经理应在深夜检查和纠正保安人员"睡岗"现象。

酒店细小物品和餐饮原材料甚多，所以一般都有对下班员工携带挎包的检查制度，应该认真执行，任何物品出门必须有"出门证"。

在保证入住宾客人身安全方面，保安人员必须有灵敏的洞察能力。酒店属公共场所，任何人都可自由出入，难免有坏人混迹其中，要善于识别和防范。对酒醉滋事或其他作案者要能当场制服。因此，也要求保安人员身强力壮，并有搏斗擒拿的技能。

保安人员在深夜对楼层过道应加强巡视，对未紧闭房门的宾客要劝告和协助关闭，以防失窃和人身受到伤害。

保安部门还有一项职责是管理酒店停车处的车辆。其主要责任是防止被盗或被人故意毁损。酒店一般规定要收取一定的停车费，收取停车费时应撕给有税务印章的正规收据。保安部门对收取的停车费不能挪作他用，应全额缴交财务部门列作营业外收入处理。

◆ 6.2 其他经济业务核算

6.2.1 行政管理方面的核算

酒店行政管理方面的一切费用开支，都属"管理费用"范畴。现就几项主要费用，如工资、办公费、差旅费、修理费、折旧费、服装费、车船税、印花税、排污环保费等的核算予以阐述。

（1）工资的核算

本书第三章和第四章有关客房、餐饮的经济业务，也曾述及工资核算。但是，酒店与其他企业一样，职工工资并非"各自为政"，而是同时统一发放。现就整个酒店的工资核算作系统阐述。

① 工资总额

酒店的工资总额，是指在一定时期（通常指一年）内实际支付给全部职工的劳动报酬总额。根据国家规定，主要包括下列内容。

a. 计时工资。指按计时工资标准和工作时间支付给个人的劳动报酬。

b. 计件工资。对已做工作，按计件单价支付的劳动报酬。

c. 奖金。支付给职工的超额劳动报酬和增收节支的劳动报酬。

d. 津贴和补贴。指为了补偿职工特殊或额外的劳动消耗和因其他特殊原因支付给职工的津贴、保健性津贴、技术性津贴和其他津贴，以及为了保证职工工资水平不受物价上涨或变动影响支付的各种补贴。

e. 加班加点工资。

f. 特殊情况下支付的工资。这包括根据国家规定因病、工伤、产假、计划生育假、事假、探亲假、定期休假、脱产学习等原因支付的工资。

工资总额中不包括：创造发明奖、自然科学奖、科学技术进步奖和支付合理化建议和技术改造奖；有关劳动保险和职工福利方面各项费用，如职工死亡丧葬费及抚恤费、医药卫生费或公费医疗费；职工生活困难补助费、集体福利事业补贴、工会文教费、集体福利费、冬季取暖补贴、上下班交通补贴、洗理费用；有关离休、退休人员待遇的各项支出；劳动保护的各项支出，包括工作服、手套等劳保用品以及由劳动保护开支的保健食品待遇；稿费、讲课费及其他专门工作报酬；出差伙食补助费、误餐补助、调动工作的旅费和安家费；对自带工具、牲畜来工作的职工所支付工具、牲畜等的补偿费用；实行租赁经营单位的承租人的风险性补偿收入；对购买本企业股票和债券的职工所支付的股利和利息；劳动合同制职工解除劳动合同时由企业支付的医疗补助费、生活补助等；因录用临时工而在工资以外向提供劳动力的单位支付的手续费和管理费；支付给家庭工人的加班费和按加工订货办法支付给承包单位的承包费用；支付给参加企业劳动的在校学生的补贴；计划生育独生子女补贴。

② 工资的计算和支付

酒店一般实行计时工资为主，计件工资为辅，计时加奖励的工资制度。

工资计算的主要依据有考勤表、计件工资结算表和职工欠款扣收清单等。这些凭证由人事部门和有关业务部门提供。

计时工资制是根据企业所制定的工资标准和实际工作时间计算应付职工工资的一种劳动报酬形式。计时工资有月薪制和日薪制两种不同的形式。月薪制适用固定职工，计算工资时，只要该职工在本月出满勤，就该支付固定的月标准工资，如果月份中有缺勤，则应从月标准工资中减去缺勤天数的工资。其计算公式如下：

$$应付计时工资 = 月标准工资 - \left(缺勤天数 \times \frac{月标准工资}{30}\right)$$

日薪制一般适用于临时工，计算工资时，根据职工本月份出勤天数，乘以日标准工资，再加上应付病假工资，即为应支付的月计时工资。其计算公式如下：

$$应付计时工资 = 本月实际出勤天数 \times 日标准工资 + 应付病假工资$$

以上公式中，日标准工资可按照 30 天计算，也可按法定工作天数计算。一经确定，就不能任意更改。

计时加奖励制是当前广泛实行的工资制度。它是在计时工资之外，按企业规定条件加发奖金。例如，有的酒店规定了月度目标营业收入，超额按一定比例提成计奖，以工资形式分配给职工。

计件工资在酒店计算工资的实际操作中，一般不是单独采用，而是在个别劳动项目中，以计件的形式计算一定的劳动报酬，并入当月的计时工资发放。例如，有的酒店客房每月统计每个服务员的做床个数，按一定的单价计算报酬加入月度计时工资发放，从而体现了部分按劳取酬，激发员工的劳动积极性。

对于职工病伤假工资计算，按国家劳动条例规定，职工因工负伤治疗期间的工资应按全额支付，因病或非因公负伤连续治疗时间不超过 6 个月的，应按规定条件，支付 60%～100%的病伤假工资。

对于职工开会或参加必要的社会义务劳动的工资、调动工作期间的工资、探亲假期的工资和女职工哺乳期间的工资等都应按照规定全额支付。

在实际工作中，为了方便职工，对于职工所应交宿舍水电费或其他欠款，通常由财务部门根据有关扣款通知代扣。因此，每月用现金支付给职工个人的工资数，应按下式计算：

$$实发工资 = 应付工资 - 代扣款项$$

每月的工资结算手续，可按各个部门编制的"工资结算表"（见表 6-1）。工资结算表视各酒店具体情况，可采取统一由财务部门编制或由各业务部门编制交财务部门进行汇总编制工资结算汇总表（见表 6-2）。

表6-1 **工资结算表**

部门：娱乐部　　　　　　　　　　　　　　　　年　月　　　　　　　　　　　　　　　　单位：元

序号	姓名	月工资标准	日工资标准	缺勤天数	基本工资				附加工资				应付工资	扣款				实发工资	收款人签字
					标准工资	岗位津贴	加班工资	合计	病伤产假	探公婚丧假	其他	合计		房租水电	借支		合计		
1	汪涛	900	30	2	840	100	120	1 060		60		60	1 120	20			20	1 100	
2	刘英	900	30	1	870	50	100	1 020					1 020					1 020	
3	（略）																		
4																			
5																			
	合计				5 930	850	1 100	7 880				640	8 520	20			20	8 500	

表6-2 **工资结算汇总表**

年　月　　　　　　　　　　　　　　　　单位：元

部门	基本工资	附加工资	应付工资	扣款			实发金额
				房租水电	借支	合计	
客房部	28 700	5 520	34 220	350	200	550	33 670
餐饮部	82 950	8 480	91 430	520	100	620	90 810
商场部	5 520	370	5 890	40		40	5 850
蒸汽浴部	12 160	1 530	13 690	60		60	13 630
娱乐部	7 880	640	8 520	20		20	8 500
行政管理	42 960	5 580	48 540	470	300	770	47 770
合计	180 170	22 120	202 290	1 460	600	2 060	200 230

【例6-1】资料如表6-2所示的举例作分录如下：

① 从银行提取实发工资现金200 230元。

借：库存现金　　　　　　　　　　　　　　　　　　　　　　200 230

　　贷：银行存款　　　　　　　　　　　　　　　　　　　　200 230

② 发放工资。

借：应付职工薪酬　　　　　　　　　　　　　　　　　　　　202 290

　　贷：其他应付款——代扣房租水电费　　　　　　　　　　1 460

　　　　其他应收款——扣回职工欠款　　　　　　　　　　　600

　　　　库存现金　　　　　　　　　　　　　　　　　　　　200 230

③ 分配工资。

借：销售费用——客房——工资　　　　　　　　　　　　　34 220
　　　　　　　——餐饮——工资　　　　　　　　　　　　91 430
　　　　　　　——商场——工资　　　　　　　　　　　　 5 890
　　　　　　　——蒸汽浴——工资　　　　　　　　　　　13 690
　　　　　　　——娱乐——工资　　　　　　　　　　　　 8 520
　　管理费用——工资　　　　　　　　　　　　　　　　　48 540
　　贷：应付职工薪酬　　　　　　　　　　　　　　　　　202 290

④ 代扣房租水电拨付委托代扣单位。

借：其他应付款——代扣房租水电费　　　　　　　　　　 1 460
　　贷：银行存款　　　　　　　　　　　　　　　　　　　　 1 460

【例6-1】是按当月发放当月工资的核算方法。如果是当月发放上月工资，则有预提工资过程，其核算方法，本书第三章有关客房工资核算已作介绍，不再重复。

此外，根据考勤表扣发病假工资，一般有两种处理方式。一种是计算基本工资时，便扣除缺勤天数，按实际出勤天数计算应付工资。表6-4的工资结算表便是这种方式。该表汪涛缺勤2天，从基本工资扣除60元，由于缺勤2天属公假，又将所扣60元列入他的附加工资；刘英缺勤1天因属事假，从她的基本工资扣除30元。另一种方式是缺勤天数的工资不从基本工资扣除，而另从扣款栏扣回。第三章关于客房工资核算的例题便是如此处理，所以是以红字冲回缺勤的应付工资。

【例6-2】沿用表6-2的资料，企业在发放月度工资的同时，尚应按应付工资总额的14%计提职工福利费，以及按应付工资总额的2%计提工会经费。作计提分录如下：

计提工会经费2%，一般均在管理费用核算。其中60%转拨基层工会，40%缴交总工会。

借：管理费用——工会经费　　　　　　　　　　　　　　　4 046
　　贷：银行存款（转基层工会）　　　　　　　　　　　　　 2 428
　　　　银行存款（转总工会）　　　　　　　　　　　　　　 1 618

（2）办公费的核算

酒店行政管理部门的办公费主要有以下内容。

① 文具用品。

② 信纸信封。

③ 电脑打字、复印耗材。

④ 财务账表凭证以及与银行办理结算的支票等表单。

⑤ 各种纸张。

⑥ 税务空白发票等。

⑦ 书报费。

酒店各业务部门营业用表、报账单等印刷品数额庞大，不宜在办公费这块核算。大批印刷品由仓库验收，按物料用品入账。各部门陆续领用时，根据领料单计入各部门销售费用的物料消耗项目较为合理。

办公费支出举例分录如下。

【例6-3】购入文具用品85元，以现金支付。

借：管理费用——办公费　　　　　　　　　　85

　　贷：库存现金　　　　　　　　　　　　　　85

【例6-4】批量办公用品收到时，由仓库验收入库，现购入文具用品1 250元，以银行存款支付。

借：物料用品　　　　　　　　　　　　　　1 250

　　贷：银行存款　　　　　　　　　　　　　1 250

【例6-5】从仓库领用办公用品150元。

借：管理费用——办公费　　　　　　　　　 150

　　贷：物料用品　　　　　　　　　　　　　 150

酒店的书报费数额较大，一般是当年年末前便要预订下年度的报纸杂志，所以支付时，应以待摊费用处理。

【例6-6】某酒店12月预订下年度的报纸杂志费12 000元，以银行存款支付。

① 付款时。

借：待摊费用　　　　　　　　　　　　　　12 000

　　贷：银行存款　　　　　　　　　　　　　12 000

② 次年每月摊销1 000元时。

借：管理费用——办公费　　　　　　　　　1 000

　　贷：待摊费用　　　　　　　　　　　　　1 000

（3）差旅费的核算

酒店的差旅费主要有工作人员因公出差的旅费；采购员、业务员的市内交通费、误餐费；酒店自用车辆的各项支出。

目前酒店尚无统一的差旅费开支标准。有些酒店结合本企业实际情况制定有关差旅费开支规定，一般包括以下主要内容。

① 乘坐车船的等级标准。

② 在外伙食补助标准。

③ 住宿费开支标准。

④ 市内交通费、误餐费开支标准。

有的酒店根据当地财政部门公布的差旅费开支规定，结合本企业具体情况，对差旅费开支制定了一些规定。例如，规定未经总经理批准不得乘坐飞机；乘坐火车、轮船的等级标准是总经理及董事会成员火车坐软席，轮船乘二等舱，副总经理以下人员火车坐硬席，轮船乘三等舱；住宿费与伙食补助按规定每天的标准混合包干，而且分为一般地区和特区两种不同的标准；出差人员到达目的地的市内交通费按每人每天若干元包干列支等比较详细和合理，对控制差旅费开支有一定作用。

工作人员出差，可按旅途长短和约计在外时间，借支一定数额的备用金。回店3天内向财务部门办理报销手续，所借余款交还，超过照补。

差旅费有关举例和分录如下。

【例 6-7】业务员李欣借出差旅费 2 000 元。

借：其他应收款——李欣　　　　　　　　　　　　　　　　　2 000

　　贷：库存现金　　　　　　　　　　　　　　　　　　　　　　　　2 000

【例 6-8】李欣回店报销 1 850 元，交还余款 150 元。

借：管理费用——差旅费　　　　　　　　　　　　　　　　　1 850

　　库存现金　　　　　　　　　　　　　　　　　　　　　　　150

　　贷：其他应收款——李欣　　　　　　　　　　　　　　　　　　　2 000

【例 6-9】假设李欣所报旅费是 2 190 元，应补付 190 元。

借：管理费用——差旅费　　　　　　　　　　　　　　　　　2 190

　　贷：其他应收款——李欣　　　　　　　　　　　　　　　　　　　2 000

　　　　库存现金　　　　　　　　　　　　　　　　　　　　　　　190

【例 6-10】采购员吴某领本月车贴 150 元。

借：管理费用——差旅费　　　　　　　　　　　　　　　　　150

　　贷：库存现金　　　　　　　　　　　　　　　　　　　　　　　150

【例 6-11】业务员李欣因公外出报支误餐费 10 元。

借：管理费用——差旅费　　　　　　　　　　　　　　　　　10

　　贷：库存现金　　　　　　　　　　　　　　　　　　　　　　　10

【例 6-12】酒店自用车辆支付油料、养路费、路桥费，伙食补助等共 865 元。

借：管理费用——差旅费　　　　　　　　　　　　　　　　　865

　　贷：库存现金　　　　　　　　　　　　　　　　　　　　　　　865

（4）修理费的核算

酒店的固定资产如无法分清使用部门，所发生的大修理费用和小修理费用均在管理费用账户核算。举例和有关分录如下。

【例 6-13】总经理办公室电脑修理费 210 元，以现金支付。

借：管理费用——修理费　　　　　　　　　　　　　　　　　210

　　贷：库存现金　　　　　　　　　　　　　　　　　　　　　　　210

大修理费用可采用预提或待摊处理。如采用预提方式，按预计若干年后应进行大修，估算约需大修理费用总额，分月进行预提。

【例 6-14】某酒店分月预提大修理费 2 400 元，3 年共提有 86 400 元，此时进行大修，实际支付 83 500 元。

① 分月预提时。

借：管理费用——修理费　　　　　　　　　　　　　　　　　2 400

　　贷：预提费用　　　　　　　　　　　　　　　　　　　　　　　2 400

② 以后发生大修理支出 83 500 元，以银行存款支付时。

借：预提费用　　　　　　　　　　　　　　　　　　　　　　83 500

　　贷：银行存款　　　　　　　　　　　　　　　　　　　　　　　83 500

【例 6-15】某酒店未实行大修理费用预提，现发生大修理费用 124 200 元，以银行存款支付，分 3 年摊销，每月摊销 3 450 元。

① 发生大修理费用时。

借：长期待摊费用   124 200

  贷：银行存款   124 200

② 以后分月摊销时。

借：管理费用——修理费   3 450

  贷：长期待摊费用   3 450

（5）应酬费和招待费的核算

酒店的应酬费是因业务需要而发生的宴请或馈赠活动。宴请多是在本店餐厅进行，餐费反映在餐厅营业日报表的"应酬费"栏。财务部门对此项应酬项目作为餐厅的营业收入，抵扣应交的营业款。

【例6-16】某酒店营业日报表"应酬"栏1 250元，其他各栏共计8 120元。营业收入总额9 370元，实收现金8 120元。分录如下：

借：库存现金   8 120

  管理费用——应酬费   1 250

  贷：主营业务收入——餐饮   9 370

【例6-17】某酒店馈赠宾客中华烟二条700元，是从仓库发出；人头马XO一瓶750元，是以银行存款临时外购；作分录如下：

借：管理费用——应酬费   1 450

  贷：库存商品   700

    银行存款   750

招待费是招待外宾或中国港、澳、台地区的同胞，以及接待人员的各项费用，包括住房饮食和交通等费。以上费用如仅与某业务部门有关，在该部门的营业费列支，如与整个酒店有关，则在管理费用列支。

【例6-18】接待某外宾，在本店的住宿费2 600元、餐费1 700元、交通费380元，均以现金支付。作分录如下：

借：管理费用——招待费   4 680

  贷：主营业务收入——客房   2 600

        ——餐饮   1 700

    库存现金   380

（6）折旧费的核算

【例6-19】某酒店固定资产无法分清使用部门，本月共提折旧费5 860元。作分录如下：

借：管理费用——折旧费   5 860

  贷：累计折旧   5 860

（7）排污环保费的核算

酒店的排污环保费，一般是每年交纳一次，数额较大，应采用预提或待摊方式核算。

【例6-20】某酒店已知全年排污环保费用全年24 000元，于年末才一次支付。从1月起，每月预提2 000元。作分录如下：

① 每月预提时。

借：管理费用——排污费　　　　　　　　　　　　　　2 000

　　　贷：预提费用　　　　　　　　　　　　　　　　　　　　2 000

② 年度终了支付时。

借：预提费用　　　　　　　　　　　　　　　　　　24 000

　　　贷：银行存款　　　　　　　　　　　　　　　　　　　　24 000

【例6-21】某酒店平时未预提排污费，年末一次支付24 000元。以银行存款支付。

① 支付时。

借：待摊费用　　　　　　　　　　　　　　　　　　24 000

　　　贷：银行存款　　　　　　　　　　　　　　　　　　　　24 000

② 以后分月摊销时。

借：管理费用——排污费　　　　　　　　　　　　　　2 000

　　　贷：待摊费用　　　　　　　　　　　　　　　　　　　　2 000

（8）电视收视费的核算

电视收视费一般是按每台电视机每年收费标准计算的，而且是先交后看。每年的年末便要一次性交纳下年度的电视收视费，数额较大，应于付款时作待摊费用处理，下年度分月摊销。

【例6-22】某酒店于当年12月下旬便交纳下年度的电视收视费36 000元，以银行存款支付。

① 今年12月交纳电视收视费时。

借：待摊费用　　　　　　　　　　　　　　　　　　36 000

　　　贷：银行存款　　　　　　　　　　　　　　　　　　　　36 000

② 下年度分月摊销时。

借：管理费用——其他　　　　　　　　　　　　　　　3 000

　　　贷：待摊费用　　　　　　　　　　　　　　　　　　　　3 000

（9）固定资产租赁费的核算

有的酒店房屋是向外单位租用的，按月支付的租金数额很大。房东的惯例还要收取一定数额的保证金（一般约为1~2个月的租金），保证金要待退租才能归还。

【例6-23】某酒店租一栋大厦兴办酒店，月租100 000元，交纳1个月房租标准的保证金，保证金和房租均以银行存款支付。

① 交纳保证金时。

借：其他应收款——存出保证金　　　　　　　　　　100 000

　　　贷：银行存款　　　　　　　　　　　　　　　　　　　100 000

② 每月支付房租时。

借：管理费用——租赁费　　　　　　　　　　　　　100 000

　　　贷：银行存款　　　　　　　　　　　　　　　　　　　100 000

如果所租赁的房屋能分清使用部门，则按各自占用面积分别在"销售费用"和"管理费用"账户核算。

（10）保险费核算

酒店的财产保险费是每年交纳一次，数额大，应以待摊费用处理。

【例6-24】某酒店里一次支付全年保险费24 000元，以银行存款支付，分12个月摊销。

① 付款时。

借：待摊费用　　　　　　　　　　　　　　　　　　　24 000

　　贷：银行存款　　　　　　　　　　　　　　　　　　　24 000

② 分月摊销时。

借：管理费用——保险费　　　　　　　　　　　　　　　2 000

　　贷：待摊费用　　　　　　　　　　　　　　　　　　　2 000

（11）车船使用税和印花税的核算

酒店拥有的车船应按国家税法规定交纳车船使用税。企业与其他单位或个人签订的各种经济合同，以及某些证书和账本均应交纳印花税。车船使用税标准如表6-3所示，印花税率如表6-4所示。

表6-3　　　　　　　　　　车船使用税纳税标准（车辆部分）

汽车车型	每辆年度税额
大型客车：核定载客人数大于或等于20人的	480～660元
中型客车：核定载客人数大于9人且小于20人的	420～660元
小型客车：核定载客人数小于或者等于9人的	360～660元
微型客车：发动机汽缸总排气量小于或者等于1升的	60～480元

注：以上为新的纳税标准，自2007年起实施，具体执行时间由各地方税务局制定。

表6-4　　　　　　　　　　部分项目印花税标准

项目	税率或税额	项目	税率或税额
购销合同	0.03%	借款合同	0.005%
加工承揽合同	0.05%	财产保险合同	0.1%
财产租赁合同	0.1%	技术合同	0.03%
建设工程勘察设计合同	0.05%	产权转移书据	0.05%
建筑安装工程承包合同	0.03%	账簿	5元/本
货物运输合同	0.05%	权利许可证照	5元/件
仓储保管合同	0.1%	实收资本、资本公积（一次性）	0.05%

【例6-25】某酒店交纳年度车辆使用税5 700元，以银行存款支付，分月摊销。

① 支付时。

借：待摊费用 5 700

　　贷：银行存款 5 700

② 分月摊销时。

借：管理费用——车船使用税 475

　　贷：待摊费用 475

【例 6-26】某酒店与甲单位签订购销合同一份，总金额 200 000 元，按印花税率 0.03%购贴印花 60 元，以现金购买。

借：管理费用——印花税 60

　　贷：库存现金 60

（12）管理费用的分配

酒店行政管理部门的各项支出，均在"管理费用"账户核算，为了便于月末编制反映各经营部门经营状况及财务成果的内部报表（在本书第七章介绍），应将每月管理费用总额进行分配至各经营部门，但仅为编制内部报表之用，不作账务处理。"管理费用分配表"格式和举例如表 6-5 所示。

表 6-5　　　　　　　　　　管理费用分配表

年　月

部门	分配标准			分配率	分配金额（元）
	实际营业收入（元）	换算系数	换算后营业收入（元）		
客房部	515 680	1.8	928 224	0.11	102 105
餐饮部	367 150	1	367 150	0.11	40 387
商场部	184 315	0.4	73 726	0.11	8 110
蒸汽浴部	141 800	0.3	42 540	0.11	4 679
娱乐部	129 635	0.2	25 927	0.11	2 852
合计	1 338 580		1 437 567		158 133

表 6-5 所列换算系数是假设。实际工作中，可根据各经营部门的业务量和盈利水平进行确定，尽量做到合理。该表所列分配率可按以下公式计算求得：

$$分配率=\frac{管理费用合计}{换算后营业收入合计}$$

各部门应分配的管理费用按下式计算：

$$各部门应分配的管理费用=该部门换算后营业收入×分配率$$

6.2.2　工程维修费用的核算

工程部门向酒店总仓库领用的各种维修器材，应设置保管账，由专人兼管，按各种器材的品名数量设户，登记收入、付出和结存。从仓库领出的器材，根据领料单存根联记收入账，维修耗用的器材，根据维修施工单（见表6-6）登记付出账。月度终了，应编制维修器材收付结存月报表（见表6-7），连同全部维修施工单的财务联交财务部门，据以入账和对账。

表6-6

维修施工单

年　月　日

维修部门			维修项目		
材料消耗					
品名及规格		单位	数量	单价	金额
维修完工验收签证			工程部	负责人：　　维修人：	

表6-7

维修器材收付结存月报表

年　月　日

品名及规格	单位	上月结存			本月收入			本月付出			本月结存			备注
		数量	单价	金额	数量	单价	金额额	数量	单价	金额	数量	单价	金额	

财务部门对工程部门所领用的维修器材，作移库处理并设置分品种、数量、金额的明细账核算。根据工程部向总仓库领用器材的领料单登记收入账，按工程部交来的维修施工单耗料记录登记付出账，并分配给各接受维修的部门，列作修理费处理。

【例6-27】工程部门向总仓库领用维修器材一批计6 580元。

作分录如下：

借：物料用品——工程部（分品名）　　　　　　　　　　　　　　6 580

　　贷：物料用品——总仓库（分品名）　　　　　　　　　　　　　6 580

【例6-28】月末根据工程部报来各部门的维修施工单进行汇总。分部门的维修器材耗费汇总金额如下：

客房	3 840
餐饮	2 186
商场	187
蒸汽浴	1 164
娱乐	845
行政管理	1 243
合计	9 470（元）

编制分录如下：

借：销售费用——客房——修理费　　　　　　　　　　　　　　3 845

　　　　　　——餐饮——修理费　　　　　　　　　　　　　　2 186

　　　　　　——商场——修理费　　　　　　　　　　　　　　187

　　　　　　——蒸汽浴　　修理费　　　　　　　　　　　　　1 164

　　　　　　——娱乐——修理费　　　　　　　　　　　　　　845

　　管理费用——修理费　　　　　　　　　　　　　　　　　　1 243

　　贷：物料用品——工程部（分品种）　　　　　　　　　　　　9 470

分配给各部门的工程维修费用，只计算耗材成本，不计算工资等其他费用。

6.2.3　车队的核算

酒店车队拥有的车辆大部分是轿车，也有少数中巴、大巴和小型货车。车队除有偿向寓客提供服务外，也对外承揽客运和货运业务。酒店自用车辆应与车队的车辆分开管理，自用车辆的一切费用在管理费用账户核算，与车队核算无关。如果酒店因工作需要，使用车队的车辆，按内部收费标准，作费用转移处理。

车队既有营运收入，便必须计算其营运成本并单独核算。对车队的收入和费用，分别使用"其他业务收入"和"其他业务成本"两个一级会计科目作账务处理。为了考核车队各项费用支出，车队的"其他业务成本"账户应采用多栏式账页进行登记和管理。

车队"其他业务成本"多栏式明细账分设工资、福利费、差旅费、折旧费、修理费、燃料费、物料消耗、水电费、劳动保护费、车船税、养路费、路桥费、年检费、应酬费、其他等项目。格式如表6-8所示。

【例6-29】现按表6-8举例。某酒店车队营运一个月的收入和费用等账务作分录如下：

① 全月客货运收入。

借：库存现金及银行存款　　　　　　　　　　　　　　　　　138 500

　　贷：其他业务收入　　　　　　　　　　　　　　　　　　　138 500

表6-8　"其他业务成本" 明细分类账

年月	年日	凭证号码	摘要	借方金额	贷方金额	余额	借方项目分析 工资	职工福利费	差旅费	折旧费	修理费	燃料费	物料消耗	水电费	劳动保护费	车船税	养路费	路桥费	年检费	应酬费	其他
		2	购汽油	28 495								28 495									
		3	购维修器财	3 240							3 240										
		4	发放工资	25 800			25 800														
		5	提福利费	3 612				3 612													
		6	提折旧	1 250						1 250											
		7	发工作服等	2 340											2 340						
		8	洗涤剂等	125									125							
		9	交养路费	2 890													2 890				
		10	交路桥费	1 860														1 860			
		11	提车检费	385															385		
		12	司机旅费	2 180					2 180											
		13	水电费	1 275										1 275							
		14	车船税	580												580				
		15	应酬费	380																380	
		16	收客房运费	60																	60
		18	转利润户		74 352	0															
			本月合计	74 352	74 352		25 800	3 612	2 180	1 250	3 240	28 495	125	1 275	2 340	580	2 890	1 860	385	380	60

128

② 汽油费支出。

借：其他业务成本——燃料费　　　　　　　　　　　　28 495

　　贷：库存现金或银行存款　　　　　　　　　　　　　28 495

③ 维修器材费用支出。

借：其他业务成本——修理费　　　　　　　　　　　　3 240

　　贷：库存现金或银行存款　　　　　　　　　　　　　3 240

④ 发放工资。

借：其他业务成本——工资　　　　　　　　　　　　　25 800

　　贷：应付职工薪酬　　　　　　　　　　　　　　　　25 800

⑤ 提取职工福利费。

借：其他业务成本——福利费　　　　　　　　　　　　3 612

　　贷：应付职工薪酬　　　　　　　　　　　　　　　　3 612

⑥ 提取车辆折旧费。

借：其他业务成本——折旧费　　　　　　　　　　　　1 250

　　贷：累计折旧　　　　　　　　　　　　　　　　　　1 250

（车辆折旧费是按直线法的行驶里程计提，本书第三章有详细介绍）

⑦ 发放劳保用品工作服、手套等费用。

借：其他业务成本——劳动保护费　　　　　　　　　　2 340

　　贷：物料用品　　　　　　　　　　　　　　　　　　2 340

⑧ 购入洗涤剂、擦车布等支出。

借：其他业务成本——物料消耗　　　　　　　　　　　125

　　贷：库存现金　　　　　　　　　　　　　　　　　　125

⑨ 付养路费。

借：其他业务成本——养路费　　　　　　　　　　　　2 890

　　贷：库存现金或银行存款　　　　　　　　　　　　　2 890

⑩ 付路桥通行费。

借：其他业务成本——路桥通行费　　　　　　　　　　1 860

　　贷：库存现金　　　　　　　　　　　　　　　　　　1 860

⑪ 预提本月年检费。

借：其他业务成本——年检费　　　　　　　　　　　　385

　　贷：预提费用　　　　　　　　　　　　　　　　　　385

⑫ 支付司机差旅费。

借：其他业务成本——差旅费　　　　　　　　　　　　2 180

　　贷：库存现金　　　　　　　　　　　　　　　　　　2 180

⑬ 支付水电费。

借：其他业务成本——水电费　　　　　　　　　　　　1 275

　　贷：银行存款　　　　　　　　　　　　　　　　　　1 275

⑭ 计提本月车船税。

　　借：其他业务成本——车船税　　　　　　　　　　580

　　　　贷：应交税费　　　　　　　　　　　　　　　　　580

⑮ 支付应酬用香烟等费用。

　　借：其他业务成本——应酬费　　　　　　　　　　380

　　　　贷：库存现金　　　　　　　　　　　　　　　　　380

⑯ 车队营运车辆经批准自用时，使用部门应填写车队营运车辆自用批准单（见表6-9），经总经理批准后，车队调派车辆，并按规定内部收费标准计费，作费用转移处理。表6-9举例为客房部运送布草，运费60元列入客房销售费用，以红字冲减车队的费用支出。这笔冲转的费用包含汽油消耗、折旧费、工资等，无法分清，故在"其他"项目反映。

　　借：销售费用——客房——运杂费　　　　　　　　60

　　　　其他业务成本——车队——其他　　　　　　　　60

⑰ 本月车队客货营运收入转入利润账户

　　借：其他业务收入　　　　　　　　　　　　　138 500

　　　　贷：本年利润　　　　　　　　　　　　　　138 500

⑱ 本月车队全部费用支出转利润账户

　　借：本年利润　　　　　　　　　　　　　　　74 357

　　　　贷：其他业务成本——车队费用　　　　　　　74 352

表6-9　　　　　　　　　　　车队营运车辆自用批准单

年　月　日

申请用车部门	客房部		用途		运布草等
车辆类型	一吨卡车	车　号	×××	司机姓名	×××
工作量	10吨·千米	营运价	100	成本率	0.6	成本价	60
总经理批示	同意　　　　　　　××××		申请原因	上海来货，从火车站运回酒店	

车队：负责人　　　　　　经办人：　　　　　　申请部门：负责人　　　　　　经办人：

6.2.4　酒店自办员工食堂的核算

酒店自办员工食堂一般采用下述管理模式。

（1）食堂的厨房、膳堂与餐厅分开，并单独核算。

（2）食堂设置主管1人、专职或兼职会计1人、专职出纳兼售餐票1人、专职或兼职采购员1人。其余厨师、服务人员、打杂人员根据用膳人数配备。保管员可指定一名服务员兼任。食堂人员的工资，原则上由酒店在管理费用列支。

（3）食堂开办时增加的设备，如不锈钢柴油灶、冰柜等设施，纳入酒店固定资产管理范畴，不向食堂摊分折旧费用。

（4）食堂开办时购置餐具等用品，列作酒店的"长期待摊费用"，不向食堂分摊。但开办后陆续补充餐具等用品，由食堂开支。

（5）食堂开办时，由酒店核拨一定数额的周转金作为食堂的铺底资金。待食堂运作正常后，所借用周转金应逐渐交还财务部门。

（6）酒店每月发放职工的工作餐费，按核定用餐次数，以现金支付。

（7）食堂发行能循环使用的纸质或塑料有各种面值的餐票。员工用现金向食堂出纳员购买。出纳员每天应根据所售出的餐票和收到的现金，编制食堂餐票销售日报表（见表6-10）交会计做账。食堂供膳收回的餐票，经两人以上共同清单后，填写"食堂供膳收回餐票日报表"（见表6-11），并经出纳员签收后交会计入账。

表6-10　　　　　　　　　　　　**食堂餐票销售日报表**
年　月　日

餐票面值	张数	金额
一角	350	35
二角	260	52
五角	380	190
一元	400	400
二元	395	790
三元	210	630
合计		2 097

售票人：

表6-11　　　　　　　　　　　　**食堂供膳收回餐票日报表**
年　月　日

餐票面值	张数	金额	备注
一角	270	27	
二角	110	22	
五角	280	140	
一元	235	235	
二元	210	420	
三元	150	450	
合计		1 294	

出纳员收票签章：　　　　　　　　复核：　　　　　　　厨房经手人：

有关食堂的会计核算，由财务部门和食堂分别进行。举例并作如下分录：

（1）财务部门有关食堂的核算

① 购入食堂柴油灶、冰柜等设施125 000元，以银行存款支付。

借：固定资产（分品名）　　　　　　　　　　　　　　125 000

　　贷：银行存款　　　　　　　　　　　　　　　　　　　125 000

② 购置食堂桌椅、餐具等 52 020 元，以银行存款支付，分 3 年摊销。

a. 购入时。

借：长期待摊费用   52 020

  贷：银行存款   52 020

b. 分月摊销时。

借：管理费用——其他资产摊销   1 445

  贷：长期待摊费用   1 445

③ 拨付食堂周转金 10 000 元，以银行存款支付。

借：其他应收款——食堂周转金   10 000

  贷：银行存款   10 000

④ 支付月度职工工作餐费，发放标准和金额如表 6-12 所示。从银行提取发工作餐用现金 30 135 元。

借：库存现金   30 135

  贷：银行存款   30 135

发放各部门职工的工作餐费

借：销售费用——客房——工作餐费   7 350

     ——餐厅——工作餐费   16 170

     ——商场——工作餐费   735

     ——蒸汽浴——工作餐费   1 837.50

     ——娱乐——工作餐费   1 102.50

  管理费用——工作餐费   2 940

  贷：库存现金   30 135

表 6-12   工作餐费发放统计表

年 月

部门	用餐人次	每人餐费	餐费金额
客房	100	73.50	7 350
餐厅	220	73.50	16 170
商场	10	73.50	735
蒸汽浴	25	73.50	1 837.50
娱乐	15	73.50	1 102.50
后勤	40	73.50	2 940
合计			30 135

（2）食堂的会计核算

① 食堂设置一级会计科目（见表 6-13）

表6-13 食堂会计科目表

科目名称	有关说明
（一）资产类	
现金	
银行存款	
应收款	各种应收款项，应分明细户名登记
原材料	原材料购进直接在"膳食支出"账户核算，月末盘存的原材料在本账户反映
库存餐票	为食堂已发行投入供膳使用的有价票券，第一次收入数额应等于发行数额
（二）负债类	
应付款	包括酒店拨来周转金，以及结欠供货商货款等，应分户明细核算
餐票发行	为库存餐票的来源科目，发行数应与收到餐票数相符
（三）权益类	
利润	为膳食收入减膳食支出的差额，如为亏损在借方反映
（四）损益类	
膳食收入	为供应饭菜食品收回的餐票数额，属食堂的收入
其他收入	膳食收入以外的收入，如出售废包装箱、泔水等收入
膳食支出	为全部供应膳食的原材料等支出
其他支出	膳食支出以外的各种支出

② 核算举例和会计分录

【例6-30】收到酒店拨来周转金10 000元。

借：银行存款   10 000

    贷：应付款——酒店拨来周转金   10 000

【例6-31】食堂发行餐票。餐票属有价票券，发行时应由食堂主管、会计、出纳会同在所发行的餐票上签章方能生效。出纳员清点所发行的餐票无误后开收据一式两联：一联交会计入账，一联自存。现按发行餐票50 000元，作如下分录：

借：库存餐票   50 000

    贷：餐票发行   50 000

【例6-32】假设全月共向职工出售餐票30 000元，收入现金。

借：现金   30 000

    贷：库存餐票   30 000

【例6-33】假设全月供膳收回餐票29 500元。

借：库存餐票   29 500

    贷：膳食收入   29 500

【例6-34】采购员刘斌借备用金1 500元，以现金支付。

借：应收款——刘斌   1 500

    贷：现金   1 500

【例6-35】现金20 000元存入银行。

借：银行存款   20 000
    贷：现金   20 000

【例6-36】采购员刘斌交来鱼、肉、蔬菜等680元。

借：膳食支出   680
    贷：应付款——刘斌   680

【例6-37】供货商杨有才交来猪肉等6 198元。

借：膳食支出   6 198
    贷：应付款——杨有才   6 198

【例6-38】采购员报销购肉菜等支出426元，以现金支付。

借：应付款——刘斌   426
    贷：现金   426

【例6-39】收采购员刘斌交来鲜鱼、牛肉等595元。

借：膳食支出   595
    贷：应付款——刘斌   595

【例6-40】采购员刘斌报销购肉、菜款1 275元，以现金支付。

借：应付款——刘斌   1 275
    贷：现金   1 275

【例6-41】供货商杨有才欠膳费110元，以后从货款扣收。

借：应付款——杨有才   110
    贷：膳食收入   110

【例6-42】购入食用油200千克1 200元，以银行存款支付。

借：膳食支出   1 200
    贷：银行存款   1 200

【例6-43】收供货商张秋英家禽等3 170元。

借：膳食支出   3 170
    贷：应付款——张秋英   3 170

【例6-44】收供货商王太来大米5 000千克11 000元。

借：膳食支出   11 000
    贷：应付款——王太来   11 000

【例6-45】收供货商黄洪飞蔬菜2 560元。

借：膳食支出   2 560
    贷：应付款——黄洪飞   2 560

【例6-46】收采购员刘斌交牛、羊肉等1 280元。

借：膳食支出   1 280
    贷：应付款——刘斌   1 280

【例6-47】收丰盛食杂店干货调料等1 390元。

借：膳食支出   1 390

    贷：应付款——丰盛食杂店   1 390

【例6-48】以银行存款6 088元付清供货商猪肉款（原应付6 198元，扣回膳费110元）。

借：应付款——杨有才   6 088

    贷：银行存款   6 088

【例6-49】以银行存款3 172元付清供货商张秋英家禽款。

借：应付款——张秋英   3 170

    贷：银行存款   3 170

【例6-50】以银行存款8 500元，偿还供货商王太来部分大米款。

借：应付款——王太来   8 500

    贷：银行存款   8 500

【例6-51】以银行存款2 560元付清黄洪飞蔬菜款。

借：应付款   2 560

    贷：银行存款   2 560

【例6-52】以银行存款1 390元付清丰盛食杂店干货款。

借：应付款——丰盛食杂店   1 390

    贷：银行存款   1 390

【例6-53】采购员刘斌报销牛、羊肉款1 280元，以现金支付。

借：应付款——刘斌   1 280

    贷：现金   1 280

【例6-54】月末食堂原材料盘存1 158元，冲减支出，列"原材料"账户。（下月月初转入膳食支出，借记"膳食支出"账户，贷记"原材料"账户，增加下月膳食支出）

借：膳食支出   1 158

    贷：原材料   1 158

【例6-55】食堂以银行存款5 000元，归还酒店原借周转金。

借：应付款——酒店拨来周转金   5 000

    贷：银行存款   5 000

【例6-56】售泔水和废纸箱等收入现金100元。

借：现金   100

    贷：其他收入   100

【例6-57】本月膳食收入总额29 610元，转入"本年利润"账户。

借：膳食收入   29 610

    贷：利润   29 610

【例6-58】本月膳食支出总额26 915元，转入"本年利润"账户。

借：利润   26 915

    贷：膳食支出   26 915

【例6-59】本月其他收入100元，转入"本年利润"账户。

借：其他收入   100

 贷：利润   100

食堂本月收入和支出转入"本年利润"账户后，该账户反映利润为2 795元。

食堂本月账户余额表如表6-14所示。

表6-14   食堂期末账户余额表

年 月   单位：元

借方		贷方	
账户	金额	账户	金额
现金	5 619	应付款	7 074
银行存款	2 092	餐票发行	50 000
应收款	1 500	利润	2 795
原材料	1 158		
库存餐票	49 500		
合计	59 869	合计	59 869

食堂属非营利的职工福利部门，原则上应做到收支平衡，如有过多利润，很可能是降低菜肴质量或抬高价格形成的。故应本着"取之于民，用之于民"精神，以后采取加餐、加菜或降低菜肴价格等方式返还用膳职工。

6.2.5 坏账准备的核算

坏账是企业无法收回的应收账款，由坏账而使企业遭受损失称为坏账损失。坏账损失是企业的一种费用，故又称为坏账费用。

（1）坏账的确认

企业确认坏账时，应具体分析应收账款的各户的特征，如金额大小、逾期时间长短、债务人信誉状况和经营状况等因素。通常对具有以下特征的应收账款，可确认为坏账。

① 债务人破产。

② 债务人死亡。

③ 债务人逾期甚久未履行其偿债义务，有足够现象表明收回的可能性极小。

（2）坏账的核算方法

① 直接转销法。直接转销法是平时不计提坏账准备，而于坏账发生时，将坏账损失借记"资产减值损失"账户，贷记"应收账款"账户的方法。

【例6-60】某酒店发现××单位所欠应收账款20 000元，因已破产无法收回，确认为坏账损失。作如下分录：

借：资产减值损失   20 000

 贷：应收账款——××单位   20 000

② 备抵法。备抵法是发现某些应收账款有发生坏账的可能，按期估计坏账损失，并计入当月费用，同时形成一笔坏账准备。当某一笔坏账实际发生时，冲减坏账准备和相应的应收账款

金额。采用备抵法，企业应设置"坏账准备"账户，用来核算按期提取的坏账准备。

备抵法有关账务处理内容包括以下 3 个方面。

A. 估计坏账准备的方法。

a. 赊销百分比法。

其计算公式为：

$$估计坏账百分比 = \frac{估计坏账额}{估计赊账额} \times 100\%$$

【例 6-61】某酒店本年赊销发生额 1 000 000 元，估计坏账额 20 000 元，计提坏账准备。

计算和分录如下：

$$估计坏账百分比 = \frac{20\ 000}{1\ 000\ 000} \times 100\% = 2\%$$

$$本期应提坏账准备 = 1\ 000\ 000 \times 2\% = 20\ 000（元）$$

借：资产减值损失　　　　　　　　　　　　　　　　　　20 000

　　贷：坏账准备　　　　　　　　　　　　　　　　　　　　　20 000

b. 应收账款余额百分比法。

此法是以期末"应收账款"账户的余额，乘以估计的坏账损失率，求出当期应估计提取的坏账损失数。坏账损失率可按以往的数据资料确定，也可按规定的百分率计算。其计算公式为：

期末应计提坏账损失=期末应收账款余额×确定的坏账损失率

【例 6-62】某酒店期末应收账款余额 2 000 000 元，确定的坏账损失率为 3%，计提坏账损失 60 000 元（2 000 000×3%）。作分录如下：

借：资产减值损失　　　　　　　　　　　　　　　　　　60 000

　　贷：坏账准备　　　　　　　　　　　　　　　　　　　　　60 000

c. 账龄分析法。

采用账龄分析法，首先应在期末对所有应收账款各户，按照账龄进行排队。其次对不同账龄段的应收账款分别估计坏账损失率。最后分别各账龄段的应收账款金额乘以相应的估计坏账损失率，求得应计坏账损失金额。

【例 6-63】某酒店期末应收账款账龄及估计的坏账损失如表 6-15 所示。按表 6-15 列举的资料，该酒店的坏账损失为 14 500 元，作如下分录：

借：资产减值损失　　　　　　　　　　　　　　　　　　14 500

　　贷：坏账准备　　　　　　　　　　　　　　　　　　　　　14 500

表 6-15　　　　　　　　　　　　　"应收账款"账龄分析表

应收账款账龄	应收账款金额（元）	估计坏账损失（%）	估计损失金额（元）
未到期	300 000	0.5	1 500
过期一个月	200 000	1	2 000
过期二个月	150 000	2	3 000
过期三个月	100 000	3	3 000
过期三个月以上	50 000	10	5 000
合计	800 000		14 500

如果该酒店未提当期坏账准备前，期末"坏账准备"账户尚有过去提取尚未转销的贷方余额8 300元，则当期应提坏账准备为6 200（即14 500-8 300）元。

作如下分录：

借：资产减值损失   6 200

    贷：坏账准备   6 200

B．坏账准备的账务处理。

以上3种估计坏账损失的方法，计提坏账准备的账务处理基本相同。但在计提坏账准备时，还有一些具体规定。现以应收账款余额百分比法说明如下。

a. 计提坏账的账务处理。会计期末，企业应按应收账款余额的一定比例估计当期坏账损失，并与"坏账准备"账户原有余额比较。若所估计的坏账损失数大于"坏账准备"账户的期末贷方余额，按其差额提取；若估计的坏账损失小于"坏账准备"账户的期末贷方余额，按其差额冲回坏账准备；若"坏账准备"账户为借方余额（即当期实际发生的坏账损失，比原提取的坏账准备多，属超支情况）。除了按应收账款余额提取期末坏账准备外，尚要增提已超支数额。

b．发生坏账时的账务处理。当应收账款实际发生坏账时，应按坏账损失额转销坏账准备，即借记"坏账准备"，贷记"应收账款"账户。

c．收回坏账的账务处理。已确认并已转销的坏账，但以后又收回时，应同时作两对分录：借记"应收账款"账户，贷记"坏账准备"账户；同时，借记"银行存款"账户，贷记"应收账款"账户。

【例6-64】某酒店第一年年末应收账款余额为1 000 000元，按1%提取坏账准备。第二年甲公司所欠6 000元，超过3年，确认为坏账处理。第二年年末酒店应收账款余额为1 200 000元，也按1%计提坏账准备。第三年乙公司破产，所欠20 000元无法收回，确认为坏账处理。第三年年末酒店应收账款余额为1 600 000元，也按1%计提坏账准备。第四年已作坏账处理的甲公司欠款6 000元又收回。第四年年末酒店应收账款余额为1 800 000元，也按1%计提坏账准备。

作如下分录：

第一年年末按应收账款余额1 000 000元的1%提取坏账准备。

$$1\ 000\ 000 \times 1\% = 10\ 000（元）$$

借：资产减值损失   10 000

    贷：坏账准备   10 000

第二年发生甲公司坏账6 000元，冲销坏账准备。

借：坏账准备   6 000

    贷：应收账款——甲公司   6 000

第二年年末计提坏账准备，此时"坏账准备"账户尚有贷方余额4 000元。第二年年末应收账款余额1 200 000元，应提坏账准备12 000元，实际提取额应减去"坏账准备"账户贷方余额4 000元。

$$12\ 000 - 4\ 000 = 8\ 000（元）$$

借：资产减值损失   8 000

    贷：坏账准备   8 000

第三年乙公司破产，原欠 20 000 元无法收回，冲减坏账准备。

借：坏账准备 20 000

贷：应收账款——乙公司 20 000

第三年年末应收账款余额 1 600 000 元，应提坏账准备 16 000 元（1 600 000×1%），此时"坏账准备"账户已是借方余额 8 000 元（即第二年年末贷方余额 12 000 元减去第三年发生乙公司坏账 20 000 元，发生借方余额 8 000 元），故第三年年末实际应提坏账准备为 24 000 元。

借：资产减值损失 24 000

贷：坏账准备 24 000

第四年原作坏账处理的甲公司欠款 6 000 元又收回。

借：应收账款——甲公司 6 000

贷：坏账准备 6 000

同时

借：银行存款 6 000

贷：应收账款——甲公司 6 000

第四年年末应收账款余额 1 800 000 元，应提坏账准备 18 000 元（即 1 800 000×1%）。此时"坏账准备"账户贷方余额已是 22 000 元（即第三年年末贷方余额 16 000 元加第四年收回原已核销乙公司欠款 6 000 元）。故第四年年末不但不需计提坏账准备，而且要将"坏账准备"账户贷方余额多于应提的 4 000 元冲回。

$$22\ 000-18\ 000=4\ 000\ （元）$$

借：资产减值损失 4 000

贷：坏账准备 4 000

第四年年末如此冲账后，"坏账准备"账户贷方余额为 18 000 元。

要指出的是，企业发生坏账与其向客户提出的信用条件、对方信誉程度、信用期限等均有密切关系。因此，不同的企业，应收账款发生坏账的可能性是不同的，有关坏账核算方法，计提坏账的比例，也会有所区别。应各自确定提取方法和提取的比例，一旦确定，不能随便变更，如需变更，应在会计报表附注中加以说明。

6.2.6 证券投资的核算

酒店如有较多闲置货币资金，也可从事一些证券投资活动，获得一定经济效益。证券投资包括可以随时变现的股票、债券等投资。现就股票投资略作阐述。

证券投资的成本决定入账价值，取得证券投资实际支付的全部价款，包括税金、手续费等相关费用。为了核算和监督酒店证券投资的损益情况，应设置"可供出售金融资产""可供出售金融资产减值准备""投资收益""资产减值损失"等科目。

【例 6-65】某酒店购入甲公司 A 股股票 10 000 股，每股市价 15 元，交易费 1 200 元，购进成本总额 151 200 元，以银行存款支付。3 个月后，适逢"牛市"，该项股票价值上升至 20 元，抛售后的价款总额 200 000 元，证券交易费 1 600 元，实际收入 198 400 元，存入银行。作如下分录：

① 股票购入时。

借：可供出售金融资产——成本　　　　　　　　　　　　　　151 200

　　贷：银行存款　　　　　　　　　　　　　　　　　　　　　　151 200

② 股票抛售后。

借：银行存款　　　　　　　　　　　　　　　　　　　　　　　198 400

　　贷：可供出售金融资产——成本　　　　　　　　　　　　　151 200

　　　　投资收益　　　　　　　　　　　　　　　　　　　　　　47 200

【例6-66】某酒店购入乙公司A股股票20 000股，每股市价5.50元，交易费880元，购进成本总额110 880元，以银行存款支付，以后酒店急需资金周转，决定抛售这项股票，但适逢"熊市"股票下跌。该项股票每股市价跌至4.50元，抛售后的价款总额90 000元，扣除交易费720元，实际收入89 280元，存入银行。作如下分录：

① 股票购入时。

借：可供出售金融资产——成本　　　　　　　　　　　　　　110 880

　　贷：银行存款　　　　　　　　　　　　　　　　　　　　　　110 880

② 股票抛售后。

借：银行存款　　　　　　　　　　　　　　　　　　　　　　　89 280

　　投资收益　　　　　　　　　　　　　　　　　　　　　　　　21 600

　　贷：可供出售金融资产——成本　　　　　　　　　　　　　110 880

资产负债表日可供出售金融资产价值的反映方法有3种，即历史成本法、价值变动法、提取减值准备法。

（1）历史成本法

历史成本法是指证券投资入账到出售变现，均不调整其账面价值。即资产负债表日，可供出售金融资产是按账面历史成本反映。这种方法，企业会计期间损益计量比较客观，财务操作方便，可以避免证券尚未出售产生虚假损益状况。在股市价格变化不大，证券投资额较小的情况下，不会构成大的问题。如果此项证券投资金额较大，而且市场价格变动很大，而资产负债表日的可供出售金融资产仍按账面历史成本反映，便不能体现企业资产的现有价值，会导致决策失误。

（2）价值变动法

价值变动法是指资产负债表日，可供出售金融资产按当时市场价值反映的方法。由于股市价格波动频繁，市场价与成本价之间的差额属尚未实现的收益或损失，所以只调整可供出售金融资产的账面成本价值，不列作投资收益或资产减值损失，其差价在"资本公积"账户核算。

对已确认的减值损失，可以列作资产减值损失，在随后会计期间内，如果其公允价值回升，则将已列作减值损失冲回。

价值变动法既反映可供出售金融资产现有价值，又不会因短时间的市场价格变动形成尚未实现的收益或损失，符合真实性和谨慎性原则，能较好地满足资产负债表使用者对正确会计信息的需要。

【例6-67】某酒店原先购入甲公司A股股票10 000股，每股12元，计120 000元，另支付交易费960元。其账面成本总额为120 960元。资产负债表日，该项股票每股升至15元，升值总额 30 000 元，即[（15-12）×10 000]。作如下分录：

借：可供出售金融资产——公允价值变动　　　　　　　　　30 000

　　贷：资本公积——其他资本公积　　　　　　　　　　　　　　60 480

【例 6-68】仍按【例 6-67】资料，假设资产负债表日，股票价值不是上升而是下跌，该股票每股跌至 10 元，减值总额［即（12-10）×10 000］元。作如下分录：

借：资本公积——其他资本公积　　　　　　　　　　　　20 000

　　贷：可供出售金融资产——公允价值变动　　　　　　　　　　20 000

【例 6-69】按【例 6-68】资料，假设以后的资产负债表日，由于股市价值长期低迷，回升无望，确认减值损失总额为 25 000 元。作如下分录：

借：资产减值损失　　　　　　　　　　　　　　　　　　25 000

　　贷：资本公积——其他资本公积　　　　　　　　　　　　　　20 000

　　　　可供出售金融资产——公允价值变动　　　　　　　　　　　5 000

【例 6-70】按【例 6-69】资料，假设随后会计期间的资产负债表日，该股票每股价值回升至 13 元，较原进价上升 1 元，除冲回原列资产减值损失 25 000 元外，超过原进价 10 000（即 1×10 000）元，尚应调升其账面价值。作如下分录：

借：可供出售金融资产——公允价值变动　　　　　　　　　25 000

　　贷：资产减值损失　　　　　　　　　　　　　　　　　　　25 000

同时：

借：可供出售金融资产——公允价值变动　　　　　　　　　10 000

　　贷：资本公积——其他资本公积　　　　　　　　　　　　　　10 000

【例 6-71】按【例 6-70】的资料，随后会计期间将该股票抛售，每股售价 15 元，总计价款 150 000 元，扣除交易费 1 200 元，实收金额 148 880 元，存入银行。作如下分录：

借：银行存款　　　　　　　　　　　　　　　　　　　148 880

　　贷：可供出售金融资产——成本　　　　　　　　　　　　　120 000

　　　　投资收益　　　　　　　　　　　　　　　　　　　　　28 000

同时冲转可供出售金融资产（公允价值变动）和资本公积（其他资本公积）账面余额 10 000 元

借：资本公积——其他资本公积　　　　　　　　　　　　10 000

　　贷：可供出售金融资产——公允价值变动　　　　　　　　　　10 000

（3）提取减值准备法

提取减值准备法是指资产负债表日，按已确认的可供出售资产减值损失提取减值准备。应设置"可供出售金融资产减值准备"账户核算。提取时借记"资产减值损失"账户，贷记"可供出售金融资产减值准备"账户。资产负债表反映的可供出售金融资产项目的金额减去可供出售金融资产减值准备项目的余额，便是可供出售金融资产现有价值。如果可供出售金融资产升值，则不作账面调整，仍按成本价值反映。

如果当期可供出售金融资产公允价值低于成本金额，但大于账面原反映的"可供出售金融资产减值准备"账户的贷方余额，应按其差额提取减值准备；如果当期可供出售金融资产公允价值低于成本金额，但小于账面原反映的"可供出售金融资产减值准备"账户的贷方余额，应按其差额冲减已计提的减值准备；如果当期可供出售金融资产公允价值高于成本金额，应将已计提的减值准备全部冲回。

提取减值准备法只反映减值不反映升值，虽然符合谨慎性原则，但当证券价值大幅上扬时，可供出售金融资产的账面价值便失去真实性，对企业的财务管理和经济决策不利。

【例6-72】某酒店原购入丙公司A股股票10 000股，账面成本为100 800元，资产负债表日的市值为90 000元，经确认减值损失10 800元。作如下分录：

借：资产减值损失　　　　　　　　　　　　　　　　10 800
　　贷：可供出售金融资产减值准备　　　　　　　　　　　　10 800

【例6-73】仍按【例6-72】的资料。假设本期资产负债表日计提减值准备时，"可供出售金融资产减值准备"账户有前期提取的贷方余额5 000元；则本期应提减值准备为5 800（即10 800-5 000）元。作如下分录：

借：资产减值损失　　　　　　　　　　　　　　　　5 800
　　贷：可供出售金融资产减值准备　　　　　　　　　　　　5 800

【例6-74】仍按【例6-72】的资料。假设本期资产负债表日，该项股票的市值为95 000元，则减值准备仅需计提5 800（即100 800-95 000）元，但"可供出售金融资产减值准备"账户有前期贷方余额10 800元，故本期不但不要计提减值准备，而且还要冲回原多提的5 000元。作如下分录：

借：资产减值损失　　　　　　　　　　　　　　　　5 000
　　贷：可供出售金融资产减值准备　　　　　　　　　　　　5 000

【例6-75】按【例6-74】的资料。假设该股票价值回升，资产负债表日市价总值为120 000元，高于原入账成本。原已计提减值准备贷方余额5 800元便应全部冲回。作如下分录：

借：资产减值损失　　　　　　　　　　　　　　　　5 800
　　贷：可供出售金融资产减值准备　　　　　　　　　　　　5 800

可供出售金融资产的股票出售，按实得价款入账，如果"可供出售金融资产减值准备"账户尚有贷方余额，则应同时冲回。

【例6-76】某酒店原购进丁公司A股股票15 000股，进价总成本120 960元。"可供出售金融资产减值准备"账户有该项股票已提减值准备8 500元。现该项股票已全部抛售，实得价款143 600元，存入银行。作如下分录：

借：银行存款　　　　　　　　　　　　　　　　143 600
　　贷：可供出售金融资产——成本　　　　　　　　　　　120 960
　　　　可供出售金融资产减值准备　　　　　　　　　　　　8 500
　　　　投资收益　　　　　　　　　　　　　　　　　　　31 140

6.2.7　存货跌价准备的核算

财政部新颁布的《企业会计准则第1号——存货》第十五条规定："资产负债表日，存货应当按照成本与可变现净值孰低计量。存货成本高于可变现净值的，应当计提存货跌价准备，计入当期损益。可变现净值，是指在日常活动中，存货的估计售价减去完工时估计将要发生的成本、估计的销售费用以及相关税费后的金额。"该会计准则第十九条规定："资产负债表日，企业应当确定存货的可变现净值。以前减记存货价值的影响因素已经消失的，减记的金额应当予以恢复，并在原已计提的存货跌价准备金额内转回，转回的金额计入当期损益。"

根据以上规定，存货跌价准备的账务处理应该是：提取存货跌价准备时，借记"资产减值损失"账户，贷记"存货跌价准备"账户。以前减记存货价值的影响因素已经消失时，按减记的金额，借记"存货跌价准备"账户，贷记"资产减值损失"账户。

【例6-77】某酒店资产负债表日，原材料中的海参、鱼翅等干货类原料，其账面价值为129 600元，市场价值为121 400元，按减值8 200（即129 600-121 400）元计提存货跌价准备。

借：资产减值损失   8 200

    贷：存货跌价准备   8 200

【例6-78】某酒店资产负债表日，库存商品的高档红酒类商品，原已计提跌价准备26 800元。减值的影响因素已经消失，原减记的金额应予恢复。

借：存货跌价准备   26 800

    贷：资产减值损失   26 800

6.2.8 固定资产的核算

财政部新颁布的自2007年1月1日起执行的《企业会计准则第4号——固定资产》，对固定资产定义、确认和计量等方面作了规范。

（1）固定资产的定义

固定资产是指同时具有以下特征的有形资产。

① 为生产商品、提供劳务、出租和经营管理而持有的。

② 使用寿命超过一个会计年度。使用寿命，是指企业使用固定资产的预计期间。或者该固定资产所能生产产品和提供劳务的数量。

（2）固定资产的确认条件

某一资产项目，如果要作为固定资产确认，首先需要符合固定资产的定义；其次，还需要符合固定资产的以下两个确认条件才能加以确认。

① 与该固定资产有关的经济利益可能流入企业。此外，固定资产各组成部分具有不同的使用寿命，或者以不同方式为企业提供经济利益，适用不同折旧率或折旧方法的，应当分别将各组成部分确认为单项固定资产。

② 该固定资产的成本能够可靠地计量。成本能可靠计量，是资产确认的一项基本条件。固定资产作为企业资产的重要组成部分，要予以确认，为取得该项固定资产而发生的费用支出也必须能够可靠计量。如果固定资产的成本能够可靠计量，并同时满足第一个确认条件，就可以加以确认。否则，企业不应加以确认。

（3）初始计量

固定资产初始计量是指确定固定资产的取得成本。

《企业会计准则》指出，固定资产应当按其成本进行初始计量，所指的成本应包括企业为购建某项固定资产达到预定可使用状态所发生的一切合理的、必要的支出。固定资产的取得方式包括外购、自行建造、投资者投入、非货币性交易、债务重组等。取得方式不同，其成本的具体确定方法也不尽相同。

① 外购的固定资产。外购固定资产的成本包括购买价款、相关税费、使固定资产达到预定可使用状态前所发生的可归属于该项资产的运输费、装卸费、安装费和专业人员服务费等。

② 自行建造的固定资产。企业自行建造固定资产的成本，按建造该项资产达到预定可使用状态前所发生的必要支出构成，包括工程物资成本、人工成本、应予资本化的借款费用、交纳的相关税费、应分摊的其他间接费用。

③ 投资者投入的固定资产。投资者投入固定资产的成本，应当按照投资合同或协议约定的价值确定，但合同或协议约定价值不公允的除外。

④ 接受捐赠的固定资产。企业接受捐赠的固定资产，可能是新的固定资产，也可能是旧的固定资产；有的有购货发票账单，有的没有购货发票账单。因此，接受捐赠的固定资产，按以下规定确定其入账价值。

a. 有凭据的，按凭据上标明的金额加上所支付的税费，作为入账价值。

b. 没有凭据的，按同类固定资产存在活跃市场价格估计其入账价值。如不存在活跃市场的，按该项固定资产的预计未来现金流量现值入账。

⑤ 其他方式取得的固定资产。非货币资产交换、债务重组、企业合并、融资等方式取得的固定资产的入账价值，分别按照有关企业会计准则确定。

（4）后续计量

企业发生与固定资产有关的后续支出，符合固定资产两个确认条件的，应当计入固定资产成本；不符合固定资产两个确认条件的，应当在发生时计入当期损益。

① 资本化后续支出。固定资产的后续支出，如果可能使流入企业的经济利益超过了原先预计，例如，延长了固定资产的使用寿命，使产品质量实质性提高，或者使产品成本实质性降低，则应计入固定资产账面原价。其增计后的金额不应超过该固定资产的可收回金额。

对固定资产发生可资本化的后续支出时，应将该固定资产的原价已计提的累计折旧和减值准备转销，将固定资产的账面价值转入在建工程。固定资产发生的资本化的后续支出，通过"在建工程"账户核算。在固定资产发生的后续支出完工并达到预定可使用状态时，应在后续支出资本化后的固定资产账面价值不超过其可收回金额的范围内，从"在建工程"账户转入固定资产。

再有，若后续支出属固定资产重要部分，则应将后续支出单独计价，并按固定资产预计后续的使用年限计提折旧；若后续支出属固定资产非重要组成部分，则后续支出与固定资产一并计价，重新测算使用年限，计提折旧。

② 费用化的后续支出。一般情况下，固定资产投入使用后，由于固定资产磨损、各组成部分耐用程度不同，可能导致固定资产的局部损坏，为了维护固定资产的正常运转和使用，充分发挥其使用效能，而进行必要的维护。发生固定资产维护支出只是确保固定资产的正常工作状况，它并不导致固定资产性能的改变或未来的经济利益的增加，因此，所发生的一次性支出直接计入当期费用，也不再通过预提或者待摊方式核算。

（5）固定资产增加的核算

企业固定资产增加的来源，主要由购置、自行建造、股东入股、用其他固定资产交换取得、融资租入、接受捐赠和盘盈等。不同来源的固定资产，其账务处理也不尽相同。

企业进行固定资产新建、扩建、改建和购入需要安装的固定资产应通过"在建工程"账户核算，完工验收后，按实际成本转入"固定资产"账户。该账户下设"自营工程""出包工程"等明细账户进行明细核算。企业为建造固定资产购入的工程材料，应设置"工程物资"账户核算。

① 购置的固定资产。用现款购置的各种固定资产，入账价值包括所支付的买价加上发生的运杂费、包装费、安装费、保险费、调试费、税金等。

a. 购入不需要安装的固定资产。

【例 6-79】某酒店以银行存款购入厨房大型冰柜 1 台，进价 8 000 元，运杂费等 200 元，共计 8 200 元。

借：固定资产　　　　　　　　　　　　　　　　　　　8 200
　　贷：银行存款　　　　　　　　　　　　　　　　　　8 200

b. 购入需要安装的固定资产。由于需要安装的固定资产在安装过程中，尚要支付安装材料和工程等费用。所以应通过"在建工程"账户核算。

【例 6-80】某酒店购入的柴油发电机组一套，进价 45 000 元，增值税进项税 7 650 元，运杂费、包装费等 2 500 元。安装过程支付安装费 1 150 元，均以银行存款支付。安装完毕，验收合格投入使用。

购入发电机组时。

借：在建工程——发电机组　　　　　　　　　　　　　55 150
　　贷：银行存款　　　　　　　　　　　　　　　　　　55 150

支付安装费用时。

借：在建工程——发电机组　　　　　　　　　　　　　1 150
　　贷：银行存款　　　　　　　　　　　　　　　　　　1 150

安装完毕交付使用时。

借：固定资产——发电机组　　　　　　　　　　　　　56 300
　　贷：在建工程——发电机组　　　　　　　　　　　　56 300

② 自行建造固定资产。自行建造固定资产是企业为了新建、改建、扩建固定资产，或对固定资产进行技术改造，设备更新而由企业自行建造的固定资产。有自营工程建造和出包工程建造两种形式。

a. 自营工程形式。自营工程是指由企业自行经营的正在施工中，或虽已完工但尚未交付使用的建筑工程和安装工程。自营工程建造的固定资产，其原值包括工程消耗的材料费用、人工费用、机械使用费、建筑期资本化利息费用等。

【例 6-81】某酒店自营建造办公楼一栋。建造过程发生以下费用和有关分录如下：

购入工程物资一批 125 600 元，以银行存款支付。

借：工程物资　　　　　　　　　　　　　　　　　　　125 600
　　贷：银行存款　　　　　　　　　　　　　　　　　　125 600

施工过程领用工程物资 124 000 元。

借：在建工程——办公楼　　　　　　　　　　　　　　124 000
　　贷：工程物资　　　　　　　　　　　　　　　　　　124 000

支付自营工程工人工资 95 600 元。

从银行提取发工资现金。

借：库存现金　　　　　　　　　　　　　　　　　95 600

　　贷：银行存款　　　　　　　　　　　　　　　　　95 600

发放工资。

借：在建工程——办公楼　　　　　　　　　　　　95 600

　　贷：库存现金　　　　　　　　　　　　　　　　　95 600

支付自营工程水电费 12 600 元。

借：在建工程——办公楼　　　　　　　　　　　　12 600

　　贷：银行存款　　　　　　　　　　　　　　　　　12 600

（注：如水电费是由酒店统一支付的则按工程耗用数冲减酒店有关销售费用和管理费用）。

工程完毕，经验收投入使用。

借：固定资产——办公楼　　　　　　　　　　　　232 200

　　贷：在建工程——办公楼　　　　　　　　　　　　232 200

剩余工程物资 1 600 元交酒店仓库。

借：物料用品——总仓库　　　　　　　　　　　　1 600

　　贷：工程物资　　　　　　　　　　　　　　　　　1 600

b. 出包工程形式。出包工程是向外发包，一般都是包工包料。其固定资产原值主要是按合同支付给承包工程单位的全部价款。

【例 6-82】某酒店以出包工程形式建造汽车库一栋。承包合同议定包工包料的总工程款 125 000 元，开工时预付工程款 70%，计 87 500 元，其余 30%，计 37 500 元于完工验收后支付。

预付工程款 87 500 元时。

借：在建工程——出包工程——车库　　　　　　87 500

　　贷：银行存款　　　　　　　　　　　　　　　　　87 500

工程完毕，验收合格支付余款 37 500 元时。

借：在建工程——出包工程——车库　　　　　　37 500

　　贷：银行存款　　　　　　　　　　　　　　　　　37 500

工程完工验收合格后按总造价转入固定资产：

借：固定资产——车库　　　　　　　　　　　　　125 000

　　贷：在建工程——出包工程——车库　　　　　　125 000

③ 股东投入的固定资产。企业接受股东作为资本投入的房屋、机器设备、车辆等固定资产，应按投资单位的账面原值，借记"固定资产"账户，贷记"实收资本"和"累计折旧"等账户。如无账面原值和累计折旧的，按协议约定价格入账。

【例 6-83】某酒店接受股东甲单位投入作为资本的大巴汽车一辆。甲单位该车账面原值 200 000 元，已提折旧 40 000 元。经协议，酒店按甲单位账面原值和累计折旧入账。

借：固定资产——大巴客车　　　　　　　　　　　200 000

　　贷：累计折旧　　　　　　　　　　　　　　　　　40 000

　　　　实收资本——甲单位　　　　　　　　　　　　160 000

【例6-84】某酒店接受股东乙单位投入洗衣设施一套，协议作价350 000元。

借：固定资产——洗衣设施 350 000

　　贷：实收资本——乙单位 350 000

④ 接受捐赠的固定资产。企业接受捐赠的固定资产，按同类资产的公允价值和根据捐赠者提供的有关凭证金额借记"固定资产"账户，贷记"资本公积"账户。若为旧固定资产，则应按确定的原值借记"固定资产"账户，按估计折旧贷记"累计折旧"账户，其差额贷记"资本公积"账户。

【例6-85】某酒店接受一位华侨捐赠新中巴汽车一辆，同类汽车公允价值120 000元。

借：固定资产——中巴汽车 120 000

　　贷：资本公积 120 000

【例6-86】某酒店接受一位外商捐赠约八成新小轿车一辆，估计原值200 000元，折旧40 000元。

借：固定资产——小轿车 200 000

　　贷：累计折旧 40 000

　　　　资本公积 160 000

⑤ 融资租入固定资产。融资租入固定资产是指企业以融通资金的方式购入固定资产。对于融资租入固定资产，承租方在约定期限内，按期支付租金，拥有固定资产使用权。租赁期满，在付清最后一笔租金或再加一笔转让费后，取得该项固定资产的所有权。承租方应将融资租入固定资产视同自有资产，按期计提折旧，负担所发生的维修费、保险费。为了与自有的固定资产相区别，在所有权转让前，承租方应在固定资产账户下，设置"融资租入固定资产"二级账户核算。如果需要安装调试，应通过"在建工程"账户核算。融资租入固定资产的价值包括原值、运输费、途中保险费、安装调试费等支出。

【例6-87】某酒店以融资租赁方式购入需要安装的电话交换设备一套，设备价款350 000元，运输保险费8 200元，租赁期3年，按月支付租赁费。耐用年限为10年、残值为5%，发生安装费6 000元，其中从本店仓库领用材料为2 000元，其余为4 000元以银行存款支付。

有关分录如下：

① 购入设备时。

借：在建工程——电话交换设备 358 200

　　贷：长期应付款——某融资单位 358 200

② 支付安装调试费时。

借：在建工程——电话交换设备 6 000

　　贷：物料用品 2 000

　　　　银行存款 4 000

③ 安装调试完毕，验收合格，交付使用时。

借：固定资产——融资租入——电话交换设备 364 200

　　贷：在建工程——电话交换设备 364 200

④ 按月支付租赁费时。

　　　　每月应付租赁费=358 200÷（12×3）=9 950（元）

借：长期应付款——某融资单位   9 950

 贷：银行存款   9 950

⑤ 每月计提固定资产折旧费时。

$$月折旧率 = \frac{1-5\%}{12 \times 10} \times 100\% = 0.7917\%$$

$$月折旧费 = 364\ 200 \times 0.7917\% = 2\ 883.37（元）$$

借：管理费用——折旧费   2 883.37

 贷：累计折旧   2 883.37

⑥ 租赁期满，所有权转移给承租方时：

借：固定资产——电话交换设备   364 200

 贷：固定资产——融资租入——电话交换设备 364 200

（6）固定资产改良支出的核算

固定资产改良，是指在固定资产原有基础上进行改造、扩建，使其质量和功能得以改进。由于改良使得固定资产性能有所提高，所以改良支出应增加固定资产原值。

企业改良后的固定资产成本，应按原值减去改良过程残料变价收入，加上改良过程中的支出确定。

【例6-88】某酒店将大楼原有一间1 200平方米经常闲置的会议室，改建为20间标准客房。该大楼原值12 568 000元。改建工程以包工包料的出包方式，发包给甲建筑公司。改建费总额450 000元，开工时支工程款70%计315 000元，从银行支付。改建过程拆卸的废旧材料变价收入1 200元，存入银行。改建完毕，验收合格支付其余工程款135 000元，从银行支付。改良工程总额减去费料变价收入后作增加该大楼原值处理。分录如下：

① 开工支付工程款315 000元时。

借：在建工程——出包工程——大楼改建工程 315 000

 贷：银行存款   315 000

② 收到废料变价收入时。

借：银行存款   1 200

 贷：在建工程——出包工程——大楼改建工程 1 200

③ 工程完毕支付余款135 000元时。

借：在建工程——出包工程——大楼改建工程 135 000

 贷：银行存款   135 000

④ 工程验收合格转增固定资产原值时。

借：固定资产——大楼（客房）   448 800

 贷：在建工程——出包工程——大楼改建工程 488 800

   大楼原值增加后 = 12 568 000 + 448 800 = 13 016 800（元）

（7）固定资产清理的核算

固定资产清理是指固定资产报废、出售、转让以及非正常原因遭到损毁和损失，而对其账面价值及相关收入、支出的处理。应按规定程序，办理报废或转让等手续，按有关资料转入"固定资产清理"账户。该账户借方登记清理的固定资产净值和发生的清理费用、税金等；贷方登记清理固定资产的变价收入和保险公司赔偿或过失人承担的损失。该账户发生借方余额为清理损失转入"营业外支出"账户；贷方余额为清理净收入转入"营业外收入"账户。结转后，固定资产清理科目应无余额。

　　a. 固定资产出售。

【例6-89】某酒店出售旧彩电10台，总计原值20 000元，已提折旧8 000元，支付搬运费50元，以现金支付，出售共收入价款15 000元存入银行，应交销售税金750元，作清理分录如下：

　　① 该项彩电净值转入固定资产清理。

借：固定资产清理　　　　　　　　　　　　　　　　　　　　　12 000
　　累计折旧　　　　　　　　　　　　　　　　　　　　　　　　8 000
　　　贷：固定资产　　　　　　　　　　　　　　　　　　　　　　　　20 000

　　② 支付清理搬运费。

借：固定资产清理　　　　　　　　　　　　　　　　　　　　　　　50
　　　贷：库存现金　　　　　　　　　　　　　　　　　　　　　　　　　50

　　③ 收到变价收入。

借：银行存款　　　　　　　　　　　　　　　　　　　　　　　15 000
　　　贷：固定资产清理　　　　　　　　　　　　　　　　　　　　　15 000

　　④ 应交销售税金。

借：固定资产清理　　　　　　　　　　　　　　　　　　　　　　750
　　　贷：应交税费　　　　　　　　　　　　　　　　　　　　　　　　750

　　⑤ 如此清理转账后，"固定资产清理"账户发生贷方余额2 200元，转入"营业外收入"账户。

借：固定资产清理　　　　　　　　　　　　　　　　　　　　　2 200
　　　贷：营业外收入　　　　　　　　　　　　　　　　　　　　　　2 200

该酒店"固定资产清理"明细账中的记录如表6-16所示。

表6-16　　　　　　　　　　　　"固定资产清理"明细账　　　　　　　　　　　　单位：元

年		凭证号	摘要	借方金额	贷方金额	借或贷	余额
月	日						
		1	转入彩电净值	12 000			
		2	付搬运费	50			
		3	变价收入		15 000		
		4	销售税金	750			
		5	差额转营业外收入	2 200		平	0
			本月合计	15 000	15 000		

　　b. 固定资产报废和毁损。固定资产报废有两种情况：一是正常报废，如长期使用发生磨损不能继续使用和由于技术进步被淘汰的落后设备；二是非正常报废，主要包括火灾、水灾、地震等自然灾害或责任事故使固定资产毁损而报废。

【例6-90】某酒店大型冰柜1台，因使用期长，加之质量欠佳，已不能制冷，提前报废。其原值12 000元，已提折旧9 000元，支付搬运费60元，以现金支付，变价收入800元存入银行，应交销售税金40元。作分录如下：

① 净值转入固定资产清理。

借：固定资产清理　　　　　　　　　　　　　　　　　　3 000
　　累计折旧　　　　　　　　　　　　　　　　　　　　9 000
　　贷：固定资产　　　　　　　　　　　　　　　　　　　　　12 000

② 支付搬运费。

借：固定资产清理　　　　　　　　　　　　　　　　　　　60
　　贷：库存现金　　　　　　　　　　　　　　　　　　　　　　60

③ 变价收入存入银行。

借：银行存款　　　　　　　　　　　　　　　　　　　　800
　　贷：固定资产清理　　　　　　　　　　　　　　　　　　　　800

④ 应交销售税金。

借：固定资产清理　　　　　　　　　　　　　　　　　　　40
　　贷：应交税费　　　　　　　　　　　　　　　　　　　　　　40

⑤ "固定资产清理"账户发生借方余额2 300元，转"营业外支出"账户。

借：营业外支出　　　　　　　　　　　　　　　　　　2 300
　　贷：固定资产清理　　　　　　　　　　　　　　　　　　　2 300

【例6-91】某酒店一辆1吨的小卡车因车祸报废。该车原值60 000元，已提折旧16 000元，保险公司理赔38 000元，尚未收到赔款。清理中发生各项费用1 200元，以银行存款支付。残料变价收入4 500元存入银行，应付销售税金86.54元。作分录如下：

① 净值转入固定资产清理。

借：固定资产清理　　　　　　　　　　　　　　　　　44 000
　　累计折旧　　　　　　　　　　　　　　　　　　　16 000
　　贷：固定资产　　　　　　　　　　　　　　　　　　　　　60 000

② 应收保险公司赔款38 000元。

借：其他应收款　　　　　　　　　　　　　　　　　38 000
　　贷：固定资产清理　　　　　　　　　　　　　　　　　　38 000

③ 支付清理费用。

借：固定资产清理　　　　　　　　　　　　　　　　　1 200
　　贷：银行存款　　　　　　　　　　　　　　　　　　　　1 200

④ 收到残料变价收入4 500元。

借：银行存款　　　　　　　　　　　　　　　　　　　4 500
　　贷：固定资产清理　　　　　　　　　　　　　　　　　　4 500

⑤ 应交销售残料税金86.54元。

借：固定资产清理　　　　　　　　　　　　　　　　　86.54
　　贷：应交税费　　　　　　　　　　　　　　　　　　　　86.54

⑥ "固定资产清理"账户借方余额 2 786.54 元,转"营业外支出"账户。

借:营业外支出   2 786.54

    贷:固定资产清理   2 786.54

(8)固定资产的清查的核算

为了确保固定资产的安全和完整,做到账实相符,企业应对固定资产进行定期和不定期的清查其实际数量与账面记录是否相符。如发生盘盈盘亏,应查明原因进行处理。

a. 固定资产盘盈。

【例 6-92】某酒店期末进行财产清查,发现账外电脑 1 台,其公允价值为 5 000 元,预计使用年限 8 年,已使用 3 年,残值为 5%。作分录如下:

① 盘盈电脑时。

借:固定资产   5 000

    贷:累计折旧   1 781

         待处理财产损溢   3 219

② 经批准作盘盈处理时。

借:待处理财产损溢   3 219

    贷:营业外收入   3 219

b. 固定资产盘亏。企业在财产清查中发现盘亏固定资产,应先按其账面净值借记"待处理财产损溢"账户,按其账面已提折旧借记"累计折旧"账户、按其账面原值贷记"固定资产"账户。待报经批准后,将原列待处理财产损溢的该固定资产净值转作营业外支出。

【例 6-93】某酒店在期末财产清查时,发现盘亏吸尘器 1 台,其账面原值 4 000 元,已提折旧 2 100 元。作分录如下:

① 发现盘亏吸尘器时。

借:待处理财产损溢   1 900

    累计折旧   2 100

    贷:固定资产   4 000

② 经批准报损时。

借:营业外支出   1 900

    贷:待处理财产损溢   1 900

(9)固定资产减值的核算

固定资产减值,是指固定资产的收回金额低于其账面价值。可收回金额是指资产公允价值减去处置费用后的净额与资产预计未来现金流量的现值比较,两者中的较高者。

固定资产如果减值,企业应计提固定资产减值准备。

【例 6-94】某酒店有一辆 5 吨载重汽车,2007 年 12 月 31 日,其账面折余价值为 150 000 元,评估的公允价值为 120 000 元。尚可使用 5 年。预计未来 5 年内产生的现金流量分别为 40 000 元、36 000 元、32 000 元、25 000 元、20 000 元(最后一年为处置后的现金流量)。过去未计提减值准备,考虑未来的风险,决定采用 5%的折现率,计提资产减值准备。该项固定资产未来 5 年的现金流量计算如表 6-17 所示。

表6-17   5吨载重汽车现金流量现值计算表

年度	预计未来现金流量（元）	折现率（%）	现值系数	现值（元）
2008年	40 000	5	0.9524	38.096
2009年	36 000	5	0.9070	32.652
2010年	32 000	5	0.8638	27.642
2011年	25 000	5	0.8227	20.568
2012年	20 000	5	0.7835	15.670
合计				134.628

表6-17计算表明，该汽车在持续使用和使用寿命结束时处置后形成的现金流量现值为134 628元，大于公允价值120 000元，但低于账面价值150 000元，其差额15 372（150 000-134 628）元便是应计提的资产减值准备。编制会计分录如下：

借：资产减值损失   15 372

　　贷：固定资产减值准备   15 372

（10）资本化的后续支出核算

《企业会计准则》规定，固定资产的后续支出，如果能延长固定资产使用寿命，或者使产品质量实质性提高，或者使产品成本实质性降低，则应计入固定资产价值，但其增计后的金额，不应超过该项资产的可收回金额。

【例6-95】某酒店的一套柴油发电机组，其账面价值200 000元，耐用年限为6年，已使用5年，累计提取折旧160 000元，未计提资产减值准备。现在其功率大幅度降低，估计要提前报废。后来投资30 000元进行更换主要部件的大修理，不但已恢复了原有功率，而且经鉴定可比原来耐用年限延长使用寿命3年，故这笔大修理支出可按资本化的后续支出处理，计入固定资产价值。其会计分录如下：

首先将该项资产的原价和累计折旧转销，计入在建工程。

借：在建工程   200 000

　　贷：固定资产   200 000

同时：

借：累计折旧   160 000

　　贷：在建工程   160 000

然后将发生的大修理费用支出陆续计入该项在建工程。

借：在建工程   30 000

　　贷：银行存款   30 000

大修理完毕，已达到预期效果时，将该项在建工程科目的余额70 000（200 000-160 000+30 000）元转入固定资产账户：

借：固定资产   70 000

　　贷：在建工程   70 000

并按以上账面价值和可继续使用4年（原剩1年加延长3年）的年限计提固定资产折旧。

此外，如果该项固定资产已计提资产减值准备，在账务处理时，尚应将原账面提取金额转销，计入在建工程。即借记"固定资产减值准备"账户，贷记"在建工程"账户。在建工程结转固定资产的价值便减少已计提取的减值准备金额。

（注：《企业会计准则第 8 号——资产减值》第十七条规定"资产减值损失一经确认，在以后会计期间不得转回"。故已计提的固定资产减值准备，只能转入"在建工程"，不得冲减"资产减值损失"。）

6.2.9　无形资产的核算

无形资产是企业为进行生产经营活动而取得或自创的，能为企业带来经济利益，但不具有物质实体的资产。

（1）无形资产有以下特征

① 无形资产无实物形态。

② 持有无形资产的目的，是用于生产商品或提供劳务、出租他人或为了行政管理。

③ 无形资产可以使企业在未来较长时间内受益。

④ 无形资产必须是企业有偿花费了支出取得的。

（2）无形资产的分类

① 无形资产具有专门名称，是可以单独取得或转让的，如专利权、商标权、土地使用权、著作权、特许经营权、专用技术等。

② 按其取得方式划分，可分为外来和自创的无形资产。

③ 按有无期限划分，可分为有期限和无期限的无形资产。

（3）无形资产入账价值的确定

① 企业购入的无形资产，其成本应根据取得时实际发生的支出。

② 企业自创并依法取得专利权、商标权等无形资产，在能够使用或出售的条件下，其开发阶段的注册费、聘请律师费以及其他为自创无形资产而发生的一切费用可计入成本。

③ 企业接受捐赠的无形资产，应根据该资产的公允价值或所提供的有关凭证确认价值。

（4）无形资产价值摊销的规定

无形资产通常有一定的期限，应按期限分期摊销。

① 法律和合同或者企业申请书分别规定了有效期限和受益年限的，以法律有效期限与合同或企业申请书中规定的受益年限中较短者作为上限。

② 法律规定的有效期限，企业合同或企业申请书中没有规定受益年限的，按法律规定的有效期限作为上限。

③ 法律未规定有效期限，企业合同或企业申请书中规定了受益年限的，按企业合同或企业申请书中规定的有效年限作为上限。

④ 法律和合同或企业申请书均未规定有效期限和受益年限的，以 10 年作为上限。

（5）无形资产的核算

① 专利权。专利权是由专利注册机构授予发明者或持有者，在法定期限内对某一发明创造者所拥有的独占权和专有权。专利权超过有效期限便自行失效。故其成本应在期限内分期摊销。

【例 6-96】某酒店餐厅，试制一项特色食品，其配方与操作技术已获得专利权。在研制过程的各项支出 35 740 元，申请专利过程支付登记费等 30 000 元，律师费 5 000 元，总计支付 70 740

元，以银行存款或现金支付。专利权有限期15年。作分录如下：

　　a. 取得专利权时。

借：无形资产——特色食品专利权　　　　　　　　　　　　70 740

　　贷：银行存款、库存现金　　　　　　　　　　　　　　　　70 740

　　b. 分期摊销时。

$$每月应摊销无形资产成本=70\,740÷（15×12）=393（元）$$

借：管理费用——其他资产摊销　　　　　　　　　　　　　393

　　贷：无形资产——特色食品专利权　　　　　　　　　　　　393

　　② 商标权。商标权是企业专门在指定商品上使用特定的名称、图案、标记的权利。商标权可通过外购，接受投资取得，也可自创取得。外购商标权的成本包括购入时支付的价款、登记费及其他因受让所支付的费用。企业自创的商标权的成本，应当是从设计到申请取得商标权过程中所发生的一切费用。实际上，商标权价值要靠企业的有效管理，及多年的广告宣传和树立了有价值，能带来经济效益的商标形象。但是平日的广告宣传费用已在费用中列支，而且也无法认定其中有多少是为树立商标权的支出，所以无法计入商标权的成本。

【例 6-97】某酒店餐厅研制出一项营养保健瓶装饮料，非常热销。为了防止仿冒，该酒店餐厅设计了一款瓶贴商标图案，经申请注册，获得10年期商标权。从设计到申请获得商标权止，支付各项费用总额60 000元。作分录如下：

　　a. 取得商标权时。

借：无形资产——营养保健饮料商标　　　　　　　　　　60 000

　　贷：银行存款、库存现金　　　　　　　　　　　　　　　60 000

　　b. 分月摊销时。

$$每月应摊销金额=60\,000÷（12×10）=500（元）$$

借：管理费用——其他资产摊销　　　　　　　　　　　　　500

　　贷：累计摊销　　　　　　　　　　　　　　　　　　　　500

　　③ 土地使用权。土地使用权是企业依法取得在一定期间对国有土地享有开发、利用、经营的权利，实质上是一种土地租赁权。

　　土地使用权一般具有一定的期限。因此，其支出成本应在此期限内分期平均摊销。如果土地使用权的有效期限不能确定，或可以永久使用，则所支付的费用可以不予摊销。土地使用权与其他无形资产不同，其经济价值不会丧失，是企业一项较永久性的资产。

【例 6-98】某酒店为了扩建停车场，向相邻单位取得5 000平方米空地1块，合同使用期限50 年，支付转让费用600 000元，以银行存款支付。作分录如下：

　　a. 取得土地时。

借：无形资产——土地使用权　　　　　　　　　　　　　600 000

　　贷：银行存款　　　　　　　　　　　　　　　　　　　600 000

　　b. 分月摊销时。

$$每月应摊销金额=600\,000÷（50×12）=1\,000（元）$$

借：管理费用——其他资产摊销　　　　　　　　　　　　1 000

　　贷：无形资产——土地使用权　　　　　　　　　　　　　1 000

可辨认无形资产尚有著作权、特许经营权、专有技术。著作权又称出版权，是指著作者对文学、音乐、戏剧、电影、音像工程设计、自然科学、社会科学等作品依法享有的出版、发行等方面的专有权利。我国《著作权法》规定，公民作品的发表权、使用权和获得报酬权的保护期限为作者死亡后50年。特许经营权又称专营权，包括政府批准企业在某一地区经营或销售某种商品独占权，如由政府机构授权的水、电、邮电通讯、烟草专卖等。专有技术也称非专利技术，是指发明人垄断的、不公开的、能带来经济效益的先进技术知识和经验等。由于专有技术未经公开，也未申请专利权，所以不受法律保护。专有技术持有者通过自我保密的方式维持其独占权。

（6）无形资产减值的账务处理

财政部新颁布的《企业会计准则第6号——无形资产》第二十条规定，无形资产的减值，应当按照资产减值处理。《企业会计准则第8号——资产减值》第十七条规定："资产减值损失一经确认，在以后会计期间不得转回。"

【例6-99】某酒店一项专利技术，资产负债表日，其账面价值为200 000元，评估的公允价值为180 000元，减值金额20 000元应作减值处理。

借：资产减值损失　　　　　　　　　　　　　　　　　20 000
　　贷：无形资产减值准备　　　　　　　　　　　　　　　20 000

以后如果价值恢复不再转回。

6.2.10　商誉的核算

（1）商誉的特点

商誉是企业拥有优越的地理位置或信誉好，而获得顾客信任，或者生产经营效益高，或由于技术先进，以及有效的广告宣传等原因而形成的无形价值。这种无形价值使企业获利能力超过同行业的平均获利水平。它不能单独销售。商誉在数量上应等于整个企业的价值与企业可辨认净资产公允价值的差额。在实务中，要对企业的价值作出会计计量是很困难的，只有在企业合并另一家企业时，该企业所支付的款项超过被合并企业净资产的公允价值，其差额才确认为商誉。

（2）商誉的确认

商誉可以自创，也可以外购。自创商誉在自行培养形成商誉是各种因素相互作用而形成的，很难确定哪些支出是专为发展商誉而支出的。缺乏验证性的自创商誉无法确认。外购商誉是由收购企业与被收购企业的产权交易形成的。支付的收购价款大于被收购企业净产值的差额，可确认为商誉而得到验证。所以账面上的商誉只能是外购的。

（3）商誉价值的计算方法

① 直接法。直接法是根据历史超额利润资料计算商誉。首先，确定以往若干年的实际利润额。其次，确定各年的正常利润额，正常利润额可根据该企业公允的净资产乘以同行业平均资产报酬率求得。最后，以实际利润额减去正常利润额求得各年的超额利润额作为计算商誉的价值。

【例6-100】某被购买企业的净资产价值为1 000 000元，同行业平均资产报酬率为10%，则该企业正常利润额为100 000（即1 000 000×10%）元。最近5年实际实现的利润依次是135 000元、154 000元、149 000元、128 000元、117 000元。同时，假设采用折现率6%，则5年的折现系数分别为0.943 4、0.890 0、0.839 6、0.792 1、0.747 3，根据该企业各年的超额利润折为现值计算商誉。

计算公式：

$$商誉 = \sum 超额利润 \times 折现系数$$

$$= \sum (年实现利润 - 年正常利润) \times 折现系数$$

该企业商誉 = (135 000-100 000) × 0.943 4 + (154 000-100 000) × 0.890 0 + (149 000-100 000) ×

0.839 6 + (128 000-100 000) × 0.792 1 + (117 000-100 000) × 0.747 3

= 157 102（元）

② 间接法。间接法是将购买企业的实际收购价减去被收购企业净资产现行价值作为商誉的一种计算方法。现行价值通常是采用资产评估确定的公允价值。

其计算公式为：

$$商誉 = 净资产评估价值 - 收购价值$$

【例6-101】A 酒店收购 B 酒店，实际支付价款 22 500 000 元，以银行存款支付。被收购 B 酒店的资产、负债及净资产账面价值如表 6-18 所示。

表6-18 资产、负债、净资产计算表

金额单位：万元

项目	账面价值	评估价值
资产：		
银行存款	110	110
应收账款	350	340
存货	340	360
固定资产（净值）	2 200	2 615
资产合计	3 000	3 425
负债：		
应付账款	765	765
其他应付款	435	440
负债合计	1 200	1 205
净资产	1 800	2 220

表6-18 反映的收购价隐含商誉价值。计算如下：

收购价格（A 酒店支付） 22 500 000

减：被收购的 B 酒店现行价值 22 200 000

商誉价值 300 000（元）

A 酒店编制收购分录如下：

借：银行存款 1 100 000

　　应收账款 3 400 000

存货	3 600 000
固定资产	26 150 000
无形资产——商誉	300 000
贷：应付账款	7 650 000
其他应付款	4 400 000
银行存款	22 500 000

（4）负商誉

在收购企业合并的会计实务中，如发生所支付的价款低于取得的净资产公允价值的负商誉差额，计入当月损益，并在报表附注中说明。商誉发生减值，可设置"商誉减值准备"账户，借记"资产减值准备"账户，贷记"商誉减值价值"账户。

6.2.11 所有者权益的核算

所有者权益是企业投资者对企业净资产的所有权。在数量上，它等于全部资产减去全部负债后的余额，它构成企业资金来源的一大部分。

所有者权益在不同组织形式的企业里，其表现形式和权利有所不同。

在独资企业里，所有者权益表现为业主权益。业主对企业的重大决策及人事变动盈利的分配等具有决策权；同时，对企业债务负全部责任，当企业的财产不足清偿其债务时，业主必须将个人的财产用来清偿企业的债务。

在合伙企业里，所有者权益表现为合伙人权益。合伙人对企业的经营决策权、盈利等，按投资金额或契约规定比例分配；在企业财产不足以清偿对外负债时，任何一个合伙人都负有清偿其他合伙人无力清偿的那一部分债务的责任。

在股份制企业里，所有者权益表现为股东权益。股东具有对企业的重大经营决策及人事变动决策参与权；参与企业盈利的分配权；企业遭受破产清算时，对企业剩余资产的要求权；股东是以认缴的出资额，对企业承担有限责任。

我国《企业会计准则》将所有者权益分为投入资本、资本公积金、盈余公积金和未分配利润。在会计核算上，对应使用"实收资本""资本公积""盈余公积""利润分配"4个一级会计账户。

（1）实收资本

实收资本是投资者实际投入企业从事经济活动的各项财产物资，即企业实际收到投资者投入的资本，也就是企业的注册资本。

① 资本的分类。资本按投资主体分为国家资本、法人资本、个人资本、外商资本等。

a. 国家资本是指有权代表国家投资的政府部门或者机构，以国有资产投入企业所形成的资本。

b. 法人资本是指其他法人单位包括企业法人、社团法人，以其依法可支配的资产投入企业形成的资本。

c. 个人资本是指社会个人或者本企业职工以个人合法财产投入企业所形成的资本。

d. 外商资本是指外国投资者，及我国华侨、香港、澳门、台湾地区的投资者将资产投入企业所形成的资本。

② 资本的筹集方式。企业筹集资本的方式多种多样，既可吸收货币资金，也可吸收实物、无形资产等形式投资。企业还可以发行股票筹集资本。但企业无论采取哪种方式筹集资本，都必须符合国家法律规定。例如，发行股票筹集资本，必须按照国家关于股份制企业的实施范围、审批程序等规定依法进行。

③ 资本的筹集期限。企业对资本的筹集，应按照法律、法规和合同章程的规定及时进行。资本可以一次或分期筹集。一次筹集的，应于营业执照签发之日起，6 个月内筹足。分期筹集的，最后一期出资，应于营业执照签发之日起 3 年内交清。其中第一次投资者出资不得低于 15%，并且应于营业执照签发之日起 3 个月内交清。企业所筹集的资本，还必须聘请会计师事务所等机构的中国注册会计师验资并出具验资报告。

④ 资本管理。从资本保全的要求来看，企业筹集到资本后，在企业生产经营期间内，投资者除依法转让外，一般不得抽回投资。法律另有规定的，按规定办理。

从投资者对其出资拥有的权利和承担的责任来看，企业盈利了，投资者可以获取相应的回报，分得利润；相反，企业亏损了，投资者则应承担相应的风险，负亏损责任。

（2）资本公积

资本公积是资本储备形式，可以按照法定程序转作资本。其主要来源包括以下 4 点。

① 投资者实际缴付的出资额超出其应出资本的差额，如发行股票的溢价净收入。

② 企业法定固定资产重估增值。这是按照国家法律、法规进行固定资产价值重估，其重估价值与账面净值的差额转为资本公积。

③ 资本汇率折算差额。在外商投资企业，外商投入外币，按汇率折合为人民币入账，当收到外币时，按当时汇率折合记账本位币——人民币金额与投资合同规定的人民币投资的差价，作为资本公积处理。

④ 接受捐赠的财产。它是企业投资者共有的财产，作为资本公积。企业接受捐赠如为实物，附有发票账单的按发票账单计价，没有发票账单的按同类物资的市价入账。

（3）盈余公积

盈余公积是企业按照规定，从税后利润中提取的公积金。盈余公积包括法定公积金和任意公积金。法定公积金按国家规定照税后利润提取 10%。任意公积金的提取比例由企业董事会确定。

盈余公积的两项用途如下。

① 企业为了扩大生产，可按法定程序转增资本。

② 企业亏损时可用以弥补。以盈余公积弥补损失后的余额，经股东会议决议，可以用来分派股东利润。

（4）利润分配

企业实现的利润是通过"利润分配"账户进行核算。年末全年累计利润总额转入"利润分配——未分配利润"账户的贷方；累计亏损总额在该账户借方反映。企业按照规定提取的盈余公积也通过"利润分配"账户核算。

（5）投入资本的核算

企业对投入资本的总分类核算是通过"实收资本"账户进行的。该账户设置"国家资本""法人资本""个人资本""外商资本" 4 个二级明细科目。

① 投入货币资金的账务处理。

【例6-102】某酒店接受甲单位投入现金资本3 000 000元，存入银行。作分录如下：

借：银行存款   3 000 000

    贷：实收资本——法人资本——甲单位   3 000 000

② 投入固定资产的账务处理。投资者投入的资本如果是房屋、建筑物、机器设备、机动车辆等，通过"固定资产"账户核算。按投资单位该项固定资产协议价，借记"固定资产"账户，贷记"实收资本"账户。

【例6-103】某酒店收到乙单位投入燃油锅炉1台，该锅炉原值260 000元，已提折旧20 000元，双方议定价值250 000元。作分录如下：

借：固定资产   250 000

    贷：实收资本——法人资本——乙单位   250 000

此例如果双方协议确定价值不是250 000元，而是280 000元，则作分录如下：

借：固定资产   280 000

    贷：实收资本——法人资本——乙单位   280 000

③ 投入原材料的账务处理。投资者如果投入原材料，按双方协议确定的价值入账。

【例6-104】某酒店收到丙单位投入的一批海参、鱼翅等干货原材料，双方确认价值100 000元。作分录如下：

借：原材料   100 000

    贷：实收资本——法人资本——丙单位   100 000

④ 投入无形资产的账务处理。投入无形资产，应按双方确认价值入账。

【例6-105】某酒店收到个人张甲投入一项特色食品专利技术，根据所取得的专利证书和有关技术资料，经双方确认价值200 000元。作分录如下：

借：无形资产——专利技术——特色食品   200 000

    贷：实收资本——个人资本——张甲   200 000

（6）资本公积和盈余公积的核算

① 资本公积的核算。资本公积是由资本增值形成的，包括股本溢价、法定财产重估增值、接受捐赠资产价值等。故资本公积并非某一投资者所有，而是企业所有投资者共有，故不计入"实收资本"账户，应在"资本公积"账户核算。

a. 接受捐赠的账务处理。

【例6-106】某酒店接受A华侨捐赠九成新中巴汽车1辆，发票原值200 000元，估计现在价值180 000元。作分录如下：

借：固定资产——中巴汽车   200 000

    贷：累计折旧   20 000

       资本公积   180 000

b. 资本溢价的账务处理。

【例6-107】某中外合资酒店接收B外商投资，合同约定投入美元200 000元，汇率按6.55元折合人民币1 310 000元。收到美元投资时，美元汇率为6.6，溢价人民币10 000元。作分录如下：

借：银行存款——美元户   1 320 000

 贷：实收资本——外商资本——B外商   1 310 000

   资本公积   10 000

c. 资产重估增值的账务处理。按照我国现行法律法规的有关规定，企业实行股份制，吸收外商投资，企业兼并、合并、拍卖以及国家统一组织清产核资等，均应按规定进行财产价值重估；其重估价值与账面价值的差额作为资本公积。

【例6-108】 某酒店将与另一酒店合并，对所存固定资产进行财产价值重估。经审计师事务所派员对财产价值重估完毕。账面原值总额为26 589 200元，评估后原值总额为26 847 300元，作分录如下：

借：固定资产（按明细户）   258 100

 贷：资本公积   258 100

② 盈余公积的核算。盈余公积是按已实现利润提取的盈余公积金，包括法定公积金和任意公积金。法定公积金用于弥补亏损或增加资本。

【例6-109】 某酒店从利润中提取盈余公积100 000元。作分录如下：

借：利润分配——提取盈余公积   100 000

 贷：盈余公积   100 000

【例6-110】 某酒店以盈余公积50 000元弥补亏损。

借：盈余公积   50 000

 贷：利润分配——未分配利润   50 000

【例6-111】 某酒店以盈余公积200 000元转增资本。作分录如下：

借：盈余公积   200 000

 贷：实收资本   200 000

（7）应付利润的核算

企业对上年度结转来的利润，于提取盈余公积后，余额根据董事会决议，可部分或全部分配给投资者。

【例6-112】 某酒店按上年度实现的利润提取公积金后，尚余500 000元，经董事会决定，全部分配给投资者。作分录如下：

① 分配时。

借：利润分配——未分配利润   500 000

 贷：应付利润   500 000

② 支付给投资者应付利润时。

借：应付利润   500 000

 贷：银行存款   500 000

6.2.12 以前年度损益调整的核算

企业于会计年度终了后，各项收入、费用、税金、利润均已结算结转完毕，所有损益类账户余额为零，税金也已申报缴纳，甚至年终决算的会计报表也基本编制就绪。如果此时发生属于上一年度的收入、费用、税金等必须增加或减少的会计事项，由于账目已经结束而无法更改。因此，可通过"以前年度损益调整"账户进行有关调整核算。该账户借方记录调整增加的以前年度利润，或调整减少的以前年度亏损，以及由于以前年度损益的调整增加的所得税费用；贷方记录调整增加以前年度利润，或调整减少以前年度亏损，以及相应减少的所得税费用。经过调整后，应将本账户的余额转入"利润分配——未分配利润"账户。在进行具体账务处理时，应区别以下情况。

（1）涉及损益事项，通过"以前年度损益调整"账户进行。

（2）涉及利润分配调整事项，直接在"利润分配——未分配利润"账户进行。

（3）不涉及损益及利润分配的事项，调整相关账户。

（4）在上述调整账目的基础上，再调整资产负债表日编制报表的相关项目数字。

【例6-113】某酒店为非计提坏账准备单位。上年度已直接核销的甲公司久欠未还的应收账款10 000元，今年年初又全额收回。此外，漏摊客房部布草损耗5 000元。该企业所得税是查账征收，税率为25%。由于上一年度账目已结束，损益类账户均为零，营业税也已申报交纳。决算报表的初稿已编出，但尚未审核完毕，仍未报出。作有关调整分录如下：

（1）收回坏账损失的调整

① 收回账款。

借：银行存款　　　　　　　　　　　　　　　　　　　　　　10 000

　　贷：以前年度损益调整　　　　　　　　　　　　　　　　　　10 000

② 因增加利润应补交所得税。

$$10 000×25\%=2 500$$

借：以前年度损益调整　　　　　　　　　　　　　　　　　　2 500

　　贷：应交税费　　　　　　　　　　　　　　　　　　　　　　2 500

③ 以前年度损益调整贷方余额7 500元转利润分配账户。

借：以前年度损益调整　　　　　　　　　　　　　　　　　　7 500

　　贷：利润分配——未分配利润　　　　　　　　　　　　　　　7 500

（2）漏摊布草损耗的调整

① 调减"长期待摊费用——客房布草"记录。

借：以前年度损益调整　　　　　　　　　　　　　　　　　　5 000

　　贷：长期待摊费用——客房布草　　　　　　　　　　　　　　5 000

② 调减多计所得税。

$$5 000×25\%=1 250$$

借：应交税费　　　　　　　　　　　　　　　　　　　　　　1 250

　　贷：以前年度损益调整　　　　　　　　　　　　　　　　　　1 250

③ 以前年度损益借方余额3 750元转利润分配科目。

借：利润分配——未分配利润　　　　　　　　　　　　　　　3 750

　　贷：以前年度损益调整　　　　　　　　　　　　　　　　　　3 750

该酒店"以前年度损益调整"账户所反映账项如表6-19所示。

表6-19   "以前年度损益调整"明细账

金额单位：元

| 年 | | 凭证号 | 摘要 | 借方金额 | 贷方金额 | 借或贷 | 余额 |
月	日						
（略）	（略）	（略）	收回某单位坏账		10 000		
			应交所得税费用	3 300			
			余额转利润分配	6 700		平	0
			补摊布草损耗费	5 000			
			冲转应交所得税费用		1 650		
			余额转利润分配		3 350	平	0

（3）在以上调整的基础上，修改尚未报出的会计决算报表。

6.2.13 外汇收支的核算

（1）外汇和外汇收支

外汇是指以外国货币表示的用于国际结算的支付手段，包括外币、存放在国外的银行存款、以外币表示的汇票和支票等支付凭证以及可以在国外兑现的外国政府的债券等有价证券等。

外汇收支一般指实际发生的外汇收支业务。我国酒店会计的记账本位币是人民币，凡涉及外汇收支的，均应按合适的汇率折合为人民币记账。

（2）直接汇率和间接汇率

在外汇兑换业务中，把一种货币换算为另一种货币，这种兑换比率或比价称为汇率。我国对外汇实行由国家集中管理、统一经营的方针。汇率是由国家外汇管理局确定，并在中国银行挂牌公布，所以又叫外汇牌价。汇率有直接汇率（又称直接标价法）和间接汇率（又称间接标价法）两种表示方法。直接汇率是以一定单位的外国货币可兑换本国货币的金额来表示，例如，100美元可兑换815元人民币。间接汇率是以一定单位的本国货币可兑换外国货币的金额来表示，例如，100元人民币可兑换12.27美元。显然，直接汇率和间接汇率互为倒数。我国目前采用的是国际上较多国家通用的直接汇率。

每种外汇又有两种牌价，即买价和卖价。买价与卖价之和除以2称为中间价。

（3）记账汇率和账面汇率

记账汇率是指记账当时的汇率。它可以是当天的，也可以是月初、季初或年初的汇率。一般是采用中间价记账。记账汇率也可采用买价。采用何种汇率作为记账汇率，由企业自行选定。但一经确定，不能随意改变，如有改变应在会计报表中说明。为了简化计算，采用的记账汇率可以只保留小数点后两位数字。目前我国企业中采用当月月初的中间牌价作为记账汇率的较多。因为采用当月月初汇率既可避免因每天的汇率变动而增加核算工作量；又可防止采用季初或年初汇率而造成账面记录与实际情况出入太大的缺点。

账面汇率是按已经登记入账的记账汇率所形成的账面汇率。它有两种不同情况。

① 外币银行存款每次增加的外币存款，其记账汇率可能不同。付出外币时的账面汇率可以采用先进先出法、加权平均法和移动加权平均法来确定。

② 用外币结算的债权债务账户，与对方结清时应无余额。这类账户的账面汇率应与债权债务发生时的记账汇率相一致。

（4）汇兑损益的产生及核算

由于核算上同时采用记账汇率和账面汇率，因此一笔涉及外汇的经济业务，其借贷方金额就可能因为采用不同的汇率和出现折算上的差额；此外，外币通过银行结算，因买价与卖价不同，以及外币债权债务结算因收到和付出的时间不同也会发生差额。这种差额称为汇兑损益，发生汇兑损益时，在"财务费用"账户下设立汇兑损失（减汇兑收益）明细账户核算。

【例6-114】某酒店"银行存款——美元户"原存美元5 000元，账面汇率为6.55，折合人民币为32 750元。因业务需要，以美元1 000元偿还某单位原欠美元应付账款。该项美元应付账款的记账汇率为6.4，折合人民币6 400元。作分录如下：

借：应付账款——某单位（美元户）　　　　　　　　6 400

　　财务费用——汇兑损失　　　　　　　　　　　　　150

　　贷：银行存款——美元户　　　　　　　　　　　　　　　6 550

【例6-115】某酒店收到外币房金美元2 000元，是按当天美元牌价6.58作为记账汇率，折合人民币13 160元入账。作分录如下：

借：库存现金——美元　　　　　　　　　　　　　13 160

　　贷：主营业务收入　　　　　　　　　　　　　　　　　13 160

第二天送存银行时，牌价汇率的中间价是6.55，按2 000美元折合人民币为13 100元。作分录如下：

借：银行存款——美元户　　　　　　　　　　　　13 100

　　财务费用——汇兑损失　　　　　　　　　　　　　60

　　贷：库存现金——美元户　　　　　　　　　　　　　　13 160

【例6-116】某酒店应收账款有外商原欠房金等美元1 500元，记账时当天美元汇率为6.5，折合人民币9 750元，以后收回时存入银行，这时外汇牌价美元汇率为6.45，折合人民币为9 675元。作分录如下：

① 发生应收账款时。

借：应收账款——某外商（美元户）　　　　　　　9 750

　　贷：主营业务收入　　　　　　　　　　　　　　　　　9 750

② 收回欠款存入银行时。

借：银行存款——美元户　　　　　　　　　　　　9 675

　　财务费用——汇兑损失　　　　　　　　　　　　　75

　　贷：应收账款——某外商（美元户）　　　　　　　　　9750

（5）外汇记账折算的几种方式

① 外汇记账逐笔折算法。外汇记账逐笔折算法，就是对每一笔外汇业务均应在发生时折算成记账本位币金额。如果发生汇兑损益则逐笔结转。当每一笔外币存款增加或债权、债务发生时，以当日（或月初、季初、年初）中间牌价（或买价）作为记账汇率折算记账。当外币存款

减少时，则采用先进先出法、加权平均法或移动加权平均法计算出账面汇率折算为本位币记账；当外币债权收回或偿还外币债务时，按原入账时的记账汇率作为账面汇率折算后记账。这种方法所反映的汇兑损益比较接近实际，但账务处理比较繁琐，一般适用外汇业务较少的企业。

② 外汇记账的月终调整法。日常外汇收支和外汇结算业务较多的企业，为了简化日常核算，常采用外汇记账的月终调整法，即以当月1日的汇率作为记账汇率，平时不进行汇兑损益的核算，待月终一次计算汇兑损益，并调整有关账户。也就是对月内发生的外汇收支、兑换和结算业务，不论是增加还是减少，一律都按当月1日的记账汇率折算成人民币记账，因此没有汇兑收益。到月终时，对外币存款、借款和有关外币结算账户的记录进行分析，将本月减少的外币数额，按账面汇率折合成人民币金额，然后与平时按记账汇率折合的人民币金额比较，其差额作为汇兑损益处理。

③ 外汇记账的分别记账法。外汇业务较多的企业，可将平时发生的外币业务，先用外币（不折合人民币）在单独的一本账册中记账（如果同时有几种外币，要分设几本账册），月终时，再将全月发生的外币业务，分别不同的账户进行汇总，然后按记账汇率（当月或当日汇率）一次折合为人民币计入人民币账户中。对外币银行存款和外币结算的债权债务账户的减少数，再用账面汇率重新折合为人民币，并将其按原记账汇率计入账内的差额转为汇兑损益。

（6）对外汇应严格控制和管理

① 要严格遵守和执行我国关于办理外汇收入、支出、结存、兑换等业务管理法规和制度。

② 在中国境内，禁止外汇在市场上流通。禁止逃汇、套汇。逃汇是指把本应售给国家的外汇，私自转让或存放国外，以及将外汇或外汇资产私自携带出境或邮寄出境。

③ 在办理国际结算业务时，必须按照规定汇率折合为人民币结算。

④ 企业进行各项外汇业务会计核算时，应将所有外汇全额折合为记账本位币——人民币金额。

⑤ 企业应建立和健全外汇内部控制制度，严格控制日常外汇收支，防止发生个人套用、挪用外汇行为。

⑥ 企业每天的外汇收入，应在营业日报表中如实地反映，并交财务部门出纳员于当天送存银行，不得坐支。收到外汇转账凭证最迟应于次日送银行办理转账手续。

⑦ 凡用外汇购进物资，必须按已批准的外汇收支计划办理。

⑧ 任何企业或单位的外汇账户，禁止外单位或个人借用。

外币存款、外币往来账款的格式一般如表6-20所示。

表6-20　　　　　　　　　　　　　　银行存款——美元户

年		凭证号	摘要	借方			贷方			借或贷	余额		
月	日			美元	记账汇率	人民币	美元	记账汇率	人民币		美元	账面汇率	人民币

（注：应收账款、应付账款等外币账户格式与此基本相同）

6.2.14　债务重组的核算

（1）债务重组的主要内容

债务重组是指在债务人发生财务困难的情况下，债权人按照其与债务人达成的协议或法院的裁定作出让步的事项。债务重组涉及债务人与债权人，对债权人而言即为"债权重组"。所以，债务重组也包含债权重组。

债务是指企业由于过去的事项而发生的现存义务，这种义务的结算将会引起含有经济利益的企业资源的流出，如银行借款、应付账款等。

债务人发生财务困难是指债务人出现资金周转困难，或经营陷入困境，没有能力按原定条件偿还债务。债务人发生财务困难是债务重组的前提条件。

让步是指债权人同意发生财务困难的债务人现在或将来以低于重组债务账面价值的金额偿还债务。债权人作出让步原因主要在于：第一，最大限度地收回债权；第二，为缓解债务人暂时的财务困难，避免由于采取立即求偿的措施，致使债权上的损失更大。这种让步是根据双方自愿达成的协议或法院裁定作出的。让步的结果是：债权人发生债务重组损失；债务人获得债务重组收益。

在债务重组交易中，涉及用于偿债的非现金资产公允价值原则。公允价值是指在公平交易中，熟悉情况的交易双方，自愿进行资产交换或债务清偿的金额。

在债务重组交易中，如债务人以非现金资产清偿债务或债务转为资本，则涉及债务人转让的非现金资产和债权人因放弃债权而享有的股权公允价值确定问题。

对于非现金资产，其公允价值的确定原则是：如该资产存在活跃市场，该资产的市价即为其公允价值；如该资产不存在活跃市场，但与该资产类似的资产存在活跃市场，该资产的公允价值应比照相关类似资产的市价确定；如该资产和与该资产类似的资产均不存在活跃市场，该资产的公允价值按其所能产生的未来现金流量以适当的折现率贴现计算的现值确定。

债权人因放弃债权而享有的股权，其公允价值的确定原则是：若债务人为股票公开上市公司，该股权的公允价值即为对应的股份的市价总额；若债务人为其他企业，该股权的公允价值按评估确认价或双方协议价确定。

（2）债务重组的方式

债务重组的方式有以下几种。

① 以资产清偿债务，即债务人转让其资产给债权人以清偿债务。其中，资产是指作为过去事项的结果而企业控制的，可望向企业流入未来经济利益的资源。债务人常用于偿债资产主要有现金、存货、交易性金融资产、固定资产、长期投资、无形资产等。

② 债务转为资本。债务转为资本是站在债务人的角度看，而从债权人的角度看，则为债权转为股权。

债务转为资本实质上是增加债务人的资本。债务人以债务转为资本方式进行债务重组时，必须严格遵照国家有关法律的规定。

债务转为资本时，对股份有限公司而言，即将债务转为股本；对其他企业而言，即将债务转为实收资本。债务转为资本的结果是，债务人因此而增加股本或实收资本，债权人因此而增加长期股权投资。

③ 修改不包括上述①和②两种方式在内的其他债务条件，如减少债务本金、减少债务利息等。以修改其他债务条件进行债务重组的，如修改后的债务条件中不涉及或有支出，则在重组日，重组债务的账面价值大于将来应付金额的差额为债务重组收益，与当期确认。重组后债务的账面价值为将来应付金额。

以上所述"或有支出"，是指未来某种事项出现而发生的支出。未来事项的出现具有不确定性。

以修改其他债务条件进行债务重组的，如修改后的债务条件中涉及或有支出，应根据谨慎性原则，将或有支出包含在将来应付金额中，而据此计算债务重组收益。在重组日，应将重组债务的账面价值与含或有支出的将来应付金额进行比较，大于部分为债务重组收益，债务重组后的账面价值含或有支出的将来应付金额。

由于债务重组的账面价值含或有支出。因此，有支出实际发生时，应作为减少债务的账面价值处理；结清债务时，或有支出如未发生，应将其作为结清债务当期的债务重组收益。

④ 以现金、非现金资产两种方式的组合清偿某项债务的，重组债务的账面价值与支付的现金、转让的非现金资产的公允价值的差额为债务重组收益。非现金资产的公允价值与其账面价值的差额为转让资产损益。

⑤ 以现金、债务转为资本两种方式的组合清偿某项债务的，重组债务的账面价值与支付的现金，债权人因放弃债权而享有的股权的公允价值的差额为债务重组收益。股权公允价值与股本或实收资本的差额为资本公积。

⑥ 以非现金资产、债务转为资本两种方式的组合清偿某项债务的，重组债务的账面价值与转让的非现金资产的公允价值、债权人因放弃债权而享有的股权公允价值的差额为债务重组收益。非现金资产的公允价值与其账面价值的差额为转让资产损益。股权的公允价值与股本或实收资本的差额为资本公积。

⑦ 以现金，非现金资产、债务转为资本3种方式的组合清偿某项债务的，重组债务的账面价值与支付的现金、转账的非现金资产的公允价值、债权人因放弃债权而享有的股权公允价值的差额为债务重组收益。非现金资产的公允价值与其账面价值的差额为转让资本损益。股权的公允价值与股本或实收资本的差额为资本公积。

⑧ 以资产、债务转为资本等方式的组合清偿某项债务的一部分，并对该负债的另一部分以修改其他债务条件进行债务重组。在这种方式下，债务人应先以支付的现金、转让的非现金资产的公允价值、债权人因放弃债权而享有的股权公允价值冲减重组债务的账面价值，余额与将来应付金额进行比较，据此计算债务重组收益。债权人因放弃债权而享有的股权的公允价值与股本或实收资本的差额作为资本公积。非现金资产的公允价值与其账面价值的差额作为转让资产损益，于当期确认。

（3）债务重组的账务处理

① 债务人的账务处理。

【例6-117】某酒店原欠A纺织品公司床上用品款250 000元，由于财务发生困难，无法按合同规定偿还债务，经双方协议，A纺织公司同意减免该酒店50 000元，余额立即从银行支付。作分录如下：

借：应付账款——A 纺织品公司 250 000

贷：银行存款 200 000

营业外收入——债务重组利得 50 000

【例 6-118】某酒店欠清湖水产行海鲜款 200 000 元，由于财务发生困难，无力全额偿还。经双方协议，酒店以载重汽车一辆转让抵清债款。载重汽车原值 220 000 元，已提折旧 50 000元，经评估确认原值 220 000 元，评估确认净值 180 000 元，以银行存款支付评估费 1 000 元。作分录如下：

a. 载重汽车净值转固定资产清理。

借：固定资产清理 170 000

累计折旧 50 000

贷：固定资产 220 000

b. 支付评估费。

借：固定资产清理 1 000

贷：银行存款 1 000

c. 按汽车评估价抵付债款。

借：应付账款——清湖水产行 200 000

贷：固定资产清理 180 000

营业外收入——债务重组利得 20 000

d. 固定资产清理贷方余额 9 000 元，结转处置固定资产收益。

借：固定资产清理 9 000

贷：营业外收入 9 000

【例 6-119】某酒店欠 B 建筑公司大楼装修工程款 520 000 元，因财务发生困难，无法偿还债务，经双方协议，将债款转为该公司对酒店的投资，按 500 000 元转作实收资本，减免债款 20 000 元。

借：应付账款——B 建筑公司 520 000

贷：实收资本 500 000

营业外收入——债务重组利得 20 000

② 债权人的账务处理。

【例 6-120】A 纺织品公司，应收某酒店床上用品账款 250 000 元，因对方财务发生困难，经双方协商同意减免 50 000 元，余款 200 000 元立即收到存入银行。作分录如下：

借：银行存款 200 000

营业外支出——债务重组损失 50 000

贷：应收账款——某酒店 250 000

【例 6-121】沿用【例 6-120】的资料，清湖水产行原应收某酒店海鲜款 200 000 元，由于对方财务发生困难，经双方协商，同意该酒店以载重汽车一辆抵还债款。该汽车评估原值 220 000元，评估净值 180 000 元。作分录如下：

借：固定资产 220 000

营业外支出——债务重组损失 20 000

贷：应收账款——某酒店 200 000

【例6-122】B建筑公司应收某酒店装修工程款520 000元，因对方财务发生困难，经双方协商同意500 000元转作向该酒店投资，余款20 000元减免。作分录如下：

借：长期股权投资　　　　　　　　　　　　　　　500 000
　　营业外支出——债务重组损失　　　　　　　　　 20 000
　　贷：应收账款——某酒店　　　　　　　　　　　　　520 000

会计实操

习题一

一、目的

练习行政管理方面的核算。

二、资料

1. 工资的核算。

设某酒店发放当月工资有关资料如下：

① 从银行提取实发工资现金240 250元。

② 发放工资扣除职工欠款1 000元，代外单位扣收水电费1 500元。

③ 分配工资：

客房	47 376
餐饮	103 410
商场	10 225
行政人员	81 739
合计	240 250（元）

④ 代扣水电费以银行存款转付委托代扣单位。

2. 办公费的核算

① 购入文具用品一批2 560元，以银行存款支付，交仓库验收。

② 从仓库领用办公用380元。

3. 差旅费的核算

① 采购员张立借支差旅费3 000元，以现金支付。

② 张立回店报销差旅费2 850元，交回剩余现金150元。

4. 修理费核算

① 办公室电脑修理费580元，以银行存款支付。

② 酒店每月预提大修理费5 000元，3年共提180 000元，此次进行大修，共计费用169 500元，以银行存款支付。

5. 应酬费的核算

设某酒店餐饮营业日报的应酬费栏为1 560元，其他各栏共计18 720元，营业收入总额20 280元，实收现金18 720元。

6. 提取折旧费的核算

设某酒店本月共提取折旧费13 675元，无法分清部门。

7. 排污环保费的核算

设某酒店的排污环保费是在月末要交纳全年的费用 18 000 元，年初起每月预提 1 500 元。

8. 电视收视费的核算

设某酒店 1 月以银行存款支付全年电视收视费 60 000 元，当月分配 5 000 元。

9. 固定资产租赁费的核算

设某酒店的营业大厦是租用的，月租费 200 000 元，签约租用时，以银行存款交纳保证金 400 000 元，当月的租金 200 000 元以银行存款支付。

10. 保险费的核算

设某酒店年初以银行存款支付全年的财产保险费 36 000 元，当月分配进入费用 3 000 元。

三、要求

根据以上 1～10 项资料，应用正确的会计科目和子细目编制会计分录。

习题二

一、目的

练习设施维修费的核算。

二、资料

设某酒店工程部年初从仓库领用维修器材共计 12 000 元，年度终了报财务部应分配给各部门的器材耗费清单如下：

客房	3 200
餐饮	1 850
商场	2 200
行政管理部门	3 680
合计	10 930（元）

三、要求

按以上资料编制工程部领用器材和分配给各部门维修费用的会计分录。

习题三

一、目的

练习酒店车队的核算。

二、资料

设某酒店的车队本月的收入和费用如下：

① 客货运收入现金 125 600 元，银行汇票 14 890 元。

② 汽油费支出 25 400 元，以银行存款支付。

③ 维修器材支出 3 930 元，以银行存款支付。

④ 发放车队人员工资 34 210 元，从银行提取现金。

⑤ 提车辆折旧费 2 160 元。

⑥ 发放司机、维修人员工作手套等费用 850 元。

⑦ 以现金支付路桥通行费 1 100 元。

⑧ 以现金支付司机差旅费 2 460 元。

⑨ 计提本月车船税费 800 元。

三、要求

根据以上资料编制会计分录。

习题四

一、目的

练习坏账准备的核算。

二、资料

设某酒店本年应收账款总额 856 000 元，估计其中无法收回的坏账约 50 000 元，用坏账百分比法计提坏账准备。

三、要求

① 列出计算公式，计算坏账准备金额。

② 编制计提坏账准备会计分录。

习题五

一、目的

练习固定资产购建的核算。

二、资料

1. 设某酒店购入大型彩色电视机 20 台，总价 120 000 元，以银行存款支付。

2. 设某酒店自营建造车库一栋，建造过程陆续发生费用如下：

① 购入工程物资一批 157 000 元，以银行存款支付。

② 施工过程领用工程物资 148 600 元。

③ 支付工程人员工资 124 650 元，从银行提取现金支付。

④ 耗用水电费 28 900 元，由酒店统一付费中列支。

⑤ 工程完毕，按总造价 302 150 元验收注账。

⑥ 剩余工程物资 8 400 元，交酒店总仓库。

三、要求

按以上资料 1 编制电视机购进的会计分录。按资料 2 编制自营建造仓库的会计分录。

习题六

一、目的

练习无形资产核算。

二、资料

设某酒店向国家土地管理部门申购一块邻近的空地用作停车场，价款 1 200 000 元，以银行存款支付，规定的使用年限 50 年。

三、要求

根据以上资料编制取得土地使用权和分月摊销的会计分录。

习题七

一、目的

练习以前年度损益调整的核算。

二、资料

设某酒店于年度终了时，决算的会计报表已编制完毕，却发现漏摊员工服装费 24 000 元。该店服装购入时已列"长期待摊费用"。

三、要求

按漏摊费用编制以下几项调整分录：

① 调减服装费待摊金额。

② 调减多计所得税 25%。

③ 计算应调整金额结转"利润分配"。

习题八

一、目的

练习债务重组的核算。

二、资料

设某酒店欠副食品公司购原材料款240 000元，因无力偿还以汽车一辆抵账。该车原值230 000元，已提折旧 30 000 元，经评估确认的折余价值 210 000 元，并以银行存款 1 500 元支付评估费用。

三、要求

根据以上资料编制以下几项有关分录：

① 转销固定资产。

② 支付评估费。

③ 按评估价抵清债款。

④ 差额结转损益。

第七章

CHAPTER

▶▶▶ 会计报表

酒店的外部会计报表，按照国家财政、税务、工商部门的规定，月度应编报资产负债表、利润表，年度增编现金流量表。为了帮助企业领导人详细了解酒店的经营状况和财务成果，以便及时作出经营决策，提高企业管理水平，获取更大的经济效益，尚应编制反映酒店各经营部门的收入、成本、费用、税金、利润实现情况的内部报表。内部报表是从外部会计报表派生的，各项有关指标应完全一致。

◈ 7.1　会计报表的作用和编制要求

7.1.1　会计报表的作用

在日常会计核算中，企业经营活动所发生的经济业务，平时只能在会计凭证和会计账簿上得到反映。所提供的资料比较分散，不能集中、概括、系统、全面地提供经营管理所需要的会计信息。因此，必须在日常核算的基础上，定期对账簿等核算资料进行归集、加工、汇总编制各种会计报表。会计报表的作用体现在以下几个方面。

（1）有助于所有者和债权人作合理投资决策。所有者和债权人对企业投资时要进行相应的决策。由于所有者、债权人往往不能直接参与企业的经营活动，而要借助会计报表，并通过分析，了解企业财务状况和资金流转情况，弄清企业的获利能力和偿债能力，从而对企业财务状况作出比较准确的判断，寻求投资或信贷决策依据。

（2）反映企业领导人的经营管理水平。现代企业一般都是所有权与经营权分离。企业的经济资源是所有者与债权人投入的，他委托总经理等领导层代为经营管理。会计报表所提供的信息，有助于所有者与债权人评价企业管理人员过去的经营业绩和管理水平，为适当调整投资方向，或者重新安排代理人的人选作参考。

（3）有助于评价和预测未来的投资回报和现金流量。会计报表的主要内容是提供有关企业盈利及其构成的信息，帮助报表使用者评价未来的投资回报和现金流量。企业的现金净流入量虽不与盈利同比例增减，但有非常密切的关系。所有者通过会计报表所反映的现金流量可以评价和预测未来企业的财务状况。

（4）有助于国家经济管理部门进行宏观调控和管理。会计报表将企业生产经营情况和财务信息提供给政府经济管理部门，可以及时掌握各企业的经济情况；了解和监督企业完成社会责任方面的情况；还可通过对企业的会计报表所提供的资料进行分析，掌握国民经济总体的运行情况，为政府调控国民经济提供依据。

7.1.2　会计报表的编制要求

为了充分发挥会计报表的作用，保证会计报表所提供的信息能够满足使用者需要，编制会计报表必须做到数字真实、计算准确、内容完整、说明简洁、报送及时、手续齐备。

（1）数字真实、计算准确

会计报表中的各项数字必须真实可靠，能如实地反映企业经济活动情况，以利于总结经验，揭露问题，找出差距，改进工作。

（2）内容完整

每一种会计报表都是从企业不同的侧面反映会计事项。凡是规定要求提供的会计报表，都必须全部编制和报送，不得漏编漏报。对于应当填列的指标，都必须全部填列，更不可随意取舍。

（3）说明简洁

会计报表中一些需要说明的项目，应在报表附注中用简洁的文字加以说明，作为报表内容的补充。

（4）报送及时

会计报表必须在规定的期限内编制完成和报出，以便报表使用者及时了解情况和发现问题。因此，企业平时就应做好记账、算账和对账工作，做到日清月结。不能为了赶编会计报表而提前结账，或"粗制滥造"地降低报表质量。

（5）手续齐备

企业对外报送的会计报表，应依次装订，加具封面，加盖公章。封面上应写明企业名称，报表所属年度、月份、报送日期等，并由企业领导、会计主管、编表人签章。

7.2 资产负债表

7.2.1 资产负债表的作用

资产负债表是反映企业在一特定日期财务状况的会计报表，是一张静态报表。它是根据"资产=负债+所有者权益"这一平衡公式，按照一定的格式，把企业在一定日期的资产、负债、所有者权益等项目予以适当的编排，集中反映企业在该特定日期的拥有或控制的经济资源和所承担的经济义务，以及所有者享有的净资产权益。资产负债表的作用有以下几个方面。

（1）反映企业经济资源的分布情况。资产负债表的资产方，按各项资产的性质和用途，分为流动资产和非流动资产。在各类之下，又分别列出有关明细项目。

（2）反映债务情况。资产负债表在流动负债类，根据负债的明细项目反映出除所有者权益以外的资金来源。

（3）反映企业的所有者权益情况。资产负债表所有者权益类分别反映所有者投入的资本及资本公积、盈余公积和未分配利润组成情况。

（4）反映企业的偿债能力和净资产情况。从资产负债表的流动资产大类与流动负债大类两者比例，并结合流动资产中变现性较高的项目观察，可以清楚地了解到企业的偿债能力。从资产、负债、所有者权益3大类的有关结构，又能了解到企业净资产的真实情况。

7.2.2 资产负债表的内容和格式

（1）资产负债表的基本内容

资产负债表的项目，基本概括了全部的会计账户。流动资产类包括货币资金、可供出售金融资产、应收票据、应收账款、预付账款、其他应收、存货、待摊费用等；固定资产类包括固定资产原价和累计折旧、在建工程等；无形资产和其他资产类包括无形资产、长期待摊费用等；流动负债类包括短期借款、应付票据、应付账款、预收账款、应付职工薪酬、应付利润、应交税费、其他应付款等；长期负债包括长期借款、应付债券、长期应付款等；所有者权益类包括资本（股本）、资本公积、盈余公积、未分配利润等。

此外，有的企业采用固定资产加速折旧等原因而形成递延税款，按其借方或贷方余额分别在资产负债表的"递延所得税资产"和"递延所得税负债"项目反映。

（2）资产负债表的格式

资产负债表有账户式和报告式两种格式。

账户式资产负债表的格式是各个项目分左右两方排列。左方为资产，右方为负债和所有者权益。左方资产总额等于右方负债加所有者权益总额。我国统一采用账户式资产负债表。

报告式资产负债表格式是各个项目从资产、负债到所有者权益按上下顺序排列，故又称垂直式资产负债表。有些国家是采用报告式资产负债表。

7.2.3　资产负债表的编制方法

资产负债表左右两方分别有"期末余额"和"年初余额"两栏。"年初余额"栏只要根据上一年度资产负债表的"期末余额"填列。要指出的是：本年度每个月资产负债表的"年初余额"栏都是照填上一年度的"期末余额"。"年初余额"不要误为"期初余额"。

资产负债表实际上只要编制"期末余额"（如月末、年末）。资产负债表大部分项目是照填有关账户的期末余额。但有些项目要填几个账户的合并数；有些项目要填有关账户增减后的调整数。需要合并或调整的账户和项目如下。

（1）"货币资金"项目是填列"库存现金""银行存款""其他货币资金"3个账户的合计数。

（2）"存货"项目是填列"原材料""包装物""低值易耗品""物料用品""自制半成品""库存商品""委托代销商品"等账户的合计数。如果"材料成本差异""商品进销差价"等账户期末有贷方余额应从"存货"合计数减少。计提的存货跌价准备的，也应减少存货项目的合计数。

（3）往来账项应作以下调整。

①"应收账款"各明细账户，期末凡发生贷方余额的各户合计数并入资产负债表的"预收账款"项目。

②"应付账款"各明细账户，期末凡发生借方余额的各户合计数并入资产负债表的"预付账款"项目。

③"预付账款"各明细账户，期末凡发生贷方余额的各户合计数并入资产负债表的"应付账款"项目。

④"预收账款"各明细账户，期末凡发生借方余额的各户合计数并入资产负债表的"应收账款"项目。

⑤"其他应收款"各明细账户，期末凡发生贷方余额的各户合计数并入资产负债表的"其他应付款"项目。

⑥"其他应付款"各明细账户，期末凡发生借方余额的各户合计数并入资产负债表的"其他应收款"项目。

（4）资产负债表中，流动资产类下的"一年内到期的长期债权投资"项目，应从长期债权投资等账户查明1年内到期数额填列；流动负债类下的"一年内到期的长期负债"项目，应从长期借款、长期应付款等账户查明1年内到期数额填列。同时，长期投资和长期负债各有关项目应减少1年内到期的数额。

（5）"应收账款"项目应减去已提取的坏账准备金额填列；"固定资产"项目应减去累计折旧金额和减值准备金额填列；"无形资产"项目应减去累计摊销和减值准备金额填列。

（6）资产负债表中的所有者权益类的"未分配利润"项目，月度报表按"本年利润"账户累计数填列。年度报表按"未分配利润"账户余额填列。如为亏损以"-"号反映。

【例7-1】星辰大酒店2010年12月31日未调整前总分类账的账户余额如表7-1所示。为了编制期末资产负债表，有些账户应按资产负债表有关项目作以下合并或调整。

（1）"货币资金"项目=库存现金2 000+银行存款567 800

                    =569 800（元）

（2）"存货"项目=原材料84 780+低值易耗品215 400

               +物料用品103 810+库存商品394 861

               -商品进销差价98 715

               =700 136（元）

表7-1　　　　　星辰大酒店2010年12月31日总账科目余额表（调整前）　　　　　单位：元

科目名称	借方余额	科目名称	贷方余额
库存现金	2 000	应付账款	525 645
银行存款	567 800	预收账款	145 824
可供出售金融资产	189 000	其他应付款	185 940
应收账款	764 600	应付职工薪酬	345 886
坏账准备	-25 292	应交税费	127 900
预付账款	55 400	预提费用	51 737
其他应收款	123 180	其他应交款	3 210
原材料	84 780	长期应付款	358 000
低值易耗品	215 400	实收资本	19 700 000
物料用品	103 810	盈余公积	426 586
库存商品	394 861	利润分配	4 704 740
商品进销差价	-98 715		
待摊费用	26 700		
长期股权投资	500 000		
固定资产	24 408 613		
累计折旧	-1 124 869		
在建工程	215 800		
无形资产	85 000		
长期待摊费用	128 650		
合计	26 616 718	合计	26 616 718

（3）"应收账款""预付账款""应付账款""预收账款"4个账户所属明细账户如表7-2～表7-5所示。现根据这4份明细分类账余额表，列出应调整的项目数额如下。

① "应收账款"项目=表7-2借方合计895 636+表7-5借方合计38 934

              =934 570（元）

② "应付账款"项目=表 7-3 贷方合计 577 091+表 7-4 贷方合计 21 094

=598 185（元）

③ "预付账款"项目=表 7-4 借方合计 76 494+表 7-3 借方合计 51 446

=127 940（元）

④ "预收账款"项目=表 7-5 贷方合计 184 758+表 7-2 贷方合计 131 036

=315 794（元）

表 7-2   "应收账款"明细分类账余额表   单位：元

页次	户名	借方余额	贷方余额
1	客房预收房金（已减应收户借方余额）		110 246
2	以下户名均略		32 100
3		73 450	
4		21 600	
5		66 485	
6		14 860	
7		31 300	
8		19 540	
9			14 340
10		12 800	
11		52 700	
12		21 840	
13		35 900	
14		62 300	
15			6 450
16		33 195	
17		42 871	
18		6 540	
19		36 875	
20		42 120	
21		32 350	
22		66 800	
23		54 780	
24		85 420	
25		31 080	
26		18 730	
合计		895 636	131 036

注：贷方合计 131 036 元属"预收账款"性质。

表 7-3   "应付账款"明细分类账余额表   单位：元

页次	户名	借方余额	贷方余额
1	（略）		32 894
2			132 400

页次	户名	借方余额	贷方余额
3			38 950
4			9 540
5			18 972
6			29 540
7	（略）		25 188
8			19 284
9		21 200	
10			45 266
11			4 822
12			65 430
13			13 460
14		7 481	
15			20 250
16		10 973	
17			32 431
18			12 860
19			3 420
20			12 630
21			28 980
22			30 774
23		11 792	
合计		51 446	577 091

注：借方合计 51 446 元属"预付账款"性质。

表 7-4　　　　　　　　　　　"预付账款"明细分类账余额表　　　　　　　　　单位：元

页次	户名	借方余额	贷方余额
1	（略）	14 652	
2		8 965	
3		34 735	
4			11 890
5		4 342	
6		7 485	
7			6 080
8			1 015
9		6 315	
10			2 109
合计		76 494	21 094

注：贷方合计 21 094 元属"应付账款"性质。

表 7-5　　　　　　　　　　"预收账款"明细分类账余额表　　　　　　　　　　单位：元

页次	户名	借方余额	贷方余额
1	（略）		21 810
2			32 145
3			61 721
4		13 504	
5			43 564
6			18 585
7		25 430	
8			6 933
合计		38 934	184 758

注：借方合计 38 934 元属"应收账款"性质。

（4）"其他应收款"和"其他应付款"两个账户所属明细分类账各户余额如表 7-6、表 7-7 所示。现根据这两份明细分类账余额表列出应调整的项目数额如下。

① "其他应收款"项目＝表 7-6 借方合计 172 289＋表 7-7 借方合计 27 113
　　　　　　　　＝199 402（元）

② "其他应付款"项目＝表 7-7 贷方合计 213 053＋表 7-6 贷方合计 49 109
　　　　　　　　＝262 162（元）

表 7-6　　　　　　　　　　"其他应收款"明细分类账余额表　　　　　　　　　　单位：元

页次	户名	借方余额	贷方余额
1	（略）	8 165	
2		4 314	
3		15 869	
4			2 180
5		38 980	
6		21 855	
7		18 422	
8			5 680
9			12 310
10		30 169	
11		22 875	
12			13 486
13		11 640	
14			14 353
15			1 100
合计		172 289	49 109

注：贷方合计 49 109 元属"其他应付款"性质。

表 7-7　　　　　　　　　　"其他应付款"明细分类账余额表　　　　　　　单位：元

页次	户名	借方余额	贷方余额
1	（略）		35 876
2			26 231
3			12 895
4			29 430
5		14 870	
6		12 243	
7			21 890
8			14 550
9			2 120
10			44 870
11			21 200
12			3 991
合计		27 113	213 053

注：借方合计 27 113 元属"其他应收款"性质。

（5）"长期股权投资"账户期末余额 500 000 元经查明其中有 100 000 元 1 年内到期。资产负债表中"1 年内到期的长期债权投资"项目填列 100 000 元；同时，"长期股权投资"项目则填列 400 000 元（即 500 000-100 000）。

（6）"长期应付款"账户期末余额 358 000 元，经查明，其中有 50 000 元 1 年内到期，资产负债表中"1 年内到期的长期负债"项目填列 50 000 元；同时，"长期应付款"项目则填列 308 000 元（即 358 000-50 000）。

资产负债表的其余项目无调整情况，只要按表 7-1 期末总账科目表各有关科目的数据填列。

星辰大酒店 2010 年 12 月 31 日资产负债表如表 7-8 所示。

表 7-8　　　　　　　　　　　　　资产负债表

编制单位：星辰大酒店　　　　　　　2010 年 12 月 31 日　　　　　　　单位：元

资产	期末余额	年初余额	负债和所有者权益	期末余额	年初余额
流动资产：			流动负债：		
货币资金	596 800	421 354	短期借款		
交易性金融资产			交易性金融负债		
应收票据			应付票据		
应收账款	909 278	791 465	应付账款	598 185	685 943
预付账款	127 940	85 742	预收款项	315 794	432 807
应收利息			应付职工薪酬	387 136	329 820
应收股利			应交税费	131 110	110 750
其他应收款	199 402	158 258	应付利息		

资产	期末余额	年初余额	负债和所有者权益	期末余额	年初余额
存货	700 136	584 274	应付股利		
一年期内到期的非流动资产	100 000		其他应付款	262 162	201 843
其他流动资产	26 700	31 600	一年内到期的非流动负债	50 000	
流动资产合计	2 633 256	2 072 720	其他流动负债	51 737	14 685
非流动资产:			流动负债合计	1 796 124	1 775 848
可供出售金融资产	189 000	100 000	非流动负债:		
持有至到期投资			长期借款		
长期应收款			应付债券		
长期股权投资	400 000	500 000	长期应付款	308 000	358 000
投资信房地产			专项应付款		
固定资产	23 283 744	20 679 446	预计负债		
在建工程	215 800	158 610	递延所得税负债		
工程物资			其他非流动负债		
固定资产清理			非流动负债合计	308 000	358 000
生产性生物资产			负债合计	2 104 124	2 133 848
油气资产			所有者权益:		
无形资产	85 000	120 000	实收资本（或股本）	19 700 000	19 700 000
研发支出			资本公积		
商誉			减：库存股		
长期待摊费用	128 650	149 509	盈余公积	426 586	196 300
递延所得税资产			未分配利润	4 704 740	1 750 137
其他非流动资产			所有者权益合计	24 831 326	21 646 437
非流动资产合计	24 302 194	21 707 565			
资产总计	26 935 450	23 780 285	负债和所有者权益总计	26 935 450	23 780 285

7.3 利润表

7.3.1 利润表的作用

利润表又称损益表，是反映企业在一定期间经营成果和财务成果的会计报表，是一张动态表。利润表把一定时期的营业收入与同一会计期间相关的营业成本、销售费用、管理费用、税金等支出进行配比，计算出企业的净利润或净亏损。其主要作用有以下几个方面。

（1）有助于分析企业的经营成果和获利能力

利润表通过一定时期的营业收入抵扣营业成本、费用等之后的余额（即利润或亏损）直接揭示了企业一定期间经营成果的形成。利润表反映的经营成果数据，按企业不同时期相关指标进行比较，就可以评价和预测企业未来的获利能力，并据此做出经营决策。

（2）有助于考核企业管理者的经营业绩

利润表提供盈利方面的资料，属综合性信息。它是企业在经营、理财、投资等各项活动中的成效直接体现，基本上能够反映企业管理者的业绩。

（3）有助于预测企业未来利润水平和现金流量

企业的获利能力与现金流量密切相关。企业的现金流入净额主要依靠盈利形成。利润表提供的信息，对预测企业未来盈利水平和现金流量的作用很大。

（4）有助于企业管理者做出未来决策

企业管理者通过利润表的分析评价，可以揭露问题，找出差距，采取措施，改善经营管理。

7.3.2 利润表的格式

利润表一般有单步式和多步式两种格式。

单步式利润表是将本期的全部收入汇集在一起，同时将全部经营费用也汇集在一起，然后以收入合计减去经营费用合计，得出本期净利润。国外有些企业采用单步式利润表。

多步式利润表是通过多步计算，确定当期净利润的。我国现行会计制度要求采用多步式利润表。

多步式利润表的格式通常如下：

第一步，营业收入减去营业成本，计算得出营业毛利；

第二步，从营业毛利减去销售费用及相关税费等，计算得出营业利润；

第三步，营业利润加减营业外收支等项目，计算出利润总额；

第四步，从利润总额减去所得税费用，计算得出本期净利润。

7.3.3 利润表的编制方法

（1）利润表"本期金额"栏反映各项目本月实际发生额。企业每期各项损益类账户余额数据便在这一栏具体填列。"上期金额"栏填上期发生额。

（2）编制利润表的依据是企业当期的"本年利润"明细账。在编制时，有些项目只要照账填列；但有些项目，如"本年利润"明细账记录的"主营业务收入"和"主营业务成本"，多数酒店是分别各经营部门和有关经营品种反映的。所以必须进行归纳汇总后填入"利润表"的"主营业务收入"和"主营业务成本"项目。

（3）利润表编制举例。

【例7-2】星辰大酒店2010年12月"本年利润"明细账记录如表7-9所示。其中营业收入和营业成本实际上是分别有关项目，如客房、餐饮（细分为菜品、海鲜、面点、酒水）、商场、蒸汽浴、娱乐登记的。为简便起见，以上表7-9"本年利润"明细账的营业收入和营业成本数字是按归集汇总后反映的。

根据表7-9"本年利润"明细账，编制的"利润表"如表7-10所示。

表 7-9   "本年利润"明细账   单位：元

2010年		凭证号	摘要	借方金额	贷方金额	借或贷	余额
月	日						
12	1		承前页（上月月末余额）			贷	2 665 698
	31	（略）	营业收入		2 029 254		
	31		营业成本	434 305			
	31		销售费用	937 188			
	31		营业税金及附加	111 989			
	31		管理费用	147 336			
	31		其他业务收入		28 450		
	31		其他业务成本	23 600			
	31		投资收益		26 750		
	31		营业外收入		2 180		
	31		财务费用（存款利息收入）		126		
	31		营业外支出	1 140			
	31		所得税费用	142 297		贷	2 945 603
			本月合计	1 797 855	2 086 760		

表 7-10   利润表

编制单位：星辰大酒店   2010 年 12 月   单位：元

项目	本期金额	上期金额
一、营业收入	2 029 254	
减：营业成本	434 305	
营业税金及附加	111 989	
销售费用	937 188	
管理费用	147 336	
财务费用	−126	
资产减值损失		
加：公允价值变动收益（损失以"−"号填列）		
投资收益（损失以"−"号填列）	26 750	
其中：对联营企业和合营企业的投资收益		
其他业务利润（亏损以"−"号填列）	4 850	
二、营业利润（亏损以"−"号填列）	430 162	
加：营业外收入	2 180	
减：营业外支出	1 140	
其中：非流动资产处置损失		
三、利润总额（亏损总额以"−"号填列）	431 202	

项目	本期金额	上期金额
减：所得税费用	142 297	
四、净利润（净亏损以"－"号填列）	288 905	
五、每股收益		
（一）基本每股收益		
（二）稀释每股收益		

7.4 现金流量表

7.4.1 现金流量表的作用

现金流量表是以现金为基础编制的财务状况表。它反映企业在一定期间内现金的流入和流出，表明企业获得现金和现金等价物的能力。现金流量表的主要作用如下。

（1）提供企业现金流量信息，从而有助于评价企业的偿债能力。企业利润表反映在一定期间内获得的利润并不表明企业真正具有偿债和支付能力。例如，有些企业虽然利润表上反映的利润很大，业绩可观，但是财务困难，没有足够的现金偿还到期债务；相反，有些企业虽然利润表上反映的经营成果并不理想，但却有足够的偿债能力。产生这些情况的原因很多，其中会计核算采用权责发生制原则是主要因素。企业利润表反映的税后利润并不代表企业实际收到的现金，因为企业的销售收入有很大一部分为应收账款，并未全部收到现金。企业有些费用支出如折旧费等，虽减少了利润，但并未支出现金。现金流量表则消除了这些无现金收付的经济事项，将权责发生制转换为收付实现制。投资者和债权人可以通过现金流量表了解企业真实的偿债能力和支付能力。

（2）现金流量表有助于客观评价企业的经营质量。现金流量表分为经营活动产生的现金流量、投资活动产生的现金流量、筹资产生的现金流量3个部分。从各个部分现金流量是否合理，可以判断企业财务状况是否良好。有些企业经营失败便是由于投资活动流出现金不合理造成的。

（3）现金流量表有助于预测企业未来现金流量。现金流量表反映企业一定期间内的现金从哪里来，又运用到哪里去。通过现金流量表及其他会计信息，可以分析企业未来获取和支付的能力。并通过以往某个时期或连续的几个时期的现金流量表的分析，可以预测企业未来现金流量的金额、时间和实现的程度，以便做出有关经营决策。

7.4.2 几个名词的含义

（1）现金

现金流量表所指现金包括企业库存现金、银行存款、其他货币资金（如银行汇票存款、银行本票存款、信用证存款和在途货币资金）。

（2）现金等价物

现金等价物是指企业持有的期限短（一般为3个月以内），流动性强，易于转换为已知金额的现金，价格变动风险很小的投资。一项投资被确认为现金等价物，必须具备 4 个条件，即期限短、流动性强、易于转换为已知金额的现金、价格变动风险很小。

（3）现金流量

现金流量是某一段时期内企业现金流入和流出的数量。流入，如出售产品、供应劳务、向银行借入的现金收入；流出，如购买原材料、商品、接受劳务支出工资、购建固定资产等现金支出。现金净流量则是企业一定时期内现金流入量超过现金流出量的净额。

7.4.3 有关现金流量表的项目内容和有关计算公式

企业是按权责发生制原则进行会计核算的，只要经济业务发生了，虽未收到或付出现金，均应作为收入或耗费处理。未能体现实际现金收付，编制现金流量表必须对有关收入付出项目进行调整，把按权责发生制核算的财务指标转换为收付实现制的财务指标。以下的计算公式便是用于调整转换的计算。

现金流量表各项目内容及计算公式：

（1）经营活动产生的现金流量

① 销售商品，提供劳务收到的现金。

销售商品、提供劳务收到的现金=当期销售商品或提供劳务的现金收入+（应收账款或应收票据期初余额-应收账款或应收票据期末余额）+（预收账款期末余额-预收账款期初余额）

-当期因销售退回而支出的现金+当期收回前期核销的坏账损失

② 收到的税费返还主要是所得税、消费税、营业税、教育费附加等的返还款，根据"应交税费"等账户分析填列。

③ 收到的其他与经营活动有关的现金，反映除上述各项目以外所收到的其他与经营活动有关的现金流入，如接受捐赠、违约罚款等收入。

④ 购买商品、接受劳务支付的现金。

购买商品、接受劳务支付的现金=当期购买商品、接受劳务支出的现金+（存货期初余额-存货期末余额）+当期支付前期的应付账款+当期支付前期的应付票据+当期预付的账款-

当期因购货退回收到的现金

上面公式中所列各项目均不包含增值税进项税额。

⑤ 支付给职工以及为职工支付现金。

支付给职工以及为职工支付的现金=销售费用（销售费用）、管理费用中工资、

福利费+（应付职工薪酬期初余额-应付职工薪酬期末余额）

⑥ 支付的各项税费包括当期实际支付的营业税、房产税、车船使用税、印花税等各种税款，包括本期发生并支付的税金，以及当期支付以前各期发生的税金和预付税金。

⑦ 支付其他与经营活动有关的现金。反映除上述主要项目外如罚款、差旅费、保险费等在管理费用列支的现金。

（2）投资活动产生的现金流量

① 收回投资所收到的现金，包括收回交易性金融资产的价款和利息等款项。

② 取得投资收益所收到的现金，包括"投资收益"中实际收到的现金。

③ 处置固定资产、无形资产和其他长期资产收到的现金净额。

处置固定资产、无形资产和其他长期资产收到的现金净额=出售固定资产、无形资产和其他长期资产所收到的现金-出售这些资产的有关费用+因灾害毁损固定资产收到的保险赔偿款

④ 收到其他与投资活动有关的现金。反映企业除上述各项目外，所收到的其他与投资有关的现金流入。

⑤ 购建固定资产、无形资产和其他长期资产所支付的现金。这包括购买机器设备等所支付的现金及增值税款、建造工程所支付的现金、人员工资等、购买或自创无形资产的现金。

⑥ 投资所支付的现金。包括权益性投资和债权性投资支出的现金。

⑦ 支付的其他与投资活动有关的现金。反映除上述各项目以外与投资活动有关的现金流出。

（3）筹资活动产生的现金流量

① 吸取投资所收到的现金。

吸取投资所收到的现金=实收资本贷方发生额+资本公积（资本溢价）贷方发生额

② 借款所收到的现金。包括收到各种借入款项所收到的现金。

③ 收到的其他与筹资活动有关的现金。收到除上述项目以外的接受现金捐赠等款项。

④ 偿还债务所支付的现金。反映以现金偿还债务的本金。

⑤ 分配利润或偿付利息所支付的现金。

⑥ 支付其他与筹资活动有关的现金。反映除上述项目以外与筹资活动有关的现金流出如咨询费、公证费、印刷费等。

7.4.4 现金流量表的编制方法

（1）编制现金流量表的步骤与方法

① 编制竖式比较资产负债表。该表分为"年初余额""期末余额""增减变动"3栏。将年度资产负债表各项目的数额过入该表，并计算和填入增减变动数额。

② 根据酒店会计核算的特点，应对以下有关账户进行分析、整理，收集编制现金流量表的资料。

a. 从"销售费用""管理费用""其他业务成本"等账户分析统计支付给职工的工资和为职工支付的现金数额。

b. 从"其他应收款"账户分析统计职工借支差旅费、存出保证金、职工欠款等的年末余额，查明有无工程预付款。

c. 从"其他应付款"账户分析统计应付房租、水电费年末余额。查明有无投资者临时借入资金。

d. 从"固定资产清理"账户分析统计处理固定资产收入或付出的现金。

e. 从"利润分配——未分配利润"账户分析统计直接支付的利润。

f. 对"营业外收入""营业外支出"账户查明收付现金的性质，区分经营活动、投资活动、筹资活动各有关数额。

③ 根据所有资料，按现金流量表内容要求，以主营业务收入为起点，先利润表项目，后资产负债表项目，逐项编制调整分录。

④ 如采用"T形账户法"，便开设各个项目的T形账户，先将比较资产负债表和利润表有关数据过入T形账户。将比较资产负债表各个项目的"增减变动"数过入T形账户的方法是，

期末余额大于年初余额的差额过入各该项目相同方向（例如，货币资金增减变动栏是+148 446元，则过入货币资金 T 形账户的借方 148 446 元，并在数字下画一横线表示是过入数）。如果期末余额小于年初余额，则过入各该项目的相反方向（例如，待摊费用增减变动栏是 −4 900 元，则过入待摊费用 T 形账户的贷方 4 900 元，并在数字下画一横线，表示是过入数）。然后将利润表资料的各项目数额过入 T 形账户，属贷方性质的过入 T 形账户的贷方，属借方性质的过入 T 形账户借方。也都在所过入数字下画一横线，表示是过入数。最后将各调整分录的有关项目，分别借贷性质登入各 T 形账户，并检查核对所登记的分录金额是否与横线上过入数一致，如不相符便有差错，应查明更正。

⑤ 如采用工作底稿法应设置含有所有项目的工作底稿，并将调整分录登记工作底稿。

⑥ 开设一个大的"现金及现金等价物"T 形账户根据各调整分录有关经营活动现金流量、投资活动现金流量、筹资活动现金流量的借贷方数额，分别登入大的 T 形账户。

⑦ 根据大的"现金及现金等价物"T 形账户各项目有关数额填入现金流量表。

⑧ 现金流量表补充资料栏按照间接法编制。其中"经营活动产生的现金流量净额"数额，应与该表首项（−）经营活动产生的现金流量净额相符。此外，补充资料的"现金及现金等价物净增加额"应与比较资产负债表货币资金增减差额相符。

（2）现金流量表编制举例。

【例 7-3】星辰大酒店编制"2010 年度现金流量表"有关资料如下。

（1）2010 年度竖式比较资产负债表如表 7-11 所示。该表是根据表 7-8 所示的"星辰大酒店2010 年度资产负债表"整理编制的。

表 7-11   比较资产负债表

编制单位：星辰大酒店   2010 年 12 月 31 日   单位：元

项目	年初数	期末数	增减变动
资产：			
货币资金	421 354	569 800	+148 446
可供出售金融资产	100 000	189 000	+89 000
应收账款（净额）	791 465	909 278	+117 813
预付账款	85 742	127 940	+42 198
其他应收款	158 285	199 402	+41 117
存货（净额）	584 274	700 136	+115 862
长期股权投资	500 000	500 000	
固定资产	21 244 872	24 408 613	+3 163 741
减：累计折旧	565 426	1 124 869	+559 443
在建工程	158 610	215 800	+57 190
无形资产	120 000	85 000	−35 000
长期待摊费用	166 424	103 613	−62 811
资产合计	23 780 285	26 935 450	+3 118 113

项目	年初数	期末数	增减变动
负债及所有者权益：			
应付账款	685 943	598 185	-87 758
预收账款	432 807	315 794	-117 013
应付职工薪酬	329 820	389 136	+57 316
应交税费	110 750	131 110	+20 360
其他应付款	201 843	262 162	+60 319
长期应付款	358 000	358 000	
实收资本	19 700 000	19 700 000	
盈余公积	196 300	426 586	+230 286
未分配利润	1 750 137	4 704 740	+2 954 603
负债及所有者权益合计	23 765 600	26 883 713	+3 118 113

（2）2010 年度利润表资料如表 7-12 所示。该表资料是根据表 7-10 星辰大酒店 2010 年度利润表整理编制的。

表 7-12   年度利润表资料

单位名称：星辰大酒店   2010 年   单位：元

项目	本年累计数
营业收入	24 691 778
减：营业成本	5 212 964
销售费用	12 246 573
营业税金及附加	1 258 986
加：其他业务利润	31 208
减：管理费用	1 845 032
减：财务费用（利息收入）	-1 415
投资收益	225 860
营业外收入	24 289
减：营业外支出	1 140
所得税费用	1 455 252
净利润	2 954 603

注：以上其他业务利润的构成为：其他业务收入 156 180-其他业务成本 124 972=其他业务利润 31 208（元）

（3）从账面分析统计，收集以下资料。

① 全年职工工资总额 2 441 335 元。

② 职工福利费只提取尚未使用。

③ 其他应收款增加数 41 117 元，其中为职工支付 2 500 元，其余 38 617 元为其他经营活动支出。

④ 其他应付款增加数 60 319 元，是支付的与其他经营活动有关的现金。

⑤ 营业外收入 24 289 元是售废品的收入。

⑥ 营业外支出 1 140 元是社会慈善捐献支出。

（4）根据以上资料并结合利润表各项目数额，以及比较资产负债表各项目的增减变动数额，编制调整分录。

① 调整主营业务收入。

借：经营活动现金流量——销售商品、提供劳务收到的现金　24 613 132

　　　应收账款　117 813

　　　预收账款　117 013

　　贷：主营业务收入　24 691 778

　　　　其他业务收入　156 180

② 调整营业成本。

借：主营业务成本　5 212 964

　　其他业务成本　124 972

　　存货　115 862

　　应付账款　87 758

　　预付账款　42 198

　　贷：经营活动现金流量——购买商品、接受劳务支付的现金　5 583 754

③ 调整销售费用和管理费用。

职工工资支出=工资总额 2 441 335+应付职工薪酬 57 316+其他应收款增加 2 500

　　　　　　=2 386 519

借：销售费用　12 246 573

　　管理费用　1 845 032

　　其他应收款　41 117

　　贷：经营活动现金流量——支付给职工的现金　2 386 519

　　　　经营活动现金流量——支付其他与经营活动有关的现金　10 971 314

　　　　累计折旧　559 443

　　　　待摊费用　4 900

　　　　长期待摊费用　20 859

　　　　无形资产　35 000

　　　　应付职工薪酬　57 316

　　　　其他应付款　60 319

④ 调整主营业务税金。

借：营业税金及附加　1 258 986

　　贷：经营活动现金流量——支付各项税费　1 238 626

　　　　应交税费　20 360

⑤ 调整财务费用（利息收入）。

借：筹资活动现金流量——收到其他与筹资活动有关的现金　1 415

	贷：财务费用	1 415

⑥ 调整投资收益。

借：投资活动现金流量——分得股利或利润所收到的现金　225 860

　　贷：投资收益　225 860

⑦ 调整营业外收入。

借：经营活动现金流量——收到其他与经营活动有关的现金　24 289

　　贷：营业外收入　24 289

⑧ 调整营业外支出。

借：营业外支出　1 140

　　贷：经营活动现金流量——支付其他与经营活动有关的现金　1 140

⑨ 调整所得税费用。

借：所得税费用　1 455 252

　　贷：经营活动现金流量——支付所得税　1 455 252

⑩ 调整购建固定资产。

借：固定资产　3 163 741

　　贷：投资活动现金流量——购建固定资产支付的现金　3 163 741

⑪ 调整在建工程支出。

借：在建工程　57 190

　　贷：投资活动现金流量——购建固定资产支付的现金　57 190

⑫ 提取盈余公积。

借：投资活动现金流量——从利润中提取盈余公积增加的现金　230 286

　　贷：盈余公积　230 286

⑬ 调整可供出售金融资产。

借：可供出售金融资产　89 000

　　贷：投资活动现金流量——权益性投资支付现金　89 000

⑭ 结转净利润。

借：净利润　2 954 603

　　贷：未分配利润　2 954 603

⑮ 调整现金净变化额

借：货币资金　148 446

　　贷：现金净增加额　148 446

以上"③ 调整销售费用和管理费用"分录的"支付其他与经营活动有关的现金"10 971 314元，可根据"销售费用"和"管理费用"两者合计 14 091 605 元，加"其他应收款"41 117 元，减"支付给职工的现金"2 386 519 元，再减"累计折旧""长期待摊费用""无形资产""应付职工薪酬""其他应付款"等合计 774 889 元求得。

（5）开设 T 形账户和一个大的"现金及现金等价物"T 形账户，分别登记以上各调整分录。

各 T 形账户和大的"现金及现金等价物"T 形账户登记如下：

T形账户

主营业务收入	
	24 691 778
	① 24 691 778

主营业务成本	
5 212 964	
② 5 212 964	

销售费用	
12 246 573	
③ 12 246 573	

营业务费用及附加	
1 258 986	
④ 1 258 986	

其他业务收入	
	156 180
	① 156 180

其他业务成本	
124 972	
② 124 972	

管理费用	
1 845 032	
③ 1 845 032	

财务费用	
	1 415
	⑤ 1 415

投资收益	
	225 860
	⑥ 225 860

营业外收入	
	24 289
	⑦ 24 289

营业外支出	
1 140	
⑧ 1 140	

所得税费用	
1 455 252	
⑨ 1 455 252	

可供出售金融资产	
89 000	
⑬ 89 000	

应收账款	
117 813	
① 117 813	

预付账款	
42 198	
② 42 198	

其他应收款	
41 117	
③ 41 117	

存 货	
115 862	
② 115 862	

固定资产	
3 163 741	
⑩ 3 163 741	

累计折旧			长期待摊费用	
	559 443			20 859
	③ 559 443			③ 20 859

在建工程			无形资产	
57 190				35 000
⑪ 57 190				③ 35 000

应付职工薪酬			应付账款	
	57 316		87 758	
	③ 57 316		② 87 758	

预收账款			应交税费	
117 013				20 360
① 117 013				④ 20 360

其他应付款			盈余公积	
	60 319			230 286
	③ 60 319			⑫ 230 286

货币资金			未分配利润	
⑮ 148 446				2 954 603
				⑭ 2 954 603

净利润	
⑭ 2 954 603	

现金及现金等价物
单位：元

经营活动现金流入：		经营活动现金流出：	
1. 销售商品提供劳务收到的现金	① 24 613 132	1. 购买商品接受劳务支出的现金	② 5 583 754
2. 收到其他与经营活动有关的现金	⑦ 24 289	2. 支付职工的现金	③ 2 386 519
		3. 支付营业税费的现金	④ 1 238 626
		4. 支付所得税费用的现金	⑨ 1 455 252
		5. 支付其他与经营活动有关的现金：	
			③ 10 971 314
			⑧ 1 140
		支付其他经营活动有关现金小计 10 972 454	

续表

经营活动现金流入合计	24 637 421	经营活动现金流出合计	21 636 605
经营活动现金流入净额	3 000 816		
投资活动现金流入:		投资活动现金流出:	
分得股利或利润的现金	⑥ 225 860	1. 购建固定资产支付的现金:	
	⑫ 230 286		⑩3 163 741
			⑪57 190
		购建固定资产支付现金小计 3 220 931	
		2. 权益投资支付的现金	⑬ 89 000
投资活动现金流入合计	456 146	投资活动现金流出合计	3 309 931
		投资活动现金流出净额	2 853 785
筹资活动现金流入:		筹资活动现金流出:	
存款利息收入现金	⑤ 1 415		
现金流入	25 094 982	现金流出	24 946 536
		现金流出净额	148 446

　　根据以上大的"现金及现金等价物"T形账户各项目的数额填入表7-13所示的现金流量表。

表7-13　　　　　　　　　　　　　　现金流量表

编制单位：星辰大酒店　　　　　　　　　　2010年　　　　　　　　　　　单位：元

项目	金额
一、经营活动产生的现金流量:	
销售商品、提供劳务收到的现金	24 613 132
收到的税费返还	
收到的其他与经营活动有关的现金	24 289
经营活动现金流入小计	24 637 421
购买商品、接受劳务支付的现金	5 583 754
支付给职工以及为职工支付的现金	2 386 519
支付的各项税款	2 693 878
支付除增值税、所得税以外的其他税费	1 238 626
支付其他与经营活动有关的现金	10 972 454
经营活动产生的现金流量净额	3 000 816
二、投资活动产生的现金流量:	
收回投资收到的现金	
取得投资收益收到的现金	456 146
处置固定资产、无形资产和其他长期资产收回的现金净额	
处置子公司及其他营业单位收到的现金净额	

续表

项　目	金额
收到其他与投资活动有关的现金	
投资活动现金流入小计	456 146
取得子公司及其他营业单位支付的现金净额	
支付其他与投资活动有关的现金	
投资活动现金流出小计	3 309 931
投资活动产生的现金流量净额	−2 853 785
三、筹资活动产生的现金流量：	
吸收投资收到的现金	
取得借款收到的现金	
收到的其他与筹资活动有关的现金	1 415
筹资活动现金流入小计	1 415
偿还债务支付的现金	
分配股利、利润或偿付利息支付的现金	
支付的其他与筹资活动有关的现金	
筹资活动现金流出小计	
筹资活动产生的现金流量净额	1 415
四、汇率变动对现金及现金等价物的影响额	
五、现金及现金等价物净增加额	148 446
补　充　资　料	金　额
1. 将净利润调节为经营活动的现金流量：	
净利润	2 954 603
加：资产减值准备	
固定资产折旧、油气资产折耗、生物性生物资产折旧	559 443
无形资产摊销	35 000
长期待摊费用摊销	62 811
资产减值准备	
固定资产报费损失	
财务费用	−1 415
投资损失（减：收益）	−225 860
递延所得税负债增加（减：借项）	
存货的减少（减：增加）	−115 862
经营性应收项目的减少（减：增加）	−201 128
经营性应付项目的增加（减：减少）	−66 776
经营活动产生的现金流量净额	3 000 816

续表

项目	金额
2. 现金及现金等价物净增加情况：	
现金的期末余额	569 800
减：现金的期初余额	421 354
加：现金等价物的期末余额	
减：现金等价物的期初余额	
现金及现金等价物净增加额	148 446

表 7-13 是采用 T 形账户法编制现金流量表。如果采用工作底稿法编制现金流量表，则不必设置 T 形账户，改为设置"现金流量表工作底稿"。两种方法原理相同，利用的资料相同，调整分录相同，只是用以登记的载体不同。前者是使用 T 形账户进行登记和计算有关数据，并据以编制现金流量表；后者是使用工作底稿进行登记和计算有关数据，并据以编制现金流量表。

现按原有资料和编制的调整分录，采用工作底稿法编制现金流量表。工作底稿分为资产负债项目、利润表项目和现金流量表项目 3 个部分。首先，将资产负债表和利润表各项目年初、期末余额过入该表各有关项目；然后，将调整分录登入该表各有关"调整分录"栏；最后，根据该表第三部分"现金流量表项目"的各项数额填入现金流量表。现金流量表工作底稿如表 7-14 所示。

表 7-14 现金流量表工作底稿 单位：元

项目	年初数	调整分录 借方	调整分录 贷方	期末数
一、资产负债项目				
借方项目：				
货币资金	421 354	⑮ 148 446		569 800
可供出售金融资产	100 000	⑬ 89 000		189 000
应收账款	791 465	① 117 813		909 278
预付账款	85 742	② 42 198		127 940
其他应收款	158 285	③ 41 117		199 402
存货	584 274	② 115 862		700 136
长期股权投资	500 000			500 000
固定资产	21 244 872	⑩ 3 163 741		24 408 613
减：累计折旧	565 426		③ 559 443	1 124 869
在建工程	158 610	⑪ 57 190		215 800
无形资产	120 000		③ 35 000	85 000
长期待摊费用	158 610		③ 62 811	103 613
借方项目合计	23 765 600			26 883 713

续表

项目	年初数	调整分录 借方	调整分录 贷方	期末数
贷方项目：				
应付账款	685 943	② 87 758		598 185
预收账款	432 807	① 117 013		315 794
应付职工薪酬	329 820		③ 57 316	387 136
应交税费	110 750		④ 20 360	113 110
其他应付款	201 843		③ 60 319	262 162
长期应付款	358 000			358 000
实收资本	19 700 000			19 700 000
盈余公积	196 300		⑫ 230 286	426 586
未分配利润	1 750 137	⑫ 230 286	⑭ 2 954 603	4 704 740
贷方项目合计	23 765 600			26 883 713
二、利润表项目				
营业收入			① 24 691 778	24 691 778
营业成本		② 5 212 964		5 212 964
销售费用		③ 12 246 573		12 246 573
营业税金及附加				1 258 986
其他业务收入			① 156 180	156 180
其他业务成本		② 124 972		124 972
管理费用		③ 1 845 032		1 845 032
财务费用			⑤ 1 415	1 415
投资收益			⑥ 225 860	225 860
营业外收入			⑦ 24 289	24 289
营业外支出		⑧ 1 140		1 140
所得税费用		⑨ 1 445 252		1 455 252
净利润		⑭ 2 954 603		2 954 603
三、现金流量表项目				
（一）经营活动产生的现金流量				
销售商品、提供劳务收到的现金		① 24 613 132		
收到其他经营活动有关的现金		⑦ 24 289		
现金收入小计				24 637 421
购买商品、接受劳务支出的现金			② 5 583 754	
支付给职工及为职工支付的现金			③ 2 386 519	
支付所得税的现金			⑨ 1 455 252	
支付除增值税、所得税以外的其他税费			④ 1 238 626	

续表

项目	年初数	调整分录		期末数
		借方	贷方	
支付其他与经营活动有关的现金			③ 10 971 314	
			⑧ 1 140	
现金支出小计				21 636 605
经营活动产生的现金流量净额				3 000 816
（二）投资活动产生的现金流量				
取得投资收益收到的现金		⑥ 225 860		
		⑫ 230 286		
现金收入小计				456 148
购建固定资产所支付的现金			⑩ 3 163 741	
			⑪ 57 190	
权益性投资所支付的现金			⑬ 89 000	
现金支出小计				3 309 931
投资活动产生的现金流量净额				−2 853 785
（三）筹资活动产生的现金流量				
收到其他与筹资活动有关的现金		⑤ 1 415		
现金收入小计				1 415
筹资活动产生的现金流量净额				1 415
（四）现金及现金等价物减少额				148 446

7.5 会计报表注释

7.5.1 会计报表注释的作用

会计报表注释是为了帮助理解会计报表的内容，因为会计报表有些难以表达的内容需要作出补充说明和解释。会计报表注释具有以下作用。

（1）提高表内信息的可理解性。会计报表是以表格形式反映企业有关财务状况和经营成果信息，内容受到一定的限制。会计报表注释可对表中数据进行解释，有利于报表使用者理解会计报表中的信息。

（2）增进表内信息的可比性。会计账务处理方法有各种选择，如一旦变动原来的处理方法，便有可能影响各期会计指标的可比性。所以有必要通过会计报表注释加以说明，消除指标无可比性的缺陷。

7.5.2 会计报表注释方式

（1）简洁文字说明，指附在会计报表后面用文字和数据所作的补充说明。

（2）括弧说明，指在会计报表的有关项目旁直接用括弧加注说明。

（3）补充报表，指对主体会计报表无法列示的信息，用补充报表的形式加以反映。

7.5.3 会计报表注释的主要内容

（1）企业合并事项及合并报表的说明。

（2）外币折算方法。

（3）收入的确认原则。

（4）存货付出的计价方法。

（5）坏账准备提取标准及计提资产减值准备会计事项。

（6）长期待摊费用和无形资产摊销方法。

（7）会计处理方法变更情况。

（8）资产负债表日后事项：通过"以前年度损益调整"账户对收入、费用、税金调整情况的说明。

（9）对企业或有收入、或有支出的预测和估算。

（10）短期投资、长期投资说明事项。

（11）固定资产报废或损毁事项。

（12）债务重组或债权重组事项。

7.6 企业内部会计报表

现代企业投资人和管理者为了提高企业的竞争能力，改善经营管理，多致力于控制及考核各经营部门和有关工作人员的经营业绩。为了满足这方面的需要，会计部门应在编制常规外部会计报表的同时，编制一套反映各经营部门经营业绩详细指标的内部会计报表。现以假设星辰大酒店编制的内部会计报表举例如下。

7.6.1 营业收支月报表

"营业收支月报表"（见表7-15），根据"主营业务收入"和"主营业务成本"等账户记录编制。各项指标的金额应与利润表有关项目相符。

表7-15　　　　　　　　　　　　　　　　营业收支月报表

编制单位：星辰大酒店　　　　　　　　　2010年12月　　　　　　　　　　单位：元

项目 ＼ 部门	客房	餐饮	商场	蒸汽浴	娱乐	合计
一、营业收入	1 021 586	644 260	161 254	121 886	80 268	2 029 254
减：营业成本		321 685	112 620			434 305
二、毛利额		322 575	48 634			371 209
三、毛利率		50.1%	30.2%			
减：销售费用	601 341	202 820	20 280	72 045	40 702	937 188
税　金	51 079	32 312	6 450	6 094	16 054	111 989
管理费用	107 328	33 843	3 388	1 920	857	147 336
四、利　润	261 838	53 600	18 516	41 827	22 655	398 436
补充资料	客房：本月可出租房10 200间，实际出租房9 325间，出租率为91.4%					

该表餐饮和商场的毛利率计算公式为：

$$毛利率 = \frac{毛利额}{营业收入} \times 100\%$$

客房出租率计算公式为：

$$月度出租率 = \frac{本月实际出租房间数}{本月可供出租房间数} \times 100\%$$

$$本月可出租房间 = (全部房间 - 维修房间数) \times 月度日历天数$$

7.6.2 销售费用明细表

销售费用明细表（见表7-16），根据各部门的销售费用明细账编制。销售费用总额应与利润表的销售费用相符。

表7-16　　　　　　　　　　　　销售费用明细表

2010年12月　　　　　　　　　　　　　　　单位：元

项目＼部门	客房	餐饮	商场	蒸汽浴	娱乐	合计
工资	39 011	104 230	6 715	15 607	21 110	186 673
折旧费	42 650	12 650	4 260	3 540	6 460	69 560
修理费	27 500	4 500	280	1 350	2 100	35 730
燃料费	138 650	15 400		20 500		174 550
电费	184 300	28 940	5 160	21 800	5 250	245 450
水费	5 200	1 280	150	3 600	280	10 510
物料消耗	65 400	8 510	1 160	2 850	1 290	78 210
电话费	28 950	540	120	260	300	30 170
洗涤费	35 400	3 650				39 050
服装费	2 980	4 250	50	100	450	7 830
工作餐费	7 350	16 170	735	1 838	1 102	27 195
低值易耗品摊销	21 500	1 500	1 350	1 500	2 100	27 950
其他	2 450	1 200	300	100	260	4 310
合计	601 341	202 820	20 280	72 045	40 702	937 188

7.6.3 管理费用明细表

管理费用明细表（见表7-17），根据管理费用明细账编制。费用总额应与利润表的管理费用相符。

表7-17　　　　　　　　　　　　管理费用明细表

2010年12月　　　　　　　　　　　　　　　单位：元

项目	金额
工资	55 336
办公费	2 950

项目	金额
差旅费	2 420
折旧费	21 865
修理费	3 218
电费	8 859
水费	364
物料消耗	1 130
电话费	1 546
服装费	2 268
应酬费	4 548
工作餐费	2 940
宣传广告费	12 890
绿化费	2 560
低值易耗品摊销	18 127
排污费	1 350
车船使用税	450
印花税	1 365
保险费	3 150
合计	147 336

7.6.4 管理费用分配表

管理费用分配表（见表 7-18），根据各部门月度营业收入和确定的换算系数计算分配。管理费用分配表分配的管理费用是供编制营业收支月报使用，不作转账处理。

表 7-18　　　　　　　　　　　管理费用分配表

2010 年 12 月

金额单位：元

部门	分配标准			分配率	分配金额
	实际营业收入	换算系数	换算后营业收入		
客房	1 021 586	2	2 043 172	0.052 53	107 328
餐饮	644 260	1	644 260	0.052 53	33 843
商场	161 254	0.4	64 502	0.052 53	3 388
蒸汽浴	121 886	0.4	36 560	0.052 53	1 920
娱乐	80 268	0.2	16 054	0.052 53	857
合计	2 029 254		2 804 548	0.052 53	147 336

注：分配率=147 336÷2 804 548=0.052 53；

分配各部门管理费用=各部门换算后营业收入×分配率。

7.6.5 营业税费计算表

营业税费计算表（见表 7-19），根据各经营部门的营业收入和税率（包括附加税费）计算。税金总额应与利润表反映的"营业税金及附加"数额相符。

表 7-19　　　　　　　　　　　　　　营业税费计算表

2010 年 12 月　　　　　　　　　　　　　　　　　　　金额单位：元

部门	营业收入	税率	税金
客房	1 021 586	5%	51 079
餐饮	644 260	5%	32 312
商场	161 254	4%	6 450
蒸汽浴	121 886	5%	6 094
娱乐	80 268	20%	16 054
合计			111 989

注：附加税费略。

7.6.6 利润汇总表

利润汇总表（见表 7-20），根据"本年利润"账户记录分析填列。利润总额应与利润表相符。

表 7-20　　　　　　　　　　　　　　利润汇总表

2010 年 12 月　　　　　　　　　　　　　　　　　　　单位：元

项目	金额
上月累计利润	2 665 698
加：本月营业利润	398 436
其他业务利润	4 850
投资收益	26 750
营业外收入	2 180
财务费用	126
减：营业外支出	1 140
所得税费用	142 297
（本月利润合计）	（288 905）
本月累计利润	2 954 603

7.6.7 餐饮经营毛利完成情况月报表

餐饮经营毛利完成情况月报表（见表 7-21），仅编制餐饮部门的经营毛利资料。餐饮的主营业务收入和主营业务成本应按各经营项目设户核算。该表合计栏的营业收入、营业成本、毛利额、毛利率应与营业收支月报表餐饮部门的数额相符。

表 7-21　　　　　　　　　　餐饮经营毛利完成情况月报表

2010 年 12 月

金额单位：元

项目 ＼ 品种	菜品	海鲜	面点	酒水	合计
营业收入	217 145	155 622	76 115	195 378	644 260
减：营业成本	108 571	69 605	20 184	123 325	321 685
毛利额	108 574	86 017	55 931	72 053	322 575
毛利率	50%	55.3%	73.5%	36.9%	50.1%

注：毛利率 = $\frac{毛利额}{营业收入}$ ×100%

会计实操

一、目的：练习现金流量表的编制

二、资料：

设某酒店年度终了编制现金流量表的资料如下表。

（年终）比较资产负债表

单位：元

项目	年初余额	期末余额	增减变动
资产：			
货币资金	337 083	455 840	+118 757
可供出售金融资产	80 000	151 200	+71 200
应收账款	663 172	727 422	+94 250
预付款项	68 594	102 352	+33 758
其他应收款	126 628	159 522	+32 894
存货	467 419	560 109	+92 690
长期股权投资	400 000	400 000	
固定资产	16 995 898	19 526 990	+2 530 992
减：累计折旧	450 341	899 895	+447 554
在建工程	126 888	172 640	+45 752
无形资产	96 000	68 000	−28 000
长期待摊费用	133 139	82 890	−50 249
资产合计	19 012 480	21 506 970	+2 494 490
负债及所有者权益：			
应付账款	548 754	478 548	−70 206
预收账款	346 246	252 635	−93 611
应付职工薪酬	263 856	309 708	+45 852

项目	年初余额	期末余额	增减变动
应交税费	88 600	104 888	+16 288
其他应付款	161 474	209 730	+48 256
长期应付款	286 400	286 400	
实收资本	15 760 000	15 760 000	
盈余公积	157 040	341 269	+184 229
未分配利润	1 400 110	3 763 792	+2 363 682
负债及所有者权益合计	19 012 480	21 506 970	+2 494 490

（年终）利润表资料

单位：元

项目	本年累计
营业收入	19 753 403
减：营业成本	4 170 371
销售费用	9 797 258
营业税金及附加	1 007 189
加：其他业务利润	24 966
减：管理费用	1 476 026
减：财务费用（利息收入）	（+）1 132
加：投资收益	180 688
营业外收入	19 431
减：营业外支出	912
所得税费用	1 164 202
净利润	2 363 682

利润表附注：

① "销售费用"和"管理费用"包括全年支付职工工资 1 953 068 元。

② "其他业务利润" 24 966 元是"其他业务收入" 124 944－"其他业务成本" 99 978 构成的，故 T 形账户不设"其他业务利润"，而加设此利润表未反映的"其他业务收入"和"其他业务成本"两个 T 形账户，并分别登入 124 944 和 99 978（应分清借、贷方）。

三、要求：

根据以上资料采用"T 形账户法"编制现金流量表，因为编制方法较为复杂，故作如下提示：

1. 开设 T 形账户将比较资产负债表的"增减变动数"和年终利润资料表的"本年累计数"分别过入各 T 形账户：

A. 比较资产负债表过入 T 形账户的方法如下。

① 资产类项目期末余额大于年初余额的差额过入 T 形账户的借方；期末余额小于年初余额的差额过入 T 形账户的贷方。

② 负债类项目期末余额大于年初余额的差额过入 T 形账户的贷方；期末余额小于年初余额的差额过入 T 形账户的借方。

　　B. 年终利润资料表各项目的"本年累计"过入T形账户的方法是：属于贷方性质的过入T形账户的贷方；属于借方性质的过入T形账户的借方。

　　2. 设立"经营活动现金流量""筹资活动现金流量""投资活动现金流量"3个大项目以及各有关细目。这3个大项目于编制调整分录时是各T形账户的对应方，凡现金流入在借方反映，现金流出在贷方反映。从各T形账户调入之数，便是现金流量表各有关项目之数。

　　3. 编制调整分录。

　　例如，根据以上资料编制调整"主营业务收入"和"其他业务收入"的分录涉及以下4个T形账户。

主营业务收入		其他业务收入	
	原过入 19 753 423		原过入 124 940
	调整 19 753 423		调整 124 940

应收账款		预收账款	
原过入 94 250		原过入 93 611	
调整 94 250		调整 93 611	

　　按以上4个T形账户编制的调整分录为：

　　借：经营活动现金流量——销售商品提供劳务收到的现金　　　19 690 502
　　　　应收账款　　　　　　　　　　　　　　　　　　　　　　94 250
　　　　预收账款　　　　　　　　　　　　　　　　　　　　　　93 611
　　　　贷：主营业务收入　　　　　　　　　　　　　　　　　　　　19 753 423
　　　　　　其他业务收入　　　　　　　　　　　　　　　　　　　　　124 940

　　以上调整分录的借方"经营活动现金流量——销售商品提供劳务收到的现金"19 690 502元便是按：主营业务收入 19 753 423 元+其他业务收入 124 940 元-应收账款 94 250 元-预收账款 93 611 元轧算求得的。"应收账款"的增减变动所增加的 94 250 元和"预收账款"的增减变动所减少的 93 611 元，因为均无现金流入，故列入此项调整分录的借方而进行抵减。

　　4. 开设一个大的"现金及现金等价物"T形账户，将全部调整分录借方和贷方反映的"经营活动现金流量""筹资活动现金流量""投资活动现金流量"以及有关明细项目，登入这个大的T形账户借方或贷方各相应项目。例如，以上第3点调整分录的借：经营活动现金流量-销售商品提供劳务收到的现金 19 690 502 元，登入大的T形账户为。

现金及现金等价物	
经营活动现金流入：	
销售商品提供劳务收到的现金　　　　19 690 502	

　　大的T形账户各项目和现金流量表内容是一致的，全部调整分录登入后，便可将各项数据填入现金流量表的相应项目。

第八章

CHAPTER

▶▶▶ **会计分析和查账**

会计分析

会计分析包括会计报表分析、预测分析和决策分析。会计报表分析是对会计报表的数据进一步加工，进行分析、比较、评价、解释，使会计报表能在企业决策的制定过程中得到充分利用。预测分析是根据反映客观现象的信息资料，利用各种科学方法和技术，预计和推断事物发展的可能性和必然性行为，即根据过去和现在预计未来，对不确定、不甚了解的事物作出阐述。决策分析是企业在达到同一目标的若干个方案中，选择最优方案过程。正确的决策能使企业起死回生和兴旺发达；错误的决策往往使企业陷入困境和破产倒闭。决策与预测密切相关，因为决策是面向未来，有许多不确定因素，故良好的预测是决策的基础。

8.1 会计报表分析

8.1.1 会计报表分析的意义和内容

（1）会计报表分析的意义

会计报表分析的意义有以下几点。

① 评价企业财务状况和经营决策，揭示企业经营活动存在的矛盾和问题，为改善经营管理提供方向和线索。

② 预测未来的收益和风险，为企业的投资人、管理者决策提供帮助。

③ 检查企业预算完成情况，考核经营管理人员业绩，为完善合理的激励机制提供帮助。

（2）会计报表分析的主要内容

① 分析企业的偿债能力和企业的权益结构，估量债务资金的利用程度。

② 评价企业资产营运能力，分析资产分布周转使用情况，考核资金利用效果。

③ 评价企业的盈利能力，预测企业盈利前景。

8.1.2 会计分析的基本步骤

会计分析的基本步骤如下。

① 明确分析目的，选定分析项目。

② 收集有关资料信息。

③ 根据分析目的和有关分析项目，运用科学的分析方法，进行比较研究，揭示会计报表各项数据的内在联系。

④ 总结分析结果，提供企业决策信息。

8.1.3 会计报表分析的基本方法

会计报表的分析方法主要有比率分析法和趋势分析法两种。比率分析法是用同一期会计报表上有关项目的数额互相比较，计算出比率，借以评价和说明企业财务状况和经营成果。趋势分析法是根据企业连续几期的会计报表所列数额，比较其前后的增减变动，分析企业财务、经营上的变化和趋势。

（1）比率分析法

比率分析法可分为 3 大类，即反映偿债能力的比率、反映经营能力的比率、反映盈利能力的比率。

① 反映偿债能力的比率。

a. 流动比率。其计算公式为：

$$流动比率 = \frac{流动资产}{流动负债}$$

较理想的流动比率是 2：1，一般流动比率越高，还债能力越强。

b. 速动比率。其计算公式为：

$$速动比率 = \frac{流动资产 - 存货}{流动负债}$$

速动比率越大，其偿债能力越高。较理想的比率为 1：1。

c. 现金比率。这一比率的现金含义是现金及现金等价物。其计算公式为：

$$现金比率 = \frac{现金}{流动负债}$$

现金比率可显示企业立即偿还债务的能力。

② 反映经营能力的比率。

a. 应收账款周转率。其计算公式为：

$$应收账款周转率 = \frac{赊销净额}{应收账款平均余额}$$

上式中：　　　　赊销金额 = 销售收入 - 现金收入 - 销货退回、折让、折扣

$$应收账款平均余额 = \frac{期初应收账款余额 + 期末应收账款余额}{2}$$

应收账款比率越大，显示应收账款回收速度越快。

考察应收账款回收速度快慢，还可利用应收账款周转天数指标。其计算公式为：

$$应收账款周转天数 = \frac{365（天）}{应收账款周转率}$$

b. 存货周转率。其计算公式为：

$$存货周转率 = \frac{销售成本}{存货平均余额}$$

$$存货周转天数 = \frac{365（天）}{存货周转率}$$

上式中：　　　　$$存货平均余额 = \frac{存货期初余额 + 存货期末余额}{2}$$

存货比率越大，显示存货周转速度越快，存货占用资金越少。

c. 流动资产周转率（又称流动资产周转次数）。其计算公式如下：

$$流动资产周转率（周转次数） = \frac{销售收入净额}{流动资产平均余额}$$

$$流动资产周转天数 = \frac{365（天）}{流动资产周转率}$$

上式中：
$$流动资产平均余额 = \frac{流动资产期初余额 + 流动资产期末余额}{2}$$

流动资产周转次数越快，节约资金越多。

d. 总资产周转率（又称投资周转率）。其计算公式为：

$$总资产周转率 = \frac{销售收入净额}{总资产平均余额}$$

上式中：
$$总资产平均余额 = \frac{期初总资产额 + 期末总资产额}{2}$$

总资产周转率越高，显示企业投资所发挥的效率越大。

③ 反映盈利能力的比率

a. 销售毛利率。其计算公式为：

$$销售毛利率 = \frac{销售毛利额}{销售收入} \times 100\%$$

$$销售毛利额 = 销售收入 - 销售成本$$

b. 销售利润率。其计算公式为：

$$销售利润率 = \frac{净利润}{销售收入} \times 100\%$$

c. 投资报酬率。其计算公式为：

$$投资报酬率 = \frac{净利润}{销售收入} \times 100\%$$

$$总投资平均余额 = \frac{期初总资产额 + 期末总资产额}{2}$$

④ 所有者权益报酬率。其计算公式为：

$$所有者权益报酬率 = \frac{净资产}{所有者权益平均余额} \times 100\%$$

$$所有者权益平均余额 = \frac{所有者权益期初余额 + 所有者权益期末余额}{2}$$

所有者权益比率越大，投资者投入的资本获利能力越强。

（2）趋势分析法

会计报表分析只分析一个会计期间的报表，往往不够全面。因为一个期间的会计报表数据会受偶然事件的影响，不能完全代表企业的过去和未来。趋势分析法是通过若干个会计期间的会计报表进行分析，有一定的代表性，能揭示企业的发展趋势。趋势分析法主要采用百分率，故又称百分率分析法。趋势分析法分为横向分析法和纵向分析法。

① 横向分析法又称多期比较分析法、水平分析法，是对连续几个会计年度的会计报表进行分析研究，对各种项目逐一比较，查明一些项目变化的原因，以及这些原因对企业未来影响，借以观察企业财务状况与经营成果的发展趋势的分析方法。比较年度一般为3～5年。

② 纵向分析法又称结构百分比法、垂直分析法，是把常规会计报表数据换算成结构百分比，然后将不同年度的会计报表数据逐一比较，查明某些特定项目在不同年度间百分比的变化情况，并进一步判断企业财务状况和经营成果的发展趋势的分析方法。

8.1.4 资产负债表的分析

现以第七章所举星辰大酒店 2010 年 12 月 31 日的资产负债表（见表 7-8）为例，分别用比率分析法和趋势分析法进行阐述。

（1）比率分析法

① 反映偿债能力的比率。

a. 流动比率。

$$年初流动比率 = \frac{2\ 172\ 720}{1\ 775\ 843} = 1.223$$

$$期末流动比率 = \frac{2\ 822\ 256}{1\ 796\ 124} = 1.571$$

以上计算结果，该酒店年初每 1 元流动负债有 1.223 元流动资产作保证，期末有 1.571 元作保证。偿债能力提高了，但距较理想的比率 2∶1，还有一定的差距。

b. 速动比率。

$$年初速动比率 = \frac{2\ 172\ 720 - 584\ 274}{1\ 775\ 842} = 0.894$$

$$期末速动比率 = \frac{2\ 822\ 256 - 700\ 136}{1\ 796\ 124} = 1.181$$

以上计算结果，该酒店速动比率年初为 0.894，期末为 1.181。较理想的速动比率为 1∶1，期初没有达到，期末略有超过。

c. 现金比率。

$$年初现金比率 = \frac{421\ 354}{1\ 775\ 843} = 0.237$$

$$期末现金比率 = \frac{596\ 800}{1\ 796\ 124} = 0.317$$

以上计算结果，该酒店年初和期末现金比率差别不大，情况正常。

② 反映营运能力的比率。

a. 应收账款周转率。

$$应收账款周转率 = \frac{24\ 691\ 778}{(815\ 865 + 934\ 570) \div 2} = 28.21（次）$$

$$应收账款周转天数 = \frac{360}{28.21} = 13（天）$$

在实际工作中，赊销金额很难正确统计，一般是按销售收入总额计算应收账款周转率。以上计算结果，周转次数和周转天数较快，这是酒店日常以现收为主，赊销比重较小的特点所致。

b. 存货周转率。

$$存货周转率 = \frac{5\ 212\ 964}{(584\ 274 + 700\ 136) \div 2} = 8.117（次）$$

$$存货周转天数 = \frac{360}{7.422} = 48.5（天）$$

存货周转率是销售成本与存货平均余额之比，是评价企业库存存货周转速度的指标。存货周转速度越快，存货的占用水平便越低，表明其流动性越强，存货转换为现金或应收账款的速度也越快。但是，酒店的存货包括各经营部门占用的存货，而营业成本仅包括餐饮和商场的销售成本，所以运用如此计算的比率指标评价企业对存货管理效率尚欠正确。

c. 流动资产周转率。

$$流动资产周转率 = \frac{24\,691\,778}{(2\,172\,720 + 2\,822\,256) \div 2} = 9.887（次）$$

$$流动资产周转天数 = \frac{360}{9\,887} = 36（天）$$

流动资产周转率是分析流动资产周转情况的一个综合指标。流动资产周转快，会相对节约流动资产，相当于扩大了企业的资产投入，增强了企业盈利能力；反之，若周转速度慢，企业必须补充投入资源，才能维持正常经营，形成资金使用效率低，从而降低企业盈利能力。该酒店流动资产周转率接近 10 次，在同一行业中尚属优良。

d. 总资产周转率。

$$总资产周转率 = \frac{24\,691\,778}{(23\,780\,285 + 26\,935\,450) \div 2} = 0.974（次）$$

以上计算结果，总资产周转率为 0.974 次，也就是企业每投资 1 元，在 1 年里产生 0.974元的营业收入，如此水平与同行业比较并不先进，这是该酒店固定资产投资过大形成的。

（2）趋势分析法

① 横向分析法。按横向分析法（即多期比较分析法）编制星辰大酒店 2010 年 12 月 31 日资产负债表（按项目类别简化）多期比较分析如表 8-1 所示。

表 8-1　　　　　　　　星辰大酒店资产负债表多期比较分析（简化）　　　　　　金额单位：元

项目	2010 年	2009 年	增加（减少）	
			金额	百分比（%）
流动资产	2 822 256	2 172 720	649 536	29.90
长期投资	400 000	500 000	−100 000	−20.00
固定资产	23 499 544	20 838 056	2 661 488	12.77
其他资产	213 650	269 509	−55 859	−20.73
资产合计	26 935 450	23 780 285	3 155 165	13.27
流动负债	1 796 124	1 775 848	20 281	1.14
长期负债	308 000	358 000	−50 000	−13.97
负债合计	2 104 124	2 133 848	−29 724	−1.39
所有者权益合计	24 831 326	21 646 437	3 184 889	14.71
负债和所有者权益总计	26 935 450	23 780 285	3 155 165	13.27

从年初数和期末数比较分析看，该酒店资产总额，期末比年初增加了 315.5 万余元，增加的幅度为 13.27%，这主要是所有者权益盈利形成的。但在资金运用方面，该酒店将盈利所增加的资金大部分用于固定资产投资。例如，固定资产期末较年初增加 266.1 万余元，占所增加资金总额的 83.6%。由于固定资产投资占用了较多的资金，流动资产增加额便相对减少，只增加29.9%，期末流动比率仅为 1.51，距 2 : 1 的标准有较大差距，影响企业的偿债能力和支付能力。

② 纵向分析法。按纵向分析法（即结构百分比分析法）编制星辰大酒店 2010 年 12 月 31 日的资产负债表结构百分比分析如表 8-2 所示。

表 8-2 　　　　　　　　　　星辰大酒店资产负债表结构百分比分析（简化）

项目	2010 年	2009 年	2010 年	2009 年
	金额		百分比（%）	
流动资产	2 822 256	2 172 720	10.48	9.13
长期投资	400 000	500 000	1.49	2.10
固定资产	23 499 544	20 838 056	87.24	87.64
其他资产	213 650	269 509	0.79	1.13
资产合计	26 935 450	23 780 285	100	100
流动负债	1 796 124	1 775 848	6.67	7.47
长期负债	308 000	358 000	1.14	1.50
负债合计	2 104 124	2 133 848	7.81	8.97
所有者权益合计	24 831 326	21 646 437	92.19	91.03
负债和所有者权益总计	26 935 450	23 780 285	100	100

从结构百分比分析来看，该酒店 2010 年度和 2009 年度固定资产分别占资产总额的 87.24% 和 87.64%，较为接近。2010 年期末固定资产总额 23 499 544 元，比资本总额 19 700 000 元多 4 800 000 元，固定资产占用资金过多比较突出，这也是每 1 元投资每年仅创造营业收入 0.974 元的主要原因。

该酒店流动资产、长期投资、其他资产、流动负债，长期负债、所有者权益等项目，两年的结构百分比基本接近，无异常情况。

8.1.5　利润表的分析

现以星辰大酒店 2010 年的年度利润表（见表 8-3）为例，分别按比率分析法和趋势分析法进行阐述。

表 8-3 　　　　　　　　　　　　　　　利润表

编制单位：星辰大酒店 　　　　　　　　　　　2010 年度 　　　　　　　　　　　单位：元

项目	上年数	本年累计数
一、营业收入	19 027 459	24 691 778
减：营业成本	3 388 427	5 212 964
销售费用	10 573 602	12 246 573
营业税金及附加	953 425	1 258 986
减：管理费用	1 635 012	1 845 032
财务费用	−628	−1 415
二、营业利润	2 477 612	4 129 638
加：投资收益	112 463	225 860

续表

项目	上年数	本年累计数
营业外收入	10 155	24 289
减：营业外支出	678	1 140
三、利润总额	2 599 561	4 378 647
减：所得税费用	862 008	1 455 252
四、净利润	1 737 553	2 923 395

（1）比率分析法

① 销售毛利率。

$$销售毛利额 = 24\,691\,778 - 5\,212\,964 = 19\,478\,814（元）$$

$$销售毛利率 = \frac{19\,478\,814}{24\,691\,778} \times 100\% = 78.9\%$$

以上毛利率的计算是根据该酒店年度利润表资料计算得出的。但是，酒店会计核算的特点是：营业收入包括所有经营部门的营业收入，而营业成本仅包括餐饮和商场部门的营业成本。客房、蒸汽浴、娱乐等经营部门只有销售费用，没有营业成本。所以，按利润表资料计算的销售毛利额和毛利率没有考察意义。实际工作中，酒店的销售毛利额和毛利率是根据各有关明细分类核算资料进行计算的，即：

$$餐饮毛利额 = 餐饮销售收入 - 餐饮销售成本$$

$$餐饮毛利率 = \frac{餐饮销售毛利额}{餐饮销售收入} \times 100\%$$

$$商品销售毛利额 = 商品销售收入 - 商品销售成本$$

$$商品销售毛利率 = \frac{商品销售毛利额}{商品销售收入} \times 100\%$$

② 销售利润率。

2010 年：

$$销售利润率 = \frac{2\,923\,395}{24\,691\,778} \times 100\% = 11.84\%$$

2009 年：

$$销售利润率 = \frac{1\,737\,553}{19\,027\,459} \times 100\% = 9.2\%$$

以上计算结果，该酒店的销售利润率 2010 年较 2009 年增长 2.74%。表明企业的盈利能力在上升。

③ 投资报酬率。

$$投资报酬率 = \frac{2\,923\,395}{(23\,780\,285 + 26\,935\,450) \div 2} \times 100\% = 11.53\%$$

以上计算结果表明该酒店 2010 年度投资报酬率达 11.53%，情况尚好。

④ 所有者权益报酬率。

$$所有者权益报酬率 = \frac{2\,923\,395}{(21\,646\,437 + 24\,831\,326) \div 2} \times 100\% = 12.58\%$$

以上计算结果，2010年所有者权益报酬率达12.58%，此项比率越大，表明投入资本获利能力越强。

（2）趋势分析法

① 横向分析法。按横向分析法（即多期比较分析法）编制星辰大酒店2010年度利润表多期比较分析如表8-4所示。

表8-4　　　　　　　　　　　　　星辰大酒店利润表多期比较分析

项目	2010年	2009年	增加（减少）	
			金额（元）	百分比（%）
一、营业收入	24 691 778	19 027 459	5 664 319	29.77
减：营业成本	5 212 964	3 388 427	1 824 537	53.85
销售费用	12 246 573	10 573 602	1 672 971	15.82
营业税金及附加	1 258 986	953 425	305 561	32.05
减：管理费用	1 845 032	1 635 012	21 020	12.85
财务费用	−1 415	−628	787	125.32
二、营业利润	4 129 638	2 477 621	1 652 017	66.68
加：投资收益	225 860	112 463	113 397	100.83
营业外收入	24 289	10 155	14 134	139.18
减：营业外支出	1 140	687	462	68.14
三、利润总额	4 378 647	2 599 561	1 779 086	68.44
减：所得税费用	1 455 252	862 008	593 244	68.82
四、净利润	2 923 395	1 737 553	1 185 842	68.25

② 纵向分析法。按纵向分析法（即结构百分比分析法）编制星辰大酒店2010年度利润表结构分析如表8-5所示。

表8-5　　　　　　　　　　　　　星辰大酒店利润表结构百分比分析

项目	2010年	2009年	2010年	2009年
	金额（元）		占主营业务收入百分比（%）	
一、营业收入	24 691 778	19 027 459	100	100
减：营业成本	5 212 964	3 388 427	21.11	17.81
销售费用	12 246 573	10 573 602	49.60	55.57
营业税金及附加	1 258 986	953 425	5.10	5.01
减：管理费用	1 845 032	1 635 012	7.47	8.59
加：财务费用	1 415	628	0.006	0.003
二、营业利润	4 129 638	2 477 621	16.72	13.02
加：投资收益	225 860	112 463	0.91	0.59
营业外收入	24 289	10 155	0.098	0.053
减：营业外支出	1 140	687	0.005	0.004
三、利润总额	4 378 647	2 599 561	17.73	13.66
减：所得税费用	1 455 252	862 008	5.89	4.53
四、净利润	2 923 395	1 737 553	11.84	9.13

结合以上横向分析和纵向分析计算资料，作分析说明如下。

（1）营业收入2010年较2009年增长29.77%，营业利润2010年较2009年增长67%，营业利润的增长幅度超过营业收入增长幅度近37个百分点。这是什么因素形成的？可进一步分析了解。

营业利润的计算公式是：

$$主营业务收入－主营业务成本－销售费用－营业税金及附加＝主营业务利润$$

上式表明，可能影响利润增减幅度的因素有营业成本因素、销售费用因素、营业税金及附加和管理费用因素。现逐项分析如下。

① 营业成本因素。酒店的营业成本只包括餐饮和商场的营业成本。这两个经营部门的销售毛利一般都较稳定，无大幅度上下波动情况。营业成本所占营业收入的比重，两年来分别为21.11%和17.81%，如果其毛利增减幅度有所波动，由于其比重较小，对营业利润的增减幅度无多大影响。营业成本的绝对值，2010年较2009年增加53.85%，从其比重增加3.3个百分点（即21.11%～17.81%）来看，其绝对值的增加是营业收入增加形成的，属正常现象。显然，营业成本不是影响主营业务利润增长幅度上升的因素。

② 营业税金及附加因素。两年来，营业税金及附加占营业收入的比重分别为5.1%和5.01%，情况正常。其绝对值2010年增加32.05%是因业务量增加形成的。显然，营业税金及附加也不是影响主营业务利润增长幅度上升的因素。

③ 销售费用因素。以上两个可能影响营业利润增长幅度上升的因素，通过分析已经排除，显然，唯一的影响因素便是销售费用。

销售费用含固定费用和变动费用。固定费用不会随着业务量的增加而增加；相反，当业务量大幅度的增长时，它会反方向下降。销售费用两年来所占营业收入的比重分别为49.6%和55.57%，可谓"举足轻重"，它的变动对营业利润的影响是显而易见的。管理费用上升则减少了利润的增长幅度近13个百分点。

要指出的是，虽然固定费用是随着业务量的增加而下降，成为影响营业利润增长幅度上升的主要因素；但也不能忽视企业在压缩费用开支方面各种行之有效的举措，它能使变动费用不成正比例地随着业务量的增加而增加。所以，在实际工作中，尚应多做调查研究，收集有关资料，进一步分析和总结。

（2）管理费用2010年增长12.85%，增加的绝对值达21万余元，平均每月增加17 500元。管理费用的增长有两种情况。一种是正常情况，如引进高薪的管理人才，为企业的发展做贡献，大力开展宣传促销活动，支付大量的广告费用，管理方面使用的房屋建筑和设施发生大修理支出等。另一种是非正常情况，如铺张浪费，过多的请客送礼，管理欠善造成大量坏账损失等。要根据有关资料分析查明，并提出整改建议。

（3）投资收益2010年较2009年增长113.397元，增长幅度100.83%。这是利用部分有余资金从事股票投资取得的，表明投资决策较为正确。

8.1.6　现金流量表的分析

现金流量表反映企业在一定期间内现金的流入和流出，表明企业获得现金能力和偿债支付能力，有助于客观评价企业未来现金流量，以利于作出有关经济决策。

星辰大酒店现金流量表资料如表 8-6 所示。

表 8-6	星辰大酒店现金流量表资料	单位：元
项目	2010 年	2009 年
经营活动产生的现金流入	24 637 421	18 624 568
经营活动产生的现金流出	21 636 605	16 912 723
经营活动产生的现金流量净额	3 000 816	1 411 845
投资活动产生的现金流入	225 860	112 463
投资活动产生的现金流出	3 309 931	158 610
投资活动产生的现金流量净额	-3 084 071	-46 147
筹资活动产生的现金流入	1 415	678
筹资活动产生的现金流出		
筹资活动产生的现金流量净额	1 415	678
现金及现金等价物净增加额	-81 840	1 336 376

注：以上 2010 年资料是根据表 7-13 现金流量表摘录。

分析说明如下：

（1）经营活动现金流入流出比率。其计算公式为：

$$经营活动现金流入流出比率 = \frac{经营活动现金流入}{经营活动现金流出}$$

2010 年度：

$$经营活动流入流出比率 = \frac{24\,637\,421}{21\,636\,605} = 1.14$$

2009 年度：

$$经营活动现金流入流出比率 = \frac{18\,624\,568}{16\,912\,723} = 1.08$$

这一比率的临界值为 1，如果大于 1 表明企业的盈利能力和支付能力较强；如果小于 1 表明企业现金流入流出的比例失调，流出现金过量，资金周转困难，企业的盈利能力较差。

星辰大酒店 2009 年和 2010 年的这一比率都大于 1，而且 2010 年度较 2009 年度大 0.04，表明财务状况良好。

（2）投资活动现金流出与实收资本比率。其计算公式为：

$$投资活动现金流出与实收资本比率 = \frac{投资活动现金流出总额}{实收资本} \times 100\%$$

2010 年度：

$$投资活动现金流出与实收资本比率 = \frac{3\,309\,931}{19\,700\,000} \times 100\% = 16.8\%$$

2010 年购建固定资产和可供出售金融资产支出总额 330 余万元，属扩大经营规模的投资。

2009 年度：

$$投资活动流出现金与资本比率 = \frac{158\,610}{19\,700\,000} \times 100\% = 0.8\%$$

该酒店运用获利流入的巨额现金购建固定资产，借以扩大经营规模。为了不影响支付能力，两年均未进行利润分配。决策正确，措施得力，企业发展前景看好。

（3）资本现金收益率

计算公式：

$$资本现金收益率 = \frac{经营活动现金净流量}{实收资本} \times 100\%$$

2010 年度：

$$资本现金收益率 = \frac{300\,816}{19\,700\,000} \times 100\% = 15.23\%$$

2009 年度：

$$资本现金收益率 = \frac{1\,411\,845}{19\,700\,000} \times 100\% = 7.17\%$$

资本现金收益率越大，说明其盈利能力越强。该酒店现金收益率 2010 年较 2009 年增长 1 倍多，表明该企业的经营业绩和财务状况良好。

◇ 8.2 预测分析

8.2.1 预测分析概述

（1）预测分析的含义

预测分析是根据客观现象的资料，运用科学方法来预计、推断事物发展的必然性或可能性的行为，即根据过去和现在预计未来，由已知推断未知的过程。

（2）预测分析的内容

① 销售预测。销售预测是通过对有关资料的分析研究，预计和测算某项经营项目在一定时期内的市场销售量水平及变化趋势，进而预测本企业未来销售量过程。

② 利润预测。利润预测是在销售预测的基础上，根据企业未来发展目标和相关资料，预计未来可望实现利润水平及变动趋势过程。

③ 成本预测。成本预测是根据未来发展目标和相关资料，运用专门的方法，预计企业未来成本水平及发展趋势过程。

④ 资金预测。资金预测是在销售预测、利润预测和成本预测的基础上，根据企业未来经营发展目标，运用一定方法，预计、推测企业未来一定时期内或一定项目所需要资金数额、来源、运用方向及其效果过程。

（3）预测分析的步骤

① 确定预测对象。确定预测对象是做好预测分析的前提。有了预测对象，便能确定分析的内容、范围、目的和方法，有针对性地完成测算工作。

② 收集整理资料。预测对象确定后，应收集尽可能多的相关经济信息，并进行整理、归纳找出与测算对象有关的各因素之间的相互依存关系。

③ 选择预测方法。针对不同的预测对象和内容，选择不同的预测方法，进行定量定性分析。

④ 分析判断检查验证和修正。按选择的预测方法，对预测对象进行预测。取得预测结果后，

将本期实际发生数与前期预测数进行比较，计算并分析差异，以便对本期预测加以修正。

⑤ 报告预测结论。将修正后的预测结论，通过报告形式向企业有关领导报告。

（4）预测分析的方法

① 定量分析法。定量分析法又称数量分析法，是指运用现代数学方法，对有关的数据资料进行加工处理，据以建立能反映有关变量之间规律性联系的各类预测模型方法体系。定量分析法又分为趋势外推分析法和因果预测分析法。

a. 趋势外推分析法。趋势外推分析法又称时间系列分析法，即根据某项指标过去按时间顺序排列的历史数据，运用算术平均法、移动平均法、趋势平均法、加权平均法、平滑指数法和修正的时间序列回归分析法等具体方法进行分析计算。

b. 因果预测分析法。因果预测分析法是指某项预测指标与其他相关指标的相互依存，相互制约的规律性联系作为预测依据的方法。如轮胎与汽车、面料与辅料与服装、皮革与皮鞋、水泥与建筑之间存在依存关系，而且都是前者的销售量取决于后者的销售量，必须搜集跨行业、跨部门的市场信息才能采用回归分析等方法来推断前者的预计销售量。由于酒店行业不存在类似经济业务，故本书对这一预测方法的举例从略。

② 定性分析法。定性分析法又称非数量分析法，是指由熟悉情况和业务的人员，根据个人经验进行分析判断，各自提出初步意见，然后以会议研究形式，综合分析和补充修正，得出预测结论。

8.2.2 销售预测分析

在现代市场经济条件下，企业各项经营活动和产品的销售密切相关。因而，在企业预测方面，销售预测处于先导地位，它对于指导利润预测、成本预测和资本预测、进行长短期决策都起着重要作用。用于销售预测的方法，在定量分析法方面有趋势外推分析法和因果分析法，在定性分析法方面有判断分析法和产品寿命周期推断法。

本书根据酒店行业经营特点主要介绍定量分析法的趋势外推分析法如下。

① 平均分析法。平均分析法是根据特定的预测对象若干期的销售量历史资料，按照一定的计算方法计算平均值，从而确定未来销售量的一种方法。

a. 算术平均法。算数平均法又称简单平均法，是通过若干期（n 期）的销售量的算术平均数作为销售预测数的一种方法。其计算公式为：

$$销售预测数(Q_{n+1}) = \frac{各期销量之和}{期数} = \frac{\sum Q}{n}$$

这种方法的优点是计算公式简单，缺点是预测结果误差较大，只适用业务量比较稳定的产品销售预测。

【例 8-1】某大酒店 2015 年 1~9 月客房销售间数资料如表 8-7 所示，要求用算术平均法预测 10 月的销售量。

表 8-7 某大酒店 2015 年 1~9 月房间销售量

单位：间

月份	1	2	3	4	5	6	7	8	9
销售量(Q_i)	2 768	2 642	2 294	2 586	2 290	2 168	2 013	2 308	2 432

$$预测10月销售量=\frac{2\,768+2\,642+2\,294+2\,586+2\,290+2\,168+2\,013+2\,380+2\,432}{9}$$

$$=2\,397（间）$$

b. 移动平均法。移动平均法是选定一个观察期，预测下期按上期 m 期的平均数。例如，选定观察期为3，预测4月用1月、2月、3月数值之和除以(m)3求得，预测5月用2月、3月、4月数值除以(m)3求得，依此类推。

【例8-2】仍根据表8-7资料，选择观察期(m)3，其计算结果如下：

$$\underset{（7月）}{\qquad}\underset{（8月）}{\qquad}\underset{（9月）}{\qquad}$$

$$预测10月销售量=\frac{2\,103+2\,380+2\,432}{3}=2\,275（间）$$

为了使移动平均法的预测值更能反映销售量的变化趋势，可以对上述计算结果按趋势值(b)进行修正。其计算公式为：

$$预测销售量(\overline{Q})=最后m期平均销售量+趋势值b$$

$$趋势值b=最后移动期的平均值-上一个移动期平均值$$

【例8-3】仍按表8-7资料，计算上一个移动期平均值如下：

$$\underset{（6月）}{\qquad}\underset{（7月）}{\qquad}\underset{（8月）}{\qquad}$$

$$上一个移动期平均值=\frac{2\,168+2\,013+2\,380}{3}=2\,187（间）$$

则

$$趋势值b=2\,275-2\,187=88（间）$$

$$修正后的10月销售预测量=2\,275+88=2\,363（间）$$

c. 加权移动平均法。加权移动平均法是对各期的销售量按近大远小的原则确定其权数，并据以计算加权平均销售量的方法。其计算公式为（权数以 W_t 表示）：

$$销售预测数(\overline{Q})=\frac{\sum 某期销售量×该期权数}{各期权数之和}=\frac{\sum(Q_tW_t)}{\sum W_t}$$

权数通常采用自然数 1，2，3，4，…，n 的顺序作为确定各期权数值。例如，第1期的权数等于1，第二期的权数等于2……第 n 期的权数等于 n，依此类推。

【例8-4】仍用表8-7资料，用移动加权平均法预测10月的销售量。（观测期定为3期）

若令：$W_1=1$，$W_2=2$，$W_3=3$

$$\underset{（7月）}{\qquad}\underset{（8月）}{\qquad}\underset{（9月）}{\qquad}$$

$$则10月销售量预测数=\frac{2\,013×1+2\,380×2+2\,432×3}{1+2+3}=2\,345（间）$$

d. 平滑指数法。平滑指数法，是在前期销售量的实际数和预测数的基础上，利用事先确定的平滑指数（用 a 表示）为权数，预测未来销售量的一种方法。其计算公式为：

$$销售量预测数(\overline{Q_t})=平滑指数×前期实际销售量+（1-平滑指数）×前期预测销售量$$

$$=a\cdot Q_{t-1}+(1-a)\cdot\overline{Q_{t-1}}$$

平滑指数是一个经验数据，它具有修匀实际数所包含的偶然因素对预测值影响的作用。一般取值在0.3～0.7之间。平滑指数越大，近期实际数对预测结果的影响越大；平滑指数越小，近期实际数对预测结果的影响越小。所以，采用较大的平滑指数，则使此法的平均数能反映观察值新近的变化趋势；若采用较小的平滑指数，则使此法的平均数能反映观察值变动的长期趋势。因此，在一般情况下，如果销售量波动较大，或要求进行短期销售量预测，可考虑选择较大的平滑指数；如果销售量波动较小，或要求进行长期销售量预测，则应考虑选择较小的平滑指数。

【例8-5】仍采用表8-7资料。9月实际销售量为2 432间，现假设原来预测9月销售量为2 310间，平滑指数a=0.4，要求用平滑指数法预测10月销售量。

10 月销售量预测数=04×2 432+（1-0.4）×2 310=2 359（间）

② 修正时间序列回归法。此法是通过分析一段时期内销售量与时间函数关系，建立回归模型并据此进行预测的方法。销售量Q与时间t之间的依存关系可用一元回归直线表达：

$$Q = a + bt$$

回归系数a、b的计算公式为：

$$a = \frac{\sum Q - b\sum t}{n}$$

$$b = \frac{n\sum tQ - \sum t \cdot \sum Q}{n\sum t^2 - (\sum t)^2}$$

由于时间变量t是一个等差时间序列，因此可以利用这一特点，对时间值进行修正，简化回归系数a、b的计算公式，即使$\sum t = 0$，则以上计算公式可以简化为：

$$a = \frac{\sum Q}{n}$$

$$b = \frac{\sum tQ}{\sum t^2}$$

$$Q = a + bt$$

当实际观测次数n为奇数时，将0置于所观测期的中央，其余上、下各期的t值均以±1的级差增减，则各级观测期的时间变量t值应分别为…-3，-2，-3，0，1，2，3…

当实际观测次数n为偶数时，将-1与+1置于所有观测期的当中上、下两期，其余上、下各期的t值均以±2的级差增减，则各观测期的时间变量t值应分别为… -5，-3，-1，1，3，5…

【例8-6】某大酒店餐饮部门2015年1～9月餐饮销售额资料如表8-8所示，要求用修正的时间序列回归法预测10月销售量。

表8-8　　　　　　　　　某大酒店2015年1～9月餐饮营业收入资料

单位：万元

月份	1	2	3	4	5	6	7	8	9
销售量(Q_i)	78	75	79	80	82	76	85	83	88

因本观测期$n=9$为奇数，所以令5期的t值为0，上下均以1的级差递增。列表计算如表8-9所示。

表8-9　　　　　　　　　修正的时间序列回归法计算表

月份	Q	t	tQ	t^2
1	78	-4	-312	16

续表

月份	Q	t	tQ	t^2
2	75	-3	-225	9
3	79	-2	-158	4
4	80	-1	-80	1
5	82	0	0	0
6	76	1	76	1
7	85	2	170	4
8	83	3	249	9
9	88	4	352	16
$n = 9$	$\sum Q = 726$	$\sum t = 0$	$\sum tQ = 72$	$\sum t^2 = 60$

按表8-9所计算的数据代入修正的时间序列回归法公式：

$$a = \frac{726}{9} \approx 81$$

$$b = \frac{72}{60} = 1.2$$

$$Q = a + bt$$

10月的 t 值=4+1=5

则：预测10月餐饮销售量≈81+1.2×5≈87（万元）

【例8-7】某大酒店客房部门1~6月房间销售量资料如表8-10所示，要求用修正的时间序列回归法预测7月销售量。

表8-10 某大酒店2015年1~6月房间销售量

单位：间

月份	1	2	3	4	5	6
销售量(Q_i)	2 768	2 642	2 494	2 586	2 713	2 812

观测期 $n = 6$ 为偶数，将 t 值-1和+1置于所有观测期的当中上、下两期，其余上、下各期的 t 值均以±2的级差递增。列表计算如表8-11所示。

表8-11 修正的时间序列回归法计算表

月份	Q	t	tQ	t^2
1	2 768	-5	-13 840	25
2	2 642	-3	-7 926	9
3	2 494	-1	-2 494	1
4	2 586	1	2 586	1
5	2 713	3	8 139	9
6	2 812	5	14 060	25
$n = 6$	$\sum Q = 16015$	$\sum t = 0$	$\sum tQ = 525$	$\sum t^2 = 70$

按表8-11所计算的数据代入修正的时间序列公式：

$$a = \frac{16\,015}{6} \approx 2\,669$$

$$b = \frac{525}{70} = 7.5$$

$$Q = a + bt$$

7 月的 t 值=5=2=7

预测 7 月房间销售量 $\approx 2\,669 + 7.5 \times 7 \approx 3\,194$（间）

8.2.3　利润预测分析

1. 目标利润的预测分析

目标利润是企业在未来一段时间内，经过努力应该达到所需求的最优目标。目标利润的计算公式为：

目标利润=销售量×[（单位销售价×（1-税率）]-销售量×单位变动费用-固定费用

从以上公式可以清楚得知，影响目标利润完成有以下 4 个因素。

（1）销售量的增减变化。

（2）销售单价的增减变化。

（3）单位变动费用的增减变化。

（4）固定费用的增减变化。

各因素影响利润的结果也不一致。有的因素增长会导致利润增长（如销售量、销售单价），有的因素增长却会导致利润下降（如单位变动费用、固定费用）。根据以上目标利润计算公式，将各个因素移项整理，得出有关计算公式，可以预测实现目标利润的条件。

【例 8-8】某大酒店制定客房部门月度的目标利润 100 000 元，计划月度出租房间 4 000 间，每间平均单价 120 元，每间变动费用 24 元，每月固定费用 274 680 元，营业税率为 5%（省略附加税费），要求分别按实现目标利润销售量、销售单价、单位变动费用、固定费用预测分析这 4 个因素。

（1）销售量因素。

$$销售量 = \frac{固定费用+目标利润}{单价×（1-税率）-单位变动费用}$$

$$= \frac{274\,680+100\,000}{120×（1-5\%）-24}$$

$$= 4\,163（间）$$

以上计算结果表明房间销售量从 4 000 间增至 4 163 间，其他因素不变，可以实现目标利润 100 000 元。

（2）销售单价因素。

$$销售量 = \left(\frac{固定费用+目标利润}{销售量} + 变动费用\right) × \frac{1}{1-税率}$$

$$= \left(\frac{274\,680+100\,000}{4\,000} + 24\right) × \frac{1}{1-5\%}$$

$$= 124（元）$$

以上计算结果表明，每间销售单价从 120 元增至 124 元，其他因素不变，可以实现的目标利润为 100 000 元。

（3）单位变动费用因素。

$$每月变动费用 = 销售单价 \times (1 - 税率) - \frac{固定费用 + 目标利润}{销售量}$$

$$= 120 \times (1 - 5\%) - \frac{274\,680 + 100\,000}{4\,000}$$

$$= 20.33（元）$$

以上计算结果表明，每间变动费用从 24 元降为 20.33 元，其他因素不变，可以实现目标利润 100 000 元。

（4）固定费用因素。

$$固定费用 = 销售量 \times [销量单价 \times (1 - 税率)] - 销售量 \times 单位变动费用 - 目标利润$$

$$= 4\,000 \times [120 \times (1 - 5\%)] - 4\,000 \times 24 - 100\,000$$

$$= 260\,000（元）$$

以上计算结果表明，固定费用由 274 680 元降为 260 000 元，其他因素不变，可以实现目标利润 100 000 元。

2. 经营杠杆系数在利润预测中的应用

在单位售价、单位变动费用、固定费用不变条件下，销售业务量一定程度的变动，会使利润以更大的幅度变动，这种变动率大于业务量变动率现象称为经营杠杆效应。产生这种效应的原因是，当产销量上升时，因单位固定费用呈反比例变动，而使单位利润相对变动，导致利润增长率大于产销量的增加率；反之，产销量下降时，单位固定费用上升，导致利润的降低率大于产销量的降低率。

经营杠杆系数（简称 DOL）是利润变动率相当于产销量变动的倍数。其理论计算公式为：

$$经营杠杆系数 = \frac{利润变动率}{产销量变动率}$$

【例8-9】某大酒店客房部门有关利润资料如表8-12所示，据以计算2015年经营杠杆系数如下。

表8-12 　　　　　　　　　　　　　　某大酒店客房有关利润资料 　　　　　　　　　　　单位：元

项目	2014 年	2015 年
单位贡献边际	50	50
销售量（间）	48 000	50 000
贡献边际	2 400 000	2 500 000
固定费用	1 300 000	1 300 000
利润	1 100 000	1 200 000

$$产销量变动率 = \frac{50\,000 - 48\,000}{480\,000} \times 100\% = 4.17\%$$

$$利润变动率 = \frac{1\,200\,000 - 1\,100\,000}{1\,100\,000} \times 100\% = 9\%$$

$$经营杠杆系数 = \frac{9\%}{4.17\%} = 2.16$$

按以上理论公式计算经营杠杆系数，要求同时掌握产销量变动和利润变动前后两期的资料，在预测中无法直接应用。因为，如果上例需要测算 2016 年的经营杠杆系数，便会由于没有 2016 年有关资料而无法进行。为了满足事先测算需要，在实际工作中，可按以下简化公式计算经营杠杆系数：

$$经营杠杆系数 = \frac{基期贡献边际}{基期利润}$$

【例 8-10】仍用该大酒店表 8-12 资料，计算 2015 年的经营杠杆系数，并预测 2016 年的经营杠杆系数。

$$2015年的经营杠杆系数 = \frac{2\ 400\ 000}{1\ 100\ 000} \approx 2.2$$

$$2016年的经营杠杆系数 = \frac{2\ 500\ 000}{1\ 200\ 000} \approx 2.1$$

【例 8-11】某大酒店客房部门 2015 年利润为 1 200 000 元，假定 2016 年销售增长变动率为 5%，2016 年经营杠杆率为 2.1，要求预测 2016 年利润额。

计算公式：

（未来）利润变动率=产销量变动率×经营杠杆系数

预测利润额=基期利润×（1+利润变动率）

则该大酒店 2016 年利润指标预测如下：

2016 年利润变动率=5%×2.1=10.5%

2016 年预测利润额=1 200 000×（1+10.5%）

=1 326 000（元）

8.2.4 成本预测分析

成本是考核企业经营状况的重要指标。通过成本预测，可以使企业掌握未来成本水平和变动趋势，有利于加强企业成本管理，为成本决策和实施成本控制提供依据。

酒店的成本一般仅为餐饮部门和商场部门的营业成本。餐饮部门的成本又与工业企业的成本不尽相同，餐饮的成本内容仅包括原材料和辅料的消耗，不含工资和其他一切费用。所以，预测餐饮的成本，实质上是预测餐饮消耗原材料的成本。

餐饮成本预测一般只适用目标成本预测方法，即在确保实现餐饮目标毛利额的前提下，达到应有的成本率。餐饮的成本率计算公式为：

销售收入－毛利额=原料成本

$$原料成本率 = \frac{原料成本}{销售收入} \times 100\%$$

预测的方法，是事先制定餐饮的目标销售额和目标毛利率和目标毛利额，然后按以下公式计算：

目标成本额=目标销售额－目标毛利额

$$目标成本率 = \frac{目标成本额}{目标销售收入} \times 100\%$$

【例 8-12】某大酒店餐饮月度目标销售额 1 200 000 元，目标毛利率为 52%，计算目标成本额和目标成本率。

$$目标毛利额 = 1\ 200\ 000 \times 52\% = 624\ 000\ （元）$$

$$目标成本额 = 1\ 200\ 000 \times （1-52\%） = 576\ 000\ （元）$$

$$目标成本率 = \frac{576\ 000}{1\ 200\ 000} \times 100\% = 48\%$$

企业按如此预测的成本额和成本率，对餐饮的成本进行管理和控制。

8.2.5 资金预测分析

企业通过资金预测，可以使企业保证资金供应，并合理运用资金，不断提高资金的运用效益。

销售百分比法是预测资金需用量的一种方法，主要是按照企业资产负债项目及其他因素对资金的影响，从而预测未来需要追加的资金。其基本公式为：

$$\Delta F = K \cdot (A-L) - D - R + M$$

上式字母表示的内容如下。

ΔF：预计未来需要追加的资金数额。

K：未来销售收入增长率。

A：随销售额变动的资产项目基期数额。

L：随销售额变动的负债项目基期数额。

D：计划提取的折旧摊销额而与同期用于更新改造的资金差额。

R：按计划期销售收入及基期销售净利率计算的净利润预计发放股利（或支付分配利润）的差额。

M：计划期新增的零星开支数额。

预测计算程序如下。

（1）确定未来销售收入变动率指标 K。其计算公式为：

$$未来销售收入变动指标 K = \frac{预计未来销售收入 - 基期销售收入}{基期销售收入}$$

即：

$$K = \frac{S_1 - S_0}{S_0}$$

（2）分析基期资产负债表有关项目，计算 A 和 L。

① A 的确定。周转中的货币资金、正常的应收账款、存货项目一般会随着销售额的变动而变动，应列入 A。对固定资产则视基期生产能力是否有余而定，如果还有潜力，则不必追加资金投入。长期投资和无形资产不列入 A。

② L 的确定。应付账款、应交税费、其他应付款等项目会随着销售量变动而变动，应列入 L。负债的其他项目一般不予考虑。

（3）按提取的固定资产折旧和更新改造计划，确定可作为内部周转资金来源的折旧额与同期将用于更新改造的资金差额（即当期提取的累计折旧额-计划支付更新改造支出）列入 D。

（4）按预计未来销售额和基期销售利润率，计算预计的净利润减去计划期支付投资者利润的差额列入 R。

（5）确定新增零星开支 M。

（6）将 K、A、L、D、R、M 的数额代入基本公式，计算需要追加的资金 ΔF。

【例8-13】某酒店 2015 年实际销售额 24 000 000 元，净利润 3 000 000 元，计划期支付投资者所分配的利润 1 000 000 元，2016 年销售额计划增至 30 000 000 元，计划期提取固定资产折旧 2 500 000 元，其中 40% 用于更新改造。由于计划期销售收入扩大，必须相应增加固定资产投入。其他零星开支需要资金 100 000 元。该酒店 2015 年度资产负债表简要资料如表 8-13 所示。要求预测 2016 年计划期需要追加的资金数额。

表 8-13   资产负债表简要资料

2015 年 12 月 31 日   单位：元

资产		负债及所有者权益	
货币资金	500 000	负债：	
应收账款	900 000	应付账款	600 000
存货	800 000	应交税费	130 000
长期股权投资	400 000	其他应付款	300 000
固定资产	22 100 000	长期应付款	250 000
无形资产	80 000	所有者权益：	
		实收资本	19 000 000
		未分配利润	4 500 000
合计	24 780 000	合计	24 780 000

预测计算如下：

$$K = \frac{30\,000\,000 - 24\,000\,000}{24\,000\,000} \times 100\% = 25\%$$

$$A = 500\,000 + 900\,000 + 800\,000 + 22\,100\,000$$
$$= 24\,300\,000\,(元)$$

$$L = 600\,000 + 130\,000 + 300\,000 = 1\,030\,000\,(元)$$

$$D = 2\,500\,000 \times (1 - 40\%) = 1\,500\,000\,(元)$$

$$R = 30\,000\,000 \times \frac{3\,000\,000}{24\,000\,000} - 1\,000\,000 = 2\,750\,000\,(元)$$

$$M = 100\,000\,(元)$$

$$\Delta F = (24\,300\,000 - 1\,030\,000) \times 25\% - 1\,500\,000$$
$$- 2\,750\,000 + 100\,000$$
$$= 1\,667\,500\,(元)$$

预测该酒店 2016 年度需要增加资金 1 667 500 元。

8.3 决策分析

8.3.1 决策分析概述

1. 什么是决策分析

决策分析是在充分考虑各种可能的前提下，对未来实践的方向、目标、原则和方法作出决定的过程，也就是针对企业未来经营活动所面临的问题，由各级管理人员作出有关未来经营战略、方针、目标、措施与方法的过程。例如，企业通过预测，知道未来年度能达到的销售水平和目标利润，但是目前尚有较大的差距。因此，各级管理人员可以提出各种改进方案，供企业领导人分析、筛选选出最终决策付诸实施。企业的经营，往往由于管理者的正确决策而兴旺发达，也会由于错误决策而陷入困境。所以，正确决策对企业的生存与发展至关重要。

决策是面向未来，而未来有许多不确定因素，故良好的预测是决策的基础，是决策科学化的前提，是决策规划的依据。

2．决策的分类

（1）战略决策与战术决策。战略决策关系到企业未来发展方向、方针的全局重大决策；战术决策是为达到预期的战略决策目标，对日常经营活动所采用方法与手段的局部性决策。

（2）确定型、风险型、不确定型决策。确定型决策是有关因素都能确定和已知的，不含不确定因素，故决策较为容易。风险型决策是有些条件虽然已知，但存在各种变动趋势，决策方案会出现多种结果。不确定型决策是决策者对未来的情况不完全知道，或者虽然知道将会出现几种结果，但不知道出现的概率。

3．短期决策和长期决策

短期决策一般是指1个年度内能够实现的决策；长期决策是指在较长时期（超过1年）才能实现的决策。酒店一般适用短期决策（如生产经营、定价等决策）。但是，由于酒店的经营特点之一是必须保持一切设施和环境豪华、美观和舒适，才能有效地招徕宾客。因此，一般3年左右便要推陈出新，大范围的更新、改造和装修。其投资额虽不会像房地产业、大型厂矿那样巨大和很长时间才能收回，但每次付出的装修改造费用并不是小数，也得两三年才能收回。所以，酒店虽适用短期决策，但在如此大额支出方面又有长期决策性质，对现付资金存在货币时间价值，要考虑现值、终值的复利成本。

4．短期决策的主要内容

短期决策包括新产品开发决策、经营项目的决策、经营方式的决策、亏损项目是否取消的决策、定价和调价决策等。

5．决策分析的程序

企业在经营活动中，决策过程是发现问题、分析问题和解决问题的过程，一般经过以下步骤。

（1）调查经营形势，明确经营中存在的问题。

（2）确定决策的分析目标。

（3）设计各种备选方案。

（4）评价方案的可行性。

（5）选择最优方案。

（6）落实方案，做好信息反馈工作。

8.3.2 影响短期经营决策的因素

影响短期经营决策有3大因素，即相关业务量、相关收入和相关成本。

（1）相关业务量

相关业务量是指在短期经营决策中必须考虑的产量或销量。相关业务量直接影响相关收入和相关成本，应认真确定。

（2）相关收入

相关收入又称有关收入，要以特定决策方案的单价和销售量计算。

（3）相关成本

相关成本又称有关成本，即若有这个方案存在，就会发生这项成本。相关成本包括以下内容。

① 增量成本。增量成本又称差量成本，是指单一决策方案中，产销量增加一定数量后引起的相关变动成本增加额。

② 机会成本。机会成本指选择某一方案而放弃另一方案后所丧失的被放弃方案的潜在收益，所以又叫机会损失。

③ 专属成本。专属成本指那些明确归属于特定决策方案的固定成本和混合成本。

④ 加工成本。加工成本指对半成品是否继续加工决策中的加工成本，是要考虑的追加变动成本。

⑤ 可分成本。可分成本指联产品生产，对已分离的联产品进行继续加工而追加的变动成本。

⑥ 可避免成本。可避免成本指发生与否，取决于该方案的选择与否。

⑦ 可延缓成本。可延缓成本指对某些暂缓开支，不会对未来的生产经营产生重大不利影响的部分成本。

⑧ 沉没成本。沉没成本指过去发生，而现时无法收回或不需补偿的成本。

⑨ 共同成本。共同成本指应当由各个方案共同负担的固定成本或混合成本。

⑩ 联合成本。联合成本指联产品在未分离前的生产过程所发生，应由联产品共同负担的成本。

⑪ 不可避免成本。不可避免成本与以上可避免成本相对立的成本。

⑫ 不可延缓成本与以上可延缓成本相对立的成本。

8.3.3　短期经营决策的常用方法

1. 贡献边际分析法

贡献边际分析法是根据各个方案贡献边际总额决策。

【例8-14】A方案相关收入200 000元，相关成本140 000元，贡献边际60 000元。B方案相关收入160 000元，相关成本80 000元，边际贡献80 000元，如表8-14所示。

表8-14　　　　　　　　　　　　贡献边际总额分析表　　　　　　　　　　　　单位：元

项目＼方案	A方案	B方案
相关收入	200 000	160 000
相关成本	140 000	80 000
边际贡献	60 000	80 000

该表B方案的贡献边际较A方案多20 000元，表明B方案较优。

2. 差别损益分析法

差别损益分析法多用于两个相互排斥方案的取舍。如表8-15所示，该表ΔP为两个方案收入与成本之差，若其绝对值大于0，则A方案优于B方案；如等于0，则A、B方案效益相同；若小于0，则B方案优于A方案。

表8-15　　　　　　　　　　　　　　　　差别损益分析表

项目 ＼ 方案	A方案	B方案	差异额（Δ）
相关收入	R_A	R_B	ΔR
相关成本	C_A	C_B	ΔC
差别损益			ΔP

【例8-15】A方案相关收入120 000元，相关成本90 000元，B方案相关收入100 000元，相关成本60 000元，相关收入差异额20 000元，相关成本差异额30 000元，分析计算如表8-16所示。

表8-16　　　　　　　　　　　　　　　　差别损益分析表　　　　　　　　　　　单位：元

项目 ＼ 方案	A方案	B方案	差异额
相关收入	120 000	100 000	20 000
相关成本	90 000	60 000	30 000
差别损益			-10 000

该表分析计算结果，差异额-10 000元，小于0，表明B方案优于A方案。

8.3.4　短期决策的应用

根据酒店经营特点，分别对投资项目选择的决策、经营方式的决策、亏损项目是否继续经营的决策、定价决策、调价决策举例如下。

1. 投资项目选择的决策

【例8-16】某酒店的房屋建筑是租入的固定资产。有一面积1 200平方米的会议大厅，营运利用率不高，决定以租入固定资产改良支出方式进行改造，另立其他经营项目，借以提高经济效益，有两个备选项目投资方案：① 改为舞厅；② 改为20间标准客房。要求根据以下有关资料，选择最优方案决策。

资料（一）　原会议大厅的相关收入、相关成本、边际贡献：

（注：会议大厅的边际贡献为改建项目的机会成本）

（1）相关收入。每月平均出租10次，每次收入1 500元，共计15 000元。

（2）相关成本。

每月支出：

摊销租赁费	1 500
水电费消耗	500
工作人员工资	500
租金	750
其他费用	450
合计	3 700（元）

（3）边际贡献为 11 300 元（15 000-3 700）。

资料（二） 改建舞厅后的相关收入、相关成本、边际贡献：

（1）相关收入。经预测分析，改为舞厅后的接待能力每场 600 人，门票销售率 60%，门票单位售价 10 元。

（2）相关成本。

① 每场直接费用 1 000 元。

$$每月直接费用=1 000×30=30 000（元）$$

② 税率 18%。

$$每月税金=108 000×30=30 000（元）$$

③ 每月摊销改建费用，包括改建舞厅的装修费用，音响、灯光、乐器、桌椅等投资 300 000 元，要求两年收回。

$$每月摊销额=300 000÷24=12 500（元）$$

④ 投资 300 000 元的货币时间价值。假定第一年收回 140 000 元，第二年收回 160 000 元，终值利率 i=8%。

$$第一年利息=300 000×(S/P，8%，1)-300 000$$
$$=300 000×1 080-300 000=24 000（元）$$
$$第二年利息=160 000×(S/P，8%，1)-160 000$$
$$=160 000×1 080-160 000=12 800（元）$$
$$每月应摊负利息=(24 000+12 800)÷24=1 533（元）$$

⑤ 机会成本（原会议大厅的边际贡献）：11 300（元）

$$相关成本合计=① 30 000+② 19 440+③ 12 500+④ 1 533+⑤ 11 300$$
$$=74 773（元）$$

（3）边际贡献=108 000-74 773=33 227（元）

资料（三） 改建为客房后的相关收入、相关成本、边际贡献：

（1）相关收入。经预测分析，20 间标准客房，每间每天销售价 140 元，月度销售率 80%。

$$相关收入=140×20×80%×30=67 200（元）$$

（2）相关成本。

① 每间每天变动费用 24 元。

$$每月变动费用=24×20×80%×30=11 520（元）$$

② 每月固定费用 5 000 元。

③ 税金=67 200×5%=3 360（元）

④ 每月摊销改建费用：改建为客房全部费用 200 000 元，要求两年收回。

$$每月摊销额=200 000÷24=8 333（元）$$

⑤ 投资 200 000 元货币时间价值。假定第一年收回 80 000 元，第二年收回 120 000 元。终值利率 i=8%。

$$第一年利息=200 000×(S/P，8%，1)-200 000$$
$$=200 000×1 080-200 000=16 000（元）$$
$$第二年利息=120 000×(S/P，8%，1)-120 000$$
$$=120 000×1 080-120 000=9 600（元）$$

$$每月应摊负利息＝（16\,000＋9\,600）÷24＝1\,067（元）$$

⑥ 机会成本（原会议大厅的边际贡献）＝11\,300（元）

$$相关成本合计＝①11\,520＋②5\,000＋③3\,360＋④8\,333＋⑤1\,067＋⑥11\,300$$
$$＝40\,580（元）$$

（3）边际贡献＝67\,200－40\,580＝22\,620（元）

根据以上资料，编制边际贡献总额分析表如表8-17所示。

表8-17 　　　　　　　　　　　　　边际贡献总额分析表 　　　　　　　　　　　　单位：元

项目 ＼ 方案	改建为舞厅	改建为客房
相关收入	108 000	67 200
相关成本	74 773	40 580
边际贡献	33 227	26 620

通过分析，表明改建为舞厅的边际贡献大于改建为客房，应决策改建为舞厅。

2．经营方式的决策

【例8-17】某酒店客房每层10间，甲化妆品公司要求包租一层10间作为公司营业用房，条件和有关资料如下。

（1）甲公司每月付给酒店25\,000元，水电另装表计量，费用由甲公司负担。不需酒店提供服务人员。

（2）酒店这10间客房的日常营业收入和成本费用等资料如下。

① 每间客房每天售价140元，月平均销售率80%。

② 每间客房变动费用24元，每月变动费用总额5\,760（即24×10×80%×30）元。

③ 每月一层楼的固定费用5\,000元。

④ 营业税率自营和包租均为5%（省略附加税费）。

根据以上资料编制差别损益分析表如表8-18所示。

表8-18 　　　　　　　　　　　　　　差别损益分析表 　　　　　　　　　　　　　单位：元

项目 ＼ 方案	自营	出包	差异额
相关收入	140×10×80%×30=33 600	25 000	+8 600
相关成本	12 440	1 500	+10 940
其中：税金5%	1 680	1 500	
变动费用	24×10×80%×30=5 760		
固定费用	5 000		
差别损益			+2 340

分析表明：自营的营业收入较出包增加8\,600元，但成本费用却增加10\,940元，如果出包可多获收益2\,340元。故可决策：出包。

3．亏损项目是否继续经营的决策

【例8-18】某酒店营业项目盈亏情况资料如表8-19所示。

表8-19   某酒店经营项目盈亏情况资料   单位：元

部门 项目	客房	餐饮	商场	蒸汽浴	娱乐	合计
营业收入	1 000 000	600 000	160 000	120 000	80 000	1 960 000
营业成本		320 000	110 000			430 000
销售费用	600 000	200 000	20 000	80 000	75 000	975 000
税金	50 000	30 000	6 500	6 000	16 000	108 500
经营利润	350 000	50 000	23 500	34 000	-11 000	446 500
管理费用	110 000	60 000	4 000	2 000	1 000	177 000
净利润	240 000	-10 000	19 500	32 000	-12 000	269 500

表8-19反映餐饮和娱乐两个项目均发生净亏损。餐饮净亏损10 000元，但获得经营利润50 000元，利润率8%，表明尚有盈利能力；娱乐净亏损12 000元，经营亏损11 000元，亏损率近14%，表明没有盈利能力。企业对亏损项目的盈亏情况，应视其是否能获得一定的经营利润，不能一有净亏损，便考虑停止经营。

对这两个亏损的经营项目进一步分析如下。

（1）娱乐没有盈利能力，如停止经营，则：

企业的净利润=240 000-10 000+19 500+32 000-1 000（娱乐的管理费用）=280 000（元）

较原净利润269 500元多11 000元。

（2）餐饮有盈利能力，如因发生净亏损也停止营业，则：

企业的净利润=240 000+19 500+32 000-60 000（餐饮的管理费用）-1 000（娱乐的管理费用）

                         =230 500（元）

较原净利润269 500元减少39 000元，减少的净利润39 000元是餐饮经营利润50 000元减娱乐经营亏损11 000元的差额。由此可见，如果停止餐饮项目经营，企业的利润不但不会增加反而会减少。

以上分析计算，分别减去餐饮和娱乐的管理费用60 000元和1 000元，是因为管理费用属固定成本，虽然经营项目取消了，但它仍然存在。

通过如此分析计算，表明餐饮项目虽然发生一些亏损，但有盈利能力，只要今后设法增加营业收入，节约一定的成本费用，是可以扭亏为盈的，故不应停止经营。而娱乐由于没有盈利能力，从亏损率较大的趋势看，如继续经营下去，亏损会越来越大，应作出停业整顿或转产的决策。

4. 定价决策

在市场经济环境里，价格完全受市场调节。定价过高会影响销路，甚至被市场摈弃；定价过低则不能保证企业有足够的利润。因此，确定最优价格的决策分析关系到企业的盛衰兴亡，非常重要。影响售价的因素是多方面的，如产品质量、销售量、销售成本，以及企业的目标利润都与售价的高低有密切关系。

定价决策的类型和方法如下。

① 以成本为导向的定价方法。

a. 总成本定价法公式：

$$价格 = \frac{预计总成本 + 目标利润}{预计销售数量}$$

b. 收益比率定价法公式：

$$价格 = \frac{原材料成本}{1 - 销售毛利率}$$

c. 成本加成定价法公式：

$$价格 = 原材料成本 \times (1 - 销售毛利率)$$

以上 a 与 b 定价法适用酒店餐饮制品定价。

② 以特殊目的为导向的定价方法。

a. 保利定价法及其应用。保利定价法是指在已知目标利润、预计销售量和相关成本指标的基础上，计算以保利为目的保利价格定价方法，其公式是：

$$保利价格 = 单位变动成本 + \frac{固定成本 + 目标利润}{预计销售量}$$

$$= 单位变动成本 + \frac{目标边际贡献}{预计销售量}$$

【例 8-19】某酒店客房部门，预计月度销售房间 3 000 间，固定成本 200 000 元，单位变动成本 30 元，目标利润 100 000 元，要求制定房间售价。

$$房间销售价格 = 30 + \frac{200\,000 + 100\,000}{3\,000} = 30 + 100 = 130（元/间）$$

b. 保本定价法及其应用。保本定价法是指在已知成本指标与预计销售量的基础上，计算以保本为目的保本销售价格的一种定价方法。

其公式为：

$$保本销售价格 = 单位变动费用 + \frac{固定成本}{预计销售量}$$

【例 8-20】某酒店固定成本 210 000 元，单位变动成本 30 元，预计销售量 3 000 间，要求制定房间售价。

$$房间销售价格 = 30 + \frac{210\,000}{3\,000} = 30 + 70 = 100（元/间）$$

5. 调价决策

销售价格高低和销售数量、成本、利润有关。如果成本水平不变，销售价高，利润就多。但价格会影响销售数量，一旦销售数量减少，又会使成本上升。销售量和成本都会影响企业利润，所以价格制定后，往往还要根据市场供需关系，结合销售量、目标利润、成本等因素作调价决策。

"利润无差别点法"是利用调价后预计销售量与利润无差别点销售量之间的关系进行调价决策的一种方法，即测算调价后确保目标利润能实现应达到的销售量。其计算公式为：

$$利润无差别点销售量(x_0) = \frac{固定成本 + 调价前可获利润}{拟调单价 - 单位变动成本}$$

$$= \frac{a_0 + TP}{P_1 - b_0}$$

【例 8-21】某酒店客房部门月度固定成本 200 000 元，单位变动成本 30 元，目标利润 100 000

元，房间平均销售价 130 元，现拟调至 150 元，要求计算利润无差别点的销售量。

$$利润无差别点销售量 = \frac{200\,000 + 100\,000}{150 - 30} = 2\,500（间）$$

决策方法：

将调价后预计房间销售量（月度）与上式计算的利润无差别点销售量对比，有以下 3 种情况。

① 调价后预计销售量大于利润无差别点销售量（如预计销售量可以超过 2 500 间），则可以考虑调价。

② 调价后预计销售量小于利润无差别点销售量（如小于 2 500 间），则不能调价。

③ 如果两者相等，则表明调价与不调价的效益相同。价格也可调或不调。

8.4 查账

查账是根据会计凭证、账簿、报表以及有关经济资料，对企业各项经济活动的合法性、合理性、真实性等方面进行审查。查账是会计工作不可缺少的重要组成部分，认真做好查账工作，为更好地发挥会计工作的积极作用，具有重要意义。

8.4.1 查账与审计的关系概述

查账是审计的基础工作，任何种类的审计都离不开查账，审计和查账有着密切联系。通常所说的查账是指查错揭弊、遏制假账而进行的经济监督。审计在查账的同时，还要审查有关经济活动资料、经营管理状况、内部控制制度以及对经济活动的真实性和效益性进行评估和确认，对审计结果发表意见，出具审计报告。由此可见，查账与审计两者的性质有所不同，故查账并非就是审计。

不过，在进行查账的实际工作中，除了查错揭弊、遏制假账外，往往也要查明会计资料的真实性和合法性，以及检查内部控制制度完善情况、了解一切经济活动的效益性，并对存在的问题提出改进意见。其内容和目的与审计基本相似，故两者的性质有时也很难区分。审计的种类很多，一般分类为以下 4 类。

（1）国家审计。国家审计又称政府审计，是指由国家审计机关，对国务院所属各部门和地方各级人民政府、国家财政金融机构、国有企业、事业单位、国家控股的股份公司的财务收支和经济活动的真实性、合法性、效益性依法进行监督，属于法定性和强制性。地方的财政、税务部门开展的查账工作均属政府审计性质。

（2）社会审计。社会审计又称民间审计或注册会计师审计，是指由依法成立的社会审计组织，如审计师事务所、会计师事务所等民间组织，接受委托对被审计单位的财务报表及其有关资料进行独立审查和鉴证，并出具审计报告，或者承办客户有关注册资金的验证。以及代理企业纳税申报、提供会计和管理咨询服务等业务。社会审计组织接受委托要按有关规定收取一定的服务费用。

（3）内部审计。内部审计是指由企业内部设置的审计部门或专职审计人员如注册会计师、会计师对本企业及所属部门进行的审计活动。内部审计均应接受国家审计机关的业务指导和监督。内部审计部门应有独立性，不应隶属于其他职能部门，更不能隶属于财会部门。内部审计除了审计本单位会计资料进行审计监督外，还可对内部控制和生产经营等各方面的经济活动进行检查、分析和评价，以及开展经济效益审计，范围也很广泛。但其审计报告主要供给内部管理部门使用，对外不起公证作用。

（4）其他分类。其他分类包括全部审计、局部审计、事前事中事后审计、定期和不定期审计、就地审计和报送审计、法定审计和任意审计等。

8.4.2 收集查账资料

收集查账资料为查账的准备阶段，是根据查账的内容和要求，将所需要的会计资料和其他有关经济资料收集起来，进行分类筛选，以备查账使用。做好会计资料和其他有关资料的收集工作，不仅有利于提高查账工作的效率，而且可以抓住重点、有的放矢地确定查账的步骤和方法。

应收集的资料一般包括会计报表、会计账簿、会计凭证、会计分析资料、内部审计报告、正在执行的会计制度、财务管理制度、经济法规、计划和统计报表、各类预算、经济合同、经营目标的预测决策方案和执行结果的分析资料、仓库及其他经管物资部门的盘点表、银行对账单、银行存款余额调节表、往来账款对账单、存货价格目录、企业的章程和出资方案，董事会会议记录、纳税申报表和纳税鉴定，以及其他有关经济档案等。实行电算化企业还要提供计算机磁带、磁盘、光盘、微缩胶片等会计信息载体。

8.4.3 查账方法

查账的一项繁重工作是对会计凭证、账簿、会计报表以及其他经济活动资料的核对和审查。一方面要核对和检查各种会计资料的准确性和真实性；另一方面要审查所反映的经济业务的合法性和合理性，如是否存在弄虚作假、隐瞒收入和利润、偷漏国家税收、乱挤成本、乱列开支、行贿受贿、贪污盗窃、严重浪费等违法违纪行为。从而确保党和国家的方针政策和财经法纪的贯彻执行，保护所有者财产的安全完整以及合法权益不受侵犯。

由于会计资料数量繁多内容复杂，各单位核算形式又不尽相同。因此，必须根据查账的实际需要，采用不同的查账方法。

查账方法包括顺查法、逆查法、详查法、抽样查法。抽样查法又分随机数表选样法、计算机辅助选样法、等距选样法、任意选样法。

1. 顺查法

顺查法是按照记账顺序，先查记账凭证和原始凭证，再查账簿记录，最后查会计报表。这种方法可系统地对企业的会计资料比较全面的核对和审查。但是工作量较大，一般只适用于规模较小、账目不多的企业。如果企业规模虽然较大，会计资料较多，但账目混乱、问题比较严重，而且带有普遍性，便应采用顺查法。

2. 逆查法

逆查法也称倒查法。和记账顺序相反，逆查法先查会计报表，再查账簿记录，后查记账凭证和原始凭证。这种方法可以根据从会计报表和账簿记录所发现的问题，有目的的抓住审查重点，步步深入，节省查账时间和人力。但逆查法不适用于账目混乱、问题较多的企业。

3. 详细查法

详细查法是采用顺查法时，对所有会计记账凭证和原始凭证从头到尾逐笔核对和审查，工作量较大，很难适用规模较大、账目繁多的企业。但是，如果账目混乱、问题较多一般也要采用详细查法。

4. 抽样查法

抽样查法是在需要审查的范围内，按一定方法，抽取一部分会计资料作为样本进行审查。抽样审查结果，如未发现问题，则其余部分的会计资料就不必进行审查；如果抽样发现的问题较多，则应适当扩大审查面，增加样本数量，甚至逐步发展为详细审查。

抽样查法有随机数表选样（又称统计选样）、计算机辅助选样、等距选样、任意选样。抽样不是抽查，使用各种方法抽取的样本对总体来说，应具有代表性，要使总体中所有抽样单元均有被选中的机会。否则，就无法根据样本结果推断总体。所以应当尽量选取具有整体典型特征的样本数目，并在选取样本时避免偏见。

（1）随机数表选样

随机数表是一组从长期来看出现概率相同的数码，且不会产生可识别的模式。随机数表也称乱数表，它是由随机生成的从0～9的10个数字组成的数表，每个数字在表中出现的次数是大致相同的，它们出现在表上的顺序是随机的。表8-20是5位随机数表的一部分。

表8-20　　　　　　　　　　　　　　　　　随机数表

行＼列	1	2	3	4	5	6	7	8	9	10
1	32044	69037	29655	92144	81034	40582	01584	77184	85762	46505
2	23821	96070	82592	81642	08971	07411	09037	81530	56195	98425
3	82383	94987	66441	28677	95961	78346	37916	09416	42438	48432
4	68310	21792	71635	86089	38167	95620	96718	79554	50209	17705
5	94856	76940	22165	01414	01413	37231	05509	37489	56459	52983
6	95000	61958	83430	98250	70030	05436	74814	45978	09277	13827
7	20764	64638	11359	32556	89822	02713	81293	52970	25080	33555
8	71401	17964	50940	95753	34905	93566	36318	79530	51105	26952
9	38464	75707	16750	61371	01523	69205	32122	03436	14489	02086
10	59442	59247	74955	82835	98378	83513	47870	20795	01352	89906

应用随机数表选样的步骤如下。

① 对总体项目进行编号，建立总体中的项目与表中应选用数字相对应关系。通常，可利用总体项目中原有的某些编号，如记账凭证的原有编号、账簿原编页次等。在没有能使用的原有连续编号的情况下（如多本不相互连续号码的发票、支票等），则要另外进行编号。

② 从总体编号的项目中，随机选取所设立样本数量。

【例8-22】库存现金日记账已记录80页，每页20行，共有1 600笔账。设定从中选取10笔作为审查样本。表8-20随机数表的5位数，可使用前4位数，也可使用后4位数，现确定使用前4位数。选样本时，前两位从0～80（即前两位数应在80以内），代表账簿的页次；后两位从0～20（即后两位数应在20以内），代表每页的行次。然后从随机数表任何一行开始，由左向右，从上到下，依次查找符合总体项目编号要求的数字，直到选足所需要的 10 个样本号码为：3204（即第 32 页第 4 行那笔账，依此类推）、6903、7718、0903、5619、3816、5020、2216、7003、2508。共 10 笔记录为要抽查的样本。

【例 8-23】记账凭证连续编号为 1～650，即 650 张。设定从中选 10 张作为审查样本。使用随机数表前 3 位数（即第 1 位数不超过 6，后两位数不超过 50），从左向右，从上到下依次查找符合总体项目编号要求 10 个数字，便是选中的记账凭证样本的编号分别为 320（即第 320 号凭证，依此类推）、405、015、238、424、217、502、221、014、529 共 10 张记账凭证为要抽查的样本。

【例 8-24】已开发票存根 110 本，每本 25 页，共有 2 750 页，设定选 10 张作为样本。由于原有每本衔接的号码不连续，经重新编号为 1～2 750 号。使用随机数表前 4 位数。前两位从 0～27、后两位从 0～50。从随机数表由左向右，从上到下依次查找符合总体项目编号要求的数字，选中的样本号码为 0741（即第 741 号发票存根，依此类推）、0903、0941、2216、0141、0550、0543、0927、1135、2508 共 10 张为要抽查的样本。

（2）计算机辅助选样

使用计算机生成的随机数程序软件，如电子表格程序、随机数码生成程序，通用审计软件程序等计算机程序产生的随机数可以获得所要求选取的样本。而且用以评价抽样结果的大多数计算机程序，都能根据样本规模、样本结果计算可能发生的偏差率估计值。一般偏差率为 3%～7% 时，有效性较高；偏差率为 6%～12% 时，有效性中等；偏差率为 11%～20% 时，有效性最低；偏差率超过 20% 时便不能采用这一选样方法。

（3）等距选样

等距选样也称系统选样。是对总体项目按照相同的间隔距离选取样本的一种选样方法。采用等距选样法，首先要计算选样间距，确定选样起点，其次，根据间距顺序地选取样本。选样间距的计算公式如下：

$$选样间距 = \frac{总体规模}{样本规模}$$

【例 8-25】记账凭证编号从 352～2 832 号，要从其中选取样本 124 张。

$$选样间距 = (2\ 832 - 352) \div 124 = 20$$

从 0～19 中设定随机选样起点 15，第一个样本为：352+15=367 号那张，其余 123 个样本号码分别为 367+20=387、387+20=407、407+20=427、…，依此类推，直至选足 124 张样本。

等距选样方法的主要优点是使用方便，比其他选样方法节省时间，并可用于无限的总体。此外，使用这种方法时，对总体中的项目不需要编号，只要按总体数量计算出间距后，确定一个起点随机数，然后只要数出每一个间距的样本量即可。

使用间距选样要求总体必须是随机排列的，否则容易发生较大的偏差，造成非随机的不具代表性的样本。例如，应收账款明细表，每页的记录如果均以账龄的长短为先后次序排列，则选中的若干个样本，可能多数是账龄相同的记录。为了克服这一缺点，可以采取以下两种办法。

① 增加随机起点的个数。

② 确定选样前对总体特征的分布进行观察，如总体特征的分布呈随机分布，则可采用这种选样方法，否则应考虑使用其他选样方法。

（4）任意选样

任意选样又称判断选样，是指不带任何偏见的和不考虑样本项目的性质、大小、外观、位置或其他特征，而是根据查账人员个人的经验技巧，针对被查账单位的具体情况和查账要求进行判断选样。任意选样的主要缺点是很难排除个人偏好的主观臆断，因而使样本失去代表性。

以上几种查账选样方法都很科学，在样本量足够的条件下，一般均能选出有代表性的样本。

8.4.4　查账的主要内容

对企业查账的内容甚多，有关酒店方面的主要如下。

1. 库存现金的审查

（1）核对库存现金日记账的余额是否与总账的余额相符，如有不符，应查明原因作相应调整。

（2）盘点库存现金。首先，将分散在抽屉、钱包等处的零星现金集中存入保险柜。然后，按尚未入账的现金收付单证轧算出账存金额与实存现金核对，如有不符，应查明原因处理。假若两者差异很大，则应追查是否有截留销售收入、隐匿非法支出等弄虚作假情况。

（3）按库存现金账面记录，抽样审查有关原始凭证。对大额现金收付，应查明是否违反国家有关现金管理的规定。

（4）对库存外币，应查明折算为记账本位币时汇率的折算是否符合规定并及时存入银行，有无挪用盗窃等违法行为。

2. 银行存款的审查

（1）核对银行存款日记账的余额是否与总账的余额相符，如有不符，应查明原因作相应调整。

（2）验算银行存款余额调节表是否正确。对长期未达的收入和支出，应与银行联系，查明情况进行处理。

（3）按银行存款日记账记录，抽样审查有关原始凭证。对一些大额银行存款收支，查明是否有与本企业无业务关系的代收代付违纪事项。

（4）审查外币存款收付的汇率折算是否符合规定，有无逃汇、套汇等违法现象。

3. 应收账款的审查

（1）核对所编制的应收账款明细表是否与明细账和总账记录相符，如有不符应进行调整。

（2）进行账龄分析，评估长期未收回的款项会造成坏账的可能性。

（3）对金额较大、交易频繁或账龄较长的应收账款，应抽样进行函证，即以信函方式与对方取得联系，落实账款余额的真实性和可收回性。

（4）对酒店客房应收账款的核算方法，是否按"应收"和"预收"两个二级账户分别累计所发生的收入和已收到的货币资金，以及月末相互轧抵后并入资产负债表的有关项目；年度终了，这两个二级账户是否已相互冲转。

（5）审查资产负债表日，应收账款明细表所反映的某些贷方户的余额，是否于编表时并入该表预收账款项目。

（6）审查按外币结算的应收账款折算为记账本位币——人民币的汇率是否合理，折算差额是否已计入当期损益。

4．预付账款的审查

（1）核对预付账款明细表的余额是否与明细账和总账的余额相符，如有不符应进行调整。

（2）审查预付账款从付款到收到原材料、商品等货物的时间是否与原签订的合同规定相符；有无长期预付了货款，但一直未收到货物而有被诈骗的风险。

（3）预付账款如果发生贷方余额，应查明是否为收到超过合同原规定数量形成的，有无造成积压的损失，或者为计价超过合同规定标准形成的，是否合理。

（4）审查是否有投资者为了抽走资金所设置的虚假账户。

（5）审查资产负债表日，预付账款明细表所反映的某些贷方户的余额是否并入应付账款项目。

5．其他应收款和其他应付款的审查

（1）核对其他应收款和其他应付款明细表的余额，是否与明细账和总账的余额相符，如果不符应相应调整。

（2）审查是否有弄虚作假的空头户。对可疑账户应详查原始凭证，弄清来龙去脉。因为有些企业为了截留销售收入，隐匿非法支出另设内账（俗称"做假账"），往往会使"库存现金"账户超支变成负数。为了进行调节现金库存，便在"其他应收款"或"其他应付款"账户设置虚假账户来增加或减少现金数额。

（3）审查是否有代外单位收付与本企业无业务关系的款项所设置的账户。

（4）审查是否有投资者为抽走资金所设置的虚假账户。

（5）审查资产负债表日，其他应收款明细表某些贷方户的余额是否并入该表的"其他应付款"项目；其他应付款明细表某些借方户的余额是否并入该表的"其他应收款"项目。

6．存货的审查

（1）核对各存货账户的合计余额是否与资产负债表反映的存货金额相符，如有不符应相应调整。

（2）审查各项存货的盘点表所反映的数量是否与仓库实存数量相符，单价是否与账面记录相符，如情况可疑，可监督重新实地盘点。在盘点过程中，对毁损、过期、残次的存货，应进行登记查明是否已经列作损失处理。

（3）有的企业为了偷漏所得税而有意隐匿利润，常见方法是多计销售成本，而其结果便会使存货价值失真。所以，当存货的实存价值与账面的价值差异很大时，便应查明是否为多计销货成本形成的。

（4）商品盘点过程，应查明有无代销商品，不能将代销商品列入自有存货。酒店吧台的酒水、食品绝大部分是售完后向供应商结付价款，属代销商品性质，但是会计核算时，收货后一律借记库存商品、贷记应付账款，所以仍应视同自有存货盘点。酒店餐饮的原材料如肉、禽、蛋、海鲜、水产、蔬菜、调料等，于收货投入使用或入库时不论是否已支付价款，会计核算均应先贷记应付账款，所以厨房或仓库对这些原材料盘点时均视同自有存货。

（5）审查已计提存货跌价准备的存货在资产负债表日，影响其价值的因素已经消失，是否对原提取的存货跌价准备金额予以冲减并计入当期损益。

（6）审查各类存货是否已制定自然损耗率标准并付诸实施。

（7）审查对存货发生长余短缺的处理是否及时和合理。

（8）审查委托代销商品是否与自营商品分开，并在"委托代销商品"账户核算；收货、销售、纳税、支付货款等各个环节是否符合国家规定。

7. 固定资产的审查

（1）核对固定资产明细账与总账的余额是否相符，如有不符，应查明调整。

（2）审查固定资产对定义、确认、初始计量、后续计量、增加、改良支出、清查和清理、减值、资本化后续支出等方面的核算，是否符合财政部新颁布的《企业会计准则第 4 号——固定资产》有关规定（其核算内容详见本书第六章相关内容）。

（3）审查计提固定资产折旧的标准和方法是否符合国家有关规定。

（4）审查在建工程的承包合同、协议和支付预付工程款等是否合理，有无贿赂等违法情况；完工后的决算报告是否正确，完工项目的验收、交接、入账凭证是否齐全。

8. 待处理财产损溢审查

（1）审查"待处理财产损溢"账户所反映的各种财产损失或溢余是否真实。

（2）审查所核销的损失是否按规定处理权限经报请批准。

（3）对长期未处理的损溢账项，应查明原因予以解决。不能让"待处理"变成"不处理"而长期悬挂账面。

9. 应付账款审查

（1）核对应付账款明细表是否与明细账、总账的余额相符，如有不符应查明调整。

（2）应付账款是购入原材料、商品和接受劳务而应付给供应方的款项，非这类经济业务的应付款项不应在本科目核算，误列应付账款的账项应建议予以调整。

（3）查明资产负债表日应付账款有关收货的记账凭证。如仅附入库凭单，却无购货发票；仅附购货发票，却无入库凭单等手续不完备的情况。应了解产生的原因并加以纠正。

（4）对长期未支付的应付账款，应查明原因。如属不必再付的余款，应取得证据作调账处理。

（5）与客户的往来账项，不论是应收或应付仅能开设一个账户，以免引起账目紊乱发生差错。如有此类情况应督促进行账务调整。

（6）审查资产负债表日，应付账款明细表所反映的某些借方余额，在编表时是否已并入"预付账款"项目。

10. 预收账款的审查

（1）核对预收账款明细表是否与明细账和总账的余额相符，如有不符应查明调整。

（2）预收账款某些账户如发生借方余额，应查明是否为多发货物形成的，多发货物的价款是否及时收回，有无被长期拖欠情况。

（3）审查是否有无故将已完成销售交易手续的经济业务长时间的挂在预收账款，不反映主营业务收入，借以达到拖延交纳税款目的。

（4）审查资产负债表日，预收账款明细表反映的某些借方户的余额，是否于编表时并入"应收账款"项目。

11. 所有者权益的审查

（1）实收资本。对照投资合同、章程、营业执照和董事会会议记录等有关规定，审查投入资本的原始凭证。查明所投入的货币资金、固定资产、原材料等是否真实计价是否合理。如是外币投资，应有外汇水单。折合为记账本位币的汇率不得按合同所定，而应按收到外币的当天汇率计算。

（2）审查本年利润、利润分配账项的真实性和合法性。

（3）审查资本公积、盈余公积的入账、提取、转出等是否符合国家有关规定。

12. 主营业务收入和主营业务成本的审查

（1）主营业务收入。重点是审查其完整性和真实性，有无隐匿收入和非法避税等情况。例如，应检查宾客账单原机印编号是否连续，如缺号较多则有可能是抽单隐匿收入形成的。酒店餐饮部门承办喜庆宴席，收入集中，一般不登入宾客账单，几乎全收现金，又不开给发票，最易隐匿；不过也可以从当期餐饮成本进行考察有无造假。因为餐饮成本一般占收入50%左右，凡有大量宴席，则鲜活原料消耗很大，如果隐匿了大宗收入，便会使毛利率大幅度下降。

有的企业出租部分营业场地，为了逃避12%的房产税（房租收入税），编制假营业日报按自营项目入账，此类现象一般可向经营的承租人进行调查获取信息。

企业隐匿营业收入的手法往往非常隐秘，不易发现。一般可采用入驻收银台跟踪观察的办法，连续多日、或随机的间隔日，获取每天实际收入的样本，据以和账面记录对比，如果短少的差异较大，便有可能是隐匿收入形成的，并可依此推断被隐匿总额的估计值。

（2）主营业务成本。酒店餐饮的营业成本，主要是原材料消耗。应查明月末所收到投入使用尚未支付价款的鲜活原材料，是否已全部通过应付账款账户计入营业成本。当月所领用的辅料、调料是否已全部计入营业成本。月末厨房的原材料、辅料、调料盘点是否真实、计价是否合理。餐厅吧台的酒水、香烟、小食品、餐巾纸等于月末盘点后，应编报"商品进销存及盘点升耗月报表"（详见本书表 4-9）交财务部门进行核对，并查明所发生差异的处理是否及时和合理。

13. 费用的审查

酒店的费用包括销售费用、管理费用、财务费用。客房只有销售费用，没有营业成本，所以其费用总额便是客房的经营成本，而且数额较大，是审查重点。

（1）对各项费用明细账记录选样抽查原始凭证，查明各项支出的真实性和合法性。

（2）酒店电费和柴油费支出很大，查明分配至各经营部门的计算方法是否合理，否则很难正确评估和考核分部门的费用水平。

（3）酒店装修的间隔期短，约3～5年便要全面装修一次，每次装修费用很大，发生时一般是在"长期待摊费用"核算分期摊入费用。应审查各项装修费的支出是否合理合法。

（4）审查企业各项费用的控制是否到位。例如，酒店餐饮部门碗盘等瓷器餐具用量很大，价格昂贵。由于洗涤工序存在野蛮操作，破损严重，必须经常批量采购补充，损失很大。所以应加强控制，实行洗前点数、洗完验收，并制定合理的破损率，配以奖惩办法，将损耗率降至最低点。

8.4.5 调查取证

在查账中发现的问题，必须逐一调查进行核实，并取得足以证明事实真相的证据，做到客观公正，令人信服。

证据必须充分。例如，从100个样本中获得的证据，肯定比从50个样本中获得的证据更为充分。

取得的证据要求有可靠性。例如，口头证据仅能提供一些重要线索，并不能证明事实真相。要警惕并排除虚构情况的伪证。

要取得的证据一般包括实物证据、书面证据、环境证据、口头证据。

1．实物证据

实物证据是指通过实际观察或清点所取得的实物。例如，对财产实地盘点，可证明确实存在；取得购进原材料、商品时发现的质次价高或假冒的样品，往往是存在商业贿赂的有力证据。

2．书面证据

书面证据是指取得各种文件形式的证据。按其来源可分为外部证据和内部证据。

（1）外部证据。外部证据是由外单位和个人提供的书面证据，如往来款项的对账回函、银行对账单等。

（2）内部证据。内部证据是企业内部提供的书面证据，如会计资料中的原始凭证、记账凭证、账簿、会计报表、物资盘点表、交易合同、董事会会议记录等。

3．环境证据

环境证据是指对被查账单位产生影响的各种环境事实，如内部控制制度、管理人员素质、各种管理条件和管理水平等。因为，如果该单位具有良好的内部控制、高素质的管理人员、良好的管理条件和较高的管理水平，就能增加对会计资料的可信赖程度。但是，环境证据一般不能直接用以证明被审查的事项，只能帮助对审查事项进行判断，或帮助取得其他可靠证据。所以环境证据是一种间接证据。

4．口头证据

口头证据是指在调查询问中，当事人的口头答复所形成的一类证据。除非有现场录音，否则口头证据一般不足以证明事实真相，但能获得一些重要线索，从而有利于对某些须审核的情况作进一步调查，以便收集到更为可靠的证据。

取得证据的方法多种多样。如实地清查盘点、口头或书面询问、通过信函取得函证信息、应用人工或计算机方式对有关资料重新复核计算、对有关报表资料调整后重新编制等。

8.4.6　编写查账报告

查账工作结束后应撰写查账报告，分别送交被审查单位以及主管部门或所有者。查账报告的主要内容包括被查账单位基本情况、采用的查账方法、发现的问题、调查取证经过、提出改进意见和建议。

（1）被查账单位基本情况一般包括机构的组织形式、经营内容和规模、各项经济指标完成情况、会计核算形式等。对企业所取得的业绩应加以肯定。

（2）采用的查账方法应说明使用了哪些方法。如详查法或抽样查法。采用抽样查法是任意抽样或是随机数表抽样。如是采用计算机辅助抽样，还应该说明已量化的误差率，并对各个项目所选取的样本量和占总体项目的比例等。

（3）发现的问题可简述有关事例另附清单。例如，虚报冒领账项清单、漏税清单、购入物资白条报账清单、责任事故损失清单、贪污盗窃案件清单、浪费损失清单、有可能发生的坏账清单等。这些清单应有具体金额和合计，并注明来源，如账户名称和记账凭证的日期和编号。有关会计报表的错误，应附重新编制的影印件。

（4）调查取证经过应说明取得了哪些可以证明事实真相的证据。如物资实地盘点表、往来账项对账单、有关项目的函证材料、购进质次价高原材料或商品的实物、责任事故所损毁财产实物等。

（5）针对查账所发现的问题，提出改进意见和建议。在加强内部控制方面，例如，对库存现金进行不定期的突击检查，并严禁"白条"抵库；购进原材料、商品的质检和价格审查制度；固定资产维护保养和定期清查制度；在建工程的工程进度和预付工程款的审查制度；委托代销商品的管理制度；财产发生长余短缺的审批制度；营业收入的宾客账单、餐单的审查稽核制度；各项费用审批制度；原材料、商品自然损耗率标准的制定；餐饮制品标准成本的制定；差旅费开支标准的制定；销售折让标准和审批权限的规定；员工餐的管理；自有机动车辆使用管理规定等。在会计核算方面，例如，往来账项应经常对账和清理；应收账款要根据账龄分析及时追讨，减少坏账损失；预付账款如超过交货期未收到货物，应及时追查，防止被诈骗；每月的银行对账单应及时核对，并编制银行存款余额调节表，如有1个月以上未到达的未达账，应向银行查明，如属丢失单证应主动以书面说明并请银行签章证明后转账处理；待处理财产损溢应及时报批转销，不宜长期悬挂账面；编制资产负债表时，应事先分别编制应收、应付、预收、预付账项的明细表，分清借贷方余额并入该表有关项目，做到如实地反映债权债务状况。并加强复核工作，降低错报风险等。

会计实操

习题一

一、目的：练习销售预测分析

二、资料：

设某酒店客房销售间数如下。

某酒店客房销售间数　　　　　　　　　　　　　单位：间

月份	1	2	3	4	5	6
销售量(Q_i)	3 565	3 174	3 861	3 089	3 961	4 186

1. 算术平均法计算公式为：

$$销售预测数(\overline{Q_{n+1}}) = \frac{各期销量之和}{期数} = \frac{\sum Q}{n}$$

2. 加权移动平均法计算公式为：

$$销售预测数(\overline{Q}) = \frac{\sum 某期销售量 \times 该期权数}{各期权数之和}$$
$$= \frac{\sum (Q_t W_t)}{\sum W_t}$$

权数以W_t表示。

三、要求：

1. 根据以上1～6月的房间销售量用算术平均法测算7月房间销售量。

2. 根据以上资料用加权移动平均法测算 7 月房间销售量。

设权数 $W_1=1$，$W_2=2$，$W_3=3$，$W_4=4$，$W_5=5$，$W_6=6$。

习题二

一、目的：练习利润预测分析

二、资料：

设某酒店制定客房部门月度目标利润 120 000 元，计划月度出租房间 5 000 间，每间平均单价 150 元，每间变动费用 30 元，每月固定费用 320 500 元，营业税率 5%（省略附加费）。有关公式如下。

$$目标利润 = 销售量 \times [（单位销售价 \times （1-税率）] - 销售量 \times 单位变动费用 - 固定费用$$

影响目标利润完成的 4 个因素的计算公式如下。

① 销售量因素

$$销售量 = \frac{固定费用 + 目标利润}{单价 \times （1-税率） - 单位变动费用}$$

② 销售单价因素

$$销售单价 = \left(\frac{固定费用 + 目标利润}{销售量} + 变动费用 \right) \times \frac{1}{1-税率}$$

③ 单位变动费用因素

$$每间变动费用 = 销售单价 \times （1-税率） - \frac{固定费用 + 目标利润}{销售量}$$

④ 固定费用因素

$$固定费用 = 销售量 \times [销售单价 \times （1-税率）] - 销售量 \times 单位变动费用 - 目标利润$$

三、要求：

根据以上资料测算每一因素于其他 3 个因素不变的保利数据。

习题三

一、目的：练习成本预测分析

二、资料：

设某酒店餐饮月度目标销售额为 1 500 000 元，目标毛利率为 51%。

餐饮成本预测计算公式：

$$目标成本额 = 目标销售额 - 目标毛利额$$

$$目标成本率 = \frac{目标成本额}{目标销售收入} \times 100\%$$

三、要求：

根据以上资料测算目标成本额和目标成本率。

第九章

CHAPTER

▶▶▶ **会计账务的一些技巧**

　　早在 20 世纪 60 年代后，世界各国相继把电子计算机技术引进了会计领域。凡是能用电子计算机的会计账务工作，都可用电子计算机来完成。在会计电算化条件下，只要将原始数据输入电子计算机，立即可以生成所需要的各种凭证、账簿和报表，大大地节约了人力，提高了工作效率，改善了会计核算质量。

　　我国大中型酒店一般都实行了会计电算化。但是，还有很多中小型酒店，由于受条件限制，会计账务工作仍然是用手工操作方式进行；经济业务发生后，要根据原始单据编制记账凭证、登记账簿、算账、对账、结账和编制会计报表，工作量大，速度缓慢。所以，有必要应用一些会计技巧来提高工作效率，腾出一些时间从事会计分析、成本控制和资金管理，提高会计工作质量，更好地为企业经营管理服务。

　　会计账务技巧主要包括总账平衡技巧、明细账平衡技巧、用数学方法查找错账技巧、结账技巧、往来对账技巧。其中往来对账技巧在电算化条件下同样适用。

9.1 总账平衡技巧

总账平衡是指总账各个会计科目的借方余额合计数必须等于贷方余额的合计数,而且不能发生"串户",误将甲科目的发生额记入乙科目,致使总账科目的余额与有关明细账科目的余额不符。总账平衡的步骤与技巧有以下几点。

(1)总账汇总一般是采用 T 形账户进行,即根据记账凭证,将各科目的借贷方发生额记入 T 形账户,然后计算出各账户借方和贷方发生额的合计数,并据以编制"科目汇总试算表"(格式见表 9-1)。

表 9-1　　　　　　　　　　　　　　　　科目汇总试算表

科目名称	借方发生额	贷方发生额

(2)科目汇总试算表的借贷方合计数如果不平衡,经复算并确认不是计算之误后,便有可能是所登记的数字有误。此时,不必为了使其平衡去查找错账,而是用这张不平衡的科目汇总试算表,按总账各科目的上期余额,轧算出一张本期总账余额试算表(格式见表 9-2),这张试算表两方不平衡的差异额,应与科目汇总试算表两方不平衡的差异额相同,否则便是轧算有误,应查明更正。

表 9-2　　　　　　　　　　　　　　　　总账余额试算表

账户名称	借方余额	贷方余额

(3)结算出各明细账的账户余额,加总后与总账余额试算表各有关科目的余额逐一核对,

相符的画上"√"号。

（4）对剩下少数不相符的账户，根据有关记账凭证等资料查找错账，使各该科目的明细账余额与总账余额相符。

（5）各明细账户余额全部与总账余额核对相符后，科目汇总试算表便已自动平衡。

（6）将已平衡的科目汇总试算表的发生额，抄入正式科目汇总表，据以登记总账，结出余额后编制会计报表。

9.2 明细账平衡技巧

明细账平衡是指明细账各户余额合计应与总账相同科目的余额相符。明细账的平衡步骤和技巧有以下几点。

（1）明细账各户余额合计如果与总账相同科目余额不符一般多是记账时错记或漏记，或结算发生额和余额时计算错误。首先进行复算排除错算之误，然后查找错记或漏记之误。

（2）查找记账错误时，不要先核对记账凭证，因为记账凭证分散，核对一遍如同重复记账一次，工作量很大，而是应该先与T形账户（科目汇总使用的）核对，因为T形账户的发生额集中，核对方便省时。

（3）两类明细账不同的核对方法。

① 库存现金、银行存款日记账没有明细分户情况，发生额集中在账页上连续登记，与T形账户的登记方式基本相同。如果余额与总账不符，首先核对双方的借贷累计发生额。如不相符再进行逐笔核对。由于库存现金、银行存款日记账和T形账户都是按照记账凭证的日期先后和凭证编号顺序登记的，很快便能查对完毕。

② 其余会计科目的明细账都有明细分户。例如，原材料明细账按品名规格设户的账页繁多；应收账款、应付账款等明细账的户名也不少。这类明细账的余额与总账余额不符时，进行核对的难度较大。一般可按以下方法进行。

a. 各户余额复算一次，排除计算之误。

b. 根据每一分户的本期发生额，逐笔与T形账户的发生额核对。具体方法是：明细账户依照每笔顺序在T形账户内查到相同数字后画"√"（明细账页不必画"√"）；如果明细账某一发生额在T形账上没有，可用铅笔在账页的这笔数额后作一记号，查完擦去，保持账面整洁。

c. 按上述方法核对完毕后，T形账户未画"√"的数字和明细账有记号的发生额便是有差错的账，经核对记账凭证查明情况更正后，明细账各户余额合计便一定会与总账余额相符。

9.3 用数学方法查找错账的技巧

在发生的错账仅一笔的情况下，如果其差异额能用2或9除尽，可试用数学方法查找。

1. 2除法

2除法适用于查找一个数字因借方和贷方的方向被记反。例如，原应记入借方260元，被误记入贷方，则借贷合计便会相差520元。所以，当两方的差异额如能被2除尽，可根据相除的商，对照发生额与此相同之数进行查对，看是否为方向记反。

2．9除法

9除法适用于查找两种错账的情况，一是错位之误，二是邻数倒置之误。

（1）错位之误。错位之误又称大小数之误。例如，1 360误为13 600，两者差异为12 240，用9除得商1 360，于是可以查找发生额中是否有1 360被错位。

（2）邻数倒置之误。邻数倒置之误又称邻数颠倒之误。例如，12误为21、98误为89等。邻数倒置所形成的差异有一定的数学规律，如邻数倒置差异对照表（见表9-3）所示。

表9-3　　　　　　　　　　　　　　邻数倒置差异数值对照表

行次	差异额	与邻数倒置有关的数值组							
		1	2	3	4	5	6	7	8
1	9	12 21	23 32	34 43	45 54	56 65	67 76	78 87	8 98
2	18	13 31	24 42	35 53	46 64	57 75	68 86	79 97	
3	27	14 41	25 52	36 63	47 76	58 85	69 96		
4	36	15 51	26 62	37 73	48 84	59 95			
5	45	16 61	27 72	38 83	49 94				
6	54	17 71	28 82	39 93					
7	63	18 81	29 92						
8	72	19 91							
9	90	120 210	230 320	340 430	450 540	560 650	670 760	780 870	890 980
10	180	130 310	240 420	350 530	460 640	570 750	680 860	790 970	
11	270	140 410	250 520	360 630	470 740	580 850	690 960		
12	360	150 510	260 620	370 730	480 840	590 950			
13	450	160 610	270 720	380 830	490 940				
14	540	170 710	280 820	390 930					
15	630	180 810	290 920						
16	720	190 910							

凡能用9除尽的错账差异，如果商的位数较多，有可能是错位之误。例如，1 250误为12 500，差异额为11 250；如果得出的商是90，180，270……则有可能是邻数倒置之误。可对照表9-3，从中找出与邻数倒置相同的数值来发现错账。

表9-3仅列出千位以内的数值组。如需千位以上的数值组，只要乘以10；如需万位以上的数值组，只要乘以100，依此类推。

【例9-1】用T形账户汇总记账凭证编制科目汇总表时，各科目借贷方发生额合计数不平衡，差异额360。初步判断是一笔错账形成的，试用数学方法查找。

（1）试用2除法。差异额360以2除得商180。经查对，有一笔发生额是180，但核对记账凭证并没有记反，方向记反之误可以排除。

（2）试用9除法。差异额360以9除得商40，有可能是40与400之误，但T形账上无相同之数，错位之误排除。然后查阅邻数倒置差异数值对照表，该表第12行差异额360的第4组数值480与840，其中840与T形账的一笔发生额相同，进一步查对记账凭证，发现T形账上的840是480之误，更正后便平衡。

【例9-2】编制科目汇总表时，各科目发生额合计不平衡，差异额720。已用数学方法查找方向相反和错位之误均被排除，试查邻数倒置之误。

经查阅邻数倒置差异数值对照表，其中第16行差异额720的有关差异数值是190与910。但是，T形账户的发生额没有这两个相同数字，只有一笔12 190。查对记账凭证后，发现是汇总时，误将12 910记为12 190。更正后平衡。

以上【例9-2】表明邻数倒置之误，也可能是较大数字的部分差异，故应该灵活应用这一查错账方法。

必须指出，错账会大大降低账务进展速度，记账时应思想高度集中，最好是边记边对，一有差错立即更正，尽量避免产生错账。

9.4 结账技巧

结账是指根据各科目明细账的发生额结算出账户余额。明细账户发生额最多的有"库存现金""银行存款""原材料""销售费用""管理费用""主营业务收入""主营业务成本""应收账款""应付账款"等科目。这些科目由于笔数很多，结算的工作量大，如不注意操作方法，不但速度缓慢，而且容易发生差错。

结账的技巧是正确应用"过次页"和"承前页"：

（1）过次页和承前页的累计数是每月从第一笔开始，不能连续上月的累计数。（即每月一个累计数）

（2）每页的余额，都是以上月末的余额加减本页的借贷方累计发生额得出。所以结算本页的余额时，应先将"过次页"的借贷方累计数结出。

（3）在一次结算多页余额的情况下，不必先结出每页的余额。而是分别按借方和贷方逐页连续结算累计发生额。待最后按双方累计发生额结出余额并与总账核对相符，再补充结算各页的余额。

（4）明细账与总账余额不符时，应该首先核对双方的累计发生额。如果一方相符，仅需查对不符的一方，可以减少很多查找错账的时间。

9.5 往来对账技巧

企业的往来账包括"银行存款""应收账款""应付账款"等科目。往来明细账除了与总账核对相符外，还必须与有关往来单位核对相符。例如，银行存款往来账应与开户银行核对相符。企业的往来对账，主要是与银行对账，而且每月要进行一次。其余的往来账，则视经济业务发生的繁简，一般是不定期进行，方法和对银行账基本相同。

银行存款的日常发生额较多，对账的工作量很大。与银行对账是用银行交给的对账单与本企业的银行存款日记账核对，如双方余额不符，一般是未达账形成的。

未达账是有些通过银行收入付出的账款，由于双方入账的时间发生差异而行成的，如应属本月的账款下月才入账。此外，企业发生错账也会使双方余额不符。例如，企业开出一张支票2 560元，编制记账凭证时误为2 650元，企业的银行存款日记账虽与总账相符，但与银行的对账单不符，如不更正，双方账户余额便不相符。

核对好银行往来账的关键是查清双方的未达账项。其步骤和方法如下。

（1）根据当月的银行对账单和上月的银行存款余额调节表，与银行存款日记账当月的发生额逐笔核对。

（2）设置一张"银行对账底稿"（见表 9-4），记录所查明的未达账和错账。

（3）核对时，依照银行存款日记账的发生额，顺序逐笔查找银行对账单上的相同数字（企业与银行的记录相反，企业在借方，银行对账单则在贷方），相符的便画"√"号。

（4）核对时，因是根据企业银行存款日记账的发生额顺序进行，故只要在银行对账单上画"√"号，企业银行存款日记账上不必画"√"号，保持账面整洁。

（5）企业银行存款日记账的某些发生额，如果银行对账单上没有，可在账页的这个数字后面用铅笔做记号，并于事后擦去，保持账面整洁。

（6）查看上月的银行存款余额调节表。上月的未达账，如果本月已经到达，便分别在调节表和对账单上画"√"号。

（7）核对完毕后，分别检查银行对账单和银行存款日记账，以及上月的银行存款余额调节表。凡未画记号的账项，便是未达账或有差错的账，整理后列入本月的银行存款余额调节表，并进行计算平衡。

（8）在账目繁多的情况下，往往因核对时的疏忽，有些未达账或错账没有查出，致使银行存款余额调节表不能平衡，则必须重复核对。

（9）重复核对工作有时要进行多次才能对清。在每次重复核对时，应变换勾对的符号加以区别，避免混淆不清，增加核对困难。变换勾对符号的方式可采用：第一遍如用蓝笔画"√"，第二遍便改用红笔画"√"，第三遍画"○"，第四遍画"△"。

（10）如果上月银行存款余额调节表上的未达账在本月仍未到达，则属非正常情况，往往是单证被丢失造成的，应及时去银行查询。如果是单证丢失，可用书面形式请银行签证后据以入账，不能让未达账变成长期的悬账、悬案。

表 9-4   **银行存款对账底稿**

2015 年 12 月 31 日   单位：元

银行已收，企业未收：	企业已收，银行未收：
1. 上海乙单位汇来 6 724	1. 月末存入营业收入款 36 219
2. 北京甲单位汇来（上月发生的，尚未达）2 400	2.
3.	3.
4.	4.
5.	5.
银行已付，企业未付：	企业已付，银行未付：
1. 代付电费 69 125	1. 月末开支票购买原材料 3 280
2. 384 号记账凭证误，少计差额 90	2.
3.	3.
4.	4.
5.	5.

【例9-3】某酒店银行存款日记账2015年12月31日余额128 796元，同一时期的银行对账单余额为35 766元，经核对查知有以下几笔未达账。

(1) 上海乙单位汇来6 724元，银行已收，企业未收。

(2) 付电费69 125元，银行已付，企业未付。

(3) 存入银行营业款36 219元，企业已收，银行未收。

(4) 开支票购原材料3 280元，企业已付，银行未付。

此外，查知上月（11月）的"银行存款余额调节表"（见表9-5）中，银行已收北京甲单位汇来2 400元，企业本月尚未收到汇款单，故尚未入账。

以上资料于对账时已登记在"银行存款对账底稿"（见表9-4），根据它编制12月31日的银行存款余额调节表（见表9-6）证明双方余额相符。

表9-5　　　　　　　　　　　　　　　　银行存款余额调节表

2015年11月30日止

项目	金额（元）	项目	金额（元）
银行存款日记账余额	68 915	银行对账单余额	23 072
加：银行已收，企业未收：		加：企业已收，银行未收：	
1. 北京甲单位汇来	2 400	1. 月末存入营业收入款	38 428 √
2.		2.	
3.		3.	
4.		4.	
5.		5.	
减：银行已付，企业未付：		减：企业已付，银行未付：	
1. 代付电话费	13 500 √	1. 月末开支票付运杂费	3 685 √
2.		2.	
3.		3.	
4.		4.	
5.		5.	
调整后余额	57 815	调整后余额	57 815

注：北京甲单位汇来款项，对账时没有画"√"，表明仍未到达，可能是单据丢失。

表9-6　　　　　　　　　　　　　　　　银行存款余额调节表

2006年12月31日止

项目	金额（元）	项目	金额（元）
银行存款日记账余额	128 796	银行对账单余额	35 766
加：银行已收，企业未收：		加：企业已收，银行未收：	
1. 上海乙单位汇来	6 724	1. 月末存入营业收入款	36 219
2. 上月北京甲单位汇来（尚未达）	2 400	2.	
3.		3.	
4.		4.	

项目	金额（元）	项目	金额（元）
5.		5.	
减：银行已付，企业未付：		减：企业已付，银行未付：	
1. 代付电费	69 125	1. 月末开支票购原材料	3 280
2. 384 号记账凭证错误，少计差额	90	2.	
3.		3.	
4.		4.	
5.		5.	
调整后余额	68 705	调整后余额	68 705

附录　小议红字冲账法

我国在新中国成立初期从苏联引进了红字冲账法。从此，蓝字冲账与红字冲账配合应用，使账项的更正和调整更加完善和合理。

红字冲账法的优点大致有以下几点。

（1）避免了用蓝字借贷冲账虚大发生额的缺点。

（2）企业在提取税金和工会经费时，只需根据有关账户的累计发生额，不必考虑有蓝字调账差异，较为方便。

（3）使用多栏式账簿，项目分析栏没有减少方，如遇冲账，红字冲账法较蓝字借贷冲账法的反映方式合理。

（4）工业企业的"材料成本差异"月末分配调减"生产成本"和有关费用等账户时，用红字较蓝字合理。

（5）商业零售企业实行售价金额核算，"商品进销差价"月末分配调减"主营业务成本"账户时，用红字较蓝字合理。

（6）账面用红字更正非常醒目，不看摘要便知是更正或调整的会计事项，对账、查账都较方便。

当初引进红字冲账法时，还印发过一本薄薄的红字冲账法使用说明，举了一些红字冲账法的例题。大概是为了不违反"有借必有贷，借贷必相等"的借贷原理，对仅需冲减一方的经济业务，需要使用一个应收、应付之类的"过渡性"会计科目。其方法如下。

【例】某酒店餐饮部门某日营业日报表反映的营业收入20 000元，实收现金18 000元，另回收客房部发放给寓客的免费早餐券2 000元。由于这种回收的免费早餐券并不是酒店的营业收入，而是为了客房促销给顾客的优惠折让，列作餐饮收入便必须冲减客房收入。如果按照原引进红字冲账法的使用说明入账，其会计分录编制如下：

借：库存现金　　　　　　　　　　　　　　　　　　　　　　18 000
　　其他应收款（过渡户）　　　　　　　　　　　　　　　　2 000
　　贷：主营业务收入——餐饮　　　　　　　　　　　　　　　　20 000

同时：

借：其他应收款（过渡户）　　　　　　　　　　　　　　　　2 000
　　贷：主营业务收入——客房　　　　　　　　　　　　　　　　2 000

后来，我国广大会计从业人员在长期的会计实践中，为了简化账务工作，如遇只需冲减一方的经济业务，纷纷停止使用过渡性科目，在同方向用红字反映，减少了一对会计分录。仍按上例资料，编制会计分录如下：

借：库存现金　　　　　　　　　　　　　　　　　　　　　　18 000
　　贷：主营业务收入——餐饮　　　　　　　　　　　　　　　　20 000
　　　　　　　　　　——客房　　　　　　　　　　　　　　　　2 000

以上这样编制的会计分录，一目了然，方便省时，也很合理。

　　同一方向两个会计科目，一个蓝字，另一个红字并未违反"有借必有贷，借贷必相等"的会计原理。因为按照红字冲账法的原理：借方红字等于贷方蓝字；贷方红字等于借方蓝字。仍旧是"有借必有贷，借贷必相等"。本书有些例题，凡涉及红字冲账时，便是如此处理。

　　但要指出以下两点。

　　（1）"库存现金"和"银行存款"科目，绝对不能以借方红字支付现金和开出支票；不能以贷方红字收入现金和增加银行存款。如有这方面冲账的经济业务，必须使用蓝字借贷冲账法。

　　（2）企业的银行存款利息收入，在无利息支出的情况下，不能用红字借记"财务费用"账户，例如，收入利息 340 元编制如下会计分录：

　　借：银行存款　　　　　　　　　　　　　　　　　　　　　340

　　　　财务费用　　　　　　　　　　　　　　　　　　　　　340

　　如果编制这样的分录，会出现"财务费用"明细账有这笔经济业务反映，但总账"财务费用"账户的发生额却是空白，不够合理。所以利息收入应使用蓝字借贷冲账法即：

　　借：银行存款　　　　　　　　　　　　　　　　　　　　　340

　　　　贷：财务费用　　　　　　　　　　　　　　　　　　　340

　　（注：□ 表示红字）

蔡凤乔